戦後日本の
人事労務管理

終身雇用・年功制から
自己責任とフレキシブル化へ

Kuroda Kenichi
黒田兼一［著］

ミネルヴァ書房

はしがき

　いま日本の人事労務管理が危機に陥っている。危機というよりは「野蛮化」「粗野な人事労務管理」，あるいは「人事労務管理の放棄」という表現の方が適切かも知れない。というのも，次のような雰囲気が産業界に蔓延しているようにみえるからである。

　「人が足りなくなれば他社（人材派遣会社）から回してもらえばよいし，不要になれば返せばよい。こうすれば教育訓練も不要だし，解雇に伴う労使紛争のリスクも回避できる。それに非正規雇用を増やせば人件費も削減できる」。また「自社の中核従業員も成果中心に処遇すれば，高い業績を求めて懸命に働くはずであるし，業績を上げられなかった従業員の賃金を下げることができるから，さらに人件費削減できるはずである」。また「個々の従業員に成果や業績のみを求め，それで賃金を決めるようにすれば，もはや労働時間の管理も不要になる。労働時間を決めて採用するのではなく，成果と業績の達成と向上のみを課せば，各人は自己責任で働くようになるので，もはや残業や時間外労働という概念も不要となる」。さらに「一定の料金で業務遂行を特定の個人に委託すれば，わざわざ従業員として採用しなくてもいい。従業員ではないから，煩わしい社会保険に加入させなくても良いし，何より人を雇うことに伴う大きなリスクを回避できるからね」，こんな経営者まで現れてきてしまった。

　従業員の「働き方」を苦労して管理しなくても，自己責任を全面に押し出すことで，企業が求める「働かせ方」をいとも簡単に手にすることができるというわけだ。何ということだろう。人事労務管理の「危機」ないしは「放棄」と言わざるを得ない所以である。(1)

　だが，いま進行している人事労務管理の方向性はこのような内容と捉えていいのだろうか。人事労務管理を企業における従業員の「働かせ方」の体系であるとみると，働く側にとってはとんでもないことではあるが，このような粗野な働かせ方も「働かせ方」の一つであるといえなくもない。一見すれば「粗野

i

な」という形容詞が相応しいと思えるが，いささか誇張に過ぎるという批判があるかも知れない。ましてや「放棄」などというと，企業が人事労務管理を消滅させるわけはないとの誹りを受けるかも知れない。

　これらについての成否はここでは問わない。ここで問われるべきは，このような粗野な働かせ方が，どのようにして，何故に登場するに至ったのか，この点である。なぜなら，人事労務管理とは，企業の成長や競争力を獲得していくための，従業員の「働かせ方」の体系なのだから，このような働く側に犠牲を強いる粗野な「働かせ方」で果たして企業成長や競争力の強化となるのか，これを問わねばならないからである。

　このような問題意識を抱くようになったのは，日本とアメリカの人事労務管理の比較研究をした P. S. アドラー他編『リメイド・イン・アメリカ』と S. M. ジャコービィ『日本の人事部・アメリカの人事部』を読んでからである。[^(2)]

　前者は，1980年代〜90年代にアメリカに進出した日系企業の実態分析を通して，「日本的経営システム」がアメリカの企業と社会にどのような影響をもたらせたのかを明らかにしたものである。詳細は省くが，この研究のユニークさは，著者たちが「4階層モデル」と呼ぶ概念を使ってアメリカでの日本的経営システムの実態を実証的に分析したことにある。その4階層モデルとは次のようなものである。経営システムは，【階層Ⅰ】現場レベル（作業方式，かんばん，品質管理，カイゼン活動など），【階層Ⅱ】工場レベル（人事労務管理，工場の労使関係，サプライヤーとの関係など），【階層Ⅲ】企業レベル（企業経営システム，人事労務，企業間関係，労働組合など），そして【階層Ⅳ】社会的制度的環境レベル（法律，国民的文化や価値観，その他の規制的環境など）に分類して分析することができる。しかし，特定の管理システム全体としては最後の社会的制度的な環境の下で機能していることを見過ごしてはならないという。ここでは特定の経営ないしは管理システムはそれ自体として独立に存在しているわけではなく，【階層Ⅰ】の中に「埋め込まれ」，その中で機能しており，また【階層Ⅰ】は【階層Ⅱ】に「埋め込まれ」ており，さらに【階層Ⅱ】は【階層Ⅲ】に，同じく【階層Ⅲ】は【階層Ⅳ】に「埋め込まれ」ている。こうして，結局，特定の経営・管理システムは最後の【階層Ⅳ】の中で，つまりある特定の社会的制度的環境の下で機能しているとみるべきだというのである。このことは，社会制

度や規制環境が変わるとそれまでの管理システムが機能しなくなってしまい，これまでとは違う新しい管理システムが求められるようになるはずである。彼らはそれを「埋め込み型階層モデル」と呼んでいる。

　後者のジャコービィの研究は，企業経営と雇用の分野での1990年代以降の変化とその状況について，日本とアメリカを直接に比較分析したものである。この研究の結論は興味深いものがあるが，ここで注目したいのはその結論ではない。この著書の原題が Embedded Corporation としている点である。これについて著者自身は次のように主張している。「権力問題という側面は，経済学，政治学，社会学を問わず企業組織研究では無視される傾向がある。しかし比較論的な歴史研究の場合はそれを無視することはありえない。企業を歴史的に研究するものは，社会集団の結びつき方の変化と企業経営の特性変化の間の相互作用を見逃すことはまずない。つまり，経営というものは社会関係に埋め込まれている。／（中略）／今なお企業を合理的意思決定の典型だと考えている論者もいるが，現実には企業は勢力のせめぎ合いと社会的規範によって経営者の思考と行動が形づくられる舞台なのである(3)」。

　このことについて訳者たちも「あとがき」で次のようにいう。「（原著のタイトル Embedded Corporation）をそのまま邦訳すれば『社会（関係）に埋め込まれた企業』ということになるだろう。ここでいう社会関係には，国家・法律・企業組織・労働組合などの制度，社会の規範や文化とその歴史的発展経路がある。そこには，現存するこれらの諸要因が相互依存関係を形成し，容易に分離できないという側面も含意されている(4)」。

　こうしてみると，この二人の論者の主張には期せずして共通した考え方がある。企業システムや経営システムは特定の社会的・制度的な環境の中に「埋め込まれ」ているのであるから，それ故，社会や環境が変わるとそれらが首尾良く機能するためにはそのシステムは変わらなければならないし，変わってきた。このことを主張しているということができる。もしこのように理解できるとすれば，この二人の主張は，人事労務管理の大転換の最中のいまこそ重視されるべきである。声高に叫ばれている「改革」の内容の意味を考えること，何を狙って，なぜ変わらねばならないとされているのか，社会的規範や文化とどう馴染むのか，その改革がどのような社会関係と「勢力のせめぎ合い」のなかでお

こなわれているのか，これらを問うべきであると主張されているからである。

　本書は，このような問題意識にたって，戦後日本の「働かせ方」（人事労務管理）の変遷，そしてその現在とこれからの課題を明らかにすることを目的としている。

　戦後日本の人事労務管理の変遷過程を明らかにすることは，そこに一貫として流れる戦後の日本の特徴を浮き彫りにすることでもあるのだが，そのためには，人事労務管理とは何か，その何の変遷をみるべきなのか，これを明らかにする必要がある。さらにまた，企業が埋め込まれる「社会」は平板ではないのであるから，戦後の開始となった1945年から今日に至る社会と経済の過程をどのようにみるべきなのかも重要である。このような研究の出発点にあたる分析枠組みについては序章で詳述する。日本の人事労務管理のこれからを考えるためにもぜひとも捉えておかねばならない。

　その枠組みに沿って第1章から第7章まで，時代の変化の中でどのような原理で従業員を働かせてきたのか，その変遷を論じようと思う。その際，すべてではないが，主として自動車産業の実態に分け入って「働かせ方」の原理を追究する。

　なぜ自動車かといえば，何よりも戦後の日本経済をリードしてきた産業だったからである。戦前にはみられなかった典型的な成長産業，戦後復興期から高度成長を経て日本経済の成長を牽引してきた産業，その一つが自動車産業であったことは異論ないところであろう。戦後の人事労務管理の現場での変化と発展を考察する本書の目的からして，分析対象に自動車産業を選ぶことは間違いではないだろう。そのように考えてきた。

　しかし，自動車各社の動向をつぶさに分け入ることは至難の業ではあるが，若い時代からずっとトヨタ自動車ではなく日産自動車に関心を寄せてきた。なぜトヨタではなく日産か，この点は確たる理由はない。トヨタ自動車に関しては畏友・猿田正機が既に緻密で素晴らしい研究成果を出していたことが大きいが，トヨタよりも日産に興味があったのはきわめて個人的な事情である。筆者が高校生の時に，通学途中の駅頭でビラを配布する赤い鉢巻と腕章をした人たちの姿を目の当たりにした。街頭での宣伝といえばちんどん屋が普通であった時代，作業服姿に赤い鉢巻きと腕章は多感な高校生の目に焼き付けるには十分

であった。それが日産・プリンス合併に伴う労働争議であったことを自覚した
のはずっと後のことだった。こうしたこともあって,「日本における労務管理
は労働運動対策として発展してきた」との隅谷三喜男の主張に強く影響を受け
た。企業の現場で労使の対立が激しい時にこそ人事労務管理の必要性が増すに
違いない,そう考えて,戦後復興期の自動車産業の労働組合運動のまさに中心
にあった日産自動車に強い関心を寄せてきた。日産自動車の人事労務管理に一
つの焦点を当てる理由はこのような事情からである。

　しかし振り返ってみると,想像を超える困難ばかりだった。日産本社と日産
労組を訪問しても文字通り只の一回も面談に応じてくれなかった。研究資金な
どない中で途方に暮れていたが,研究のきっかけを与えてくれたのは,当時
(1980年代) 東京大学社会科学研究所の教授だった山本潔である。山本教授の
厚意でたくさんの資料を見ることができたし,その後,関係者とのヒアリング
の道が拓けたのである。またかつて日産自動車に勤務していたという神野直彦
教授 (当時,大阪市立大学経済学部教授) にお会いして,いろいろ教えていただ
いたことも大きい。神野教授は,外からは見えない日産自動車の管理部門の状
況について語ってくれた。遅ればせながらお二人の学恩に謝意を表したい。

　さて,敗戦から今日までの日本社会の変化に沿いながら,それぞれの時代に
おける人事労務管理の原理の変化と特徴を明らかにすること,これが本書の大
きな課題である。しかし戦後といっても既に73年,それを跡づけるのは簡単な
ことではない。例えば,人事労務管理の対象である労働者のありようも,かつ
ては中卒者が主流であったが,今日ではそうではない。大学院修士課程修了の
新卒採用も増えている。また性別でみてもかつてとは大きく異なっているし,
さらに雇用形態に至っては雲泥の違いがある。それを跡づけることは容易では
ない。しかし人事労務管理は「企業による労働者の支配システム」であると捉
え,その原理を探求していけば,その結果として,日本の人事労務管理の特徴
が浮かび上がってくるはずである。本書はこのことに挑戦する。

　こうした問題意識と課題の下で,戦後日本の人事労務管理の変遷を跡づけて
いくと,結論を先取りすれば,次のようにスケッチできるだろう。

　敗戦によって外皮が氷解した日本の企業は,労働者と労働組合の「民主主
義」への切望と行動によって息を吹き返すことになった。同一企業内の従業員

として，管理者も一般従業員も，定年退職まで長期間雇用し，「平等」に処遇すること，それを通して仕事への動員と「労働意欲」を喚起してきた。そこに流れている原理は，一般によく知られている言葉を使えば，「終身雇用」と「年功制」ということになる。「終身雇用」と「年功制」という用語はあまりにも広く知られているため，「常識」と「現実」には大きな開きがある。それ故に，いわば神話のごとく「誤解」も多いのだが，その人事労務管理上の意義と内実の検討には注意が必要である。しかし，後に詳述するように，その後の高度成長期を経て，「終身雇用」と「年功制」という「民主主義」の外皮を纏った人事労務管理が従業員の「労働意欲」と「競争心」を喚起することになった。これが1955年から始まる高度成長，その後の低成長，そして1992年のバブル経済の崩壊の前後に至るまで，具体的な手法は変化していくのだが，人事労務管理を支える原理としては一貫していた。戦後からのおよそ40年間強は，イデオロギーとしては残りながらも，それが人事労務管理の中に組み込まれ，空洞化され，変容されていく過程であった。

　ところが，80年代後半から90年代，これが大きく変化を遂げる。自己責任とフレキシビリティを原理としたものに変化したのである。「終身雇用」と「年功制」をいよいよイデオロギーとしても氷解させ，新しい原理に改造しようとしている。本書のサブタイトルを「終身雇用・年功制から自己責任とフレキシブル化へ」とした所以である。

　しかし支配・統治の原理を変化させようとしても，それまでもそうであったように，社会関係は「国家・法律・企業組織・労働組合などの制度，社会の規範や文化とその歴史的発展経路」などの「諸要因が相互依存関係を形成し，容易に分離できないという側面」があるため，企業経営者が企図する通りには変化しない側面もまたある。例えば，第1次高度成長期に日本の経営者たちはこれから人事労務管理の再編の要を「職務給」におこうと志向したが，挫折した。結局，それは「職能給」を中核においた「能力主義管理」となった。その後，1990年代に同様に，新しい時代の人事労務管理として「成果主義」を志向したが思惑通りにはならなかった。これらはいずれも，肝心の日本の労働者にとって，新しい時代に見合った人事労務管理の必要性は了解できるとしても，提起された「職務給」も「成果主義賃金」も「受容」できるものではなかったので

ある。それは，日本の労働者が抱く何らかの感情，あるいは何らかの行動規範といえばよいのだろうか，ともあれ「働くこと」と「生活すること」をめぐる基本的な価値観ともいえるものとは合致しなかったからであろうと考えることができる。この価値観や判断基準が経営側の提起する人事労務施策の受容を容易にさせなかったのである。逆にいえば，それら価値観や判断基準を管理体系の内に取り込むことなしには，人事労務管理は首尾よく機能しないといってもよい。その価値観は未来永劫に変化しないわけではないだろうが，しかしある種の変化しにくい側面が，戦後復興期から自己責任とフレキシビリティの現代に至るまで，日本の人事労務管理に影響を与え続けてきたように思われる。それは「日本的」とか「日本型」といわれるものを形成させてきた主因と考えられる。それは何か。現在に至るも確定的・断定的なことはいえないのだが，本書の大きなそして重要な課題である。この難題に取り組むことが本書のもう一つの挑戦である。このことは同時に，現在進行中の「自己責任とフレキシブル化」の人事労務管理の原理が，果たして，この日本の労働者がもつ「価値観や判断基準」をその内部に取り込めているのかどうか，これを問うことでもある。

注

(1) ここで人事労務管理の「危機」・「放棄」と表現したが，人事労務管理を消滅させるという意味でないことはいうまでもない。従来は，当該企業が自らおこなっていた機能を，他社に外注したり，従業員自らの責任にしてしまうようなやり方を指している。詳しくは以下の拙稿を参照されたい。黒田兼一「人事労務管理と成果主義賃金」『経済』No. 219, 新日本出版社, 2013年12月。

(2) J. K. Liker, W. M. Fruin, P. S. Adler, *Remade in America*, Oxford University Press Inc., 1999. 林正樹監訳『リメイド・イン・アメリカ』中央大学出版部, 2005年。S. Jacoby, *The Embedded Corporation*, Princeton University Press, 2005. 鈴木良始・伊藤健市・堀龍二訳『日本の人事部・アメリカの人事部』東洋経済新報社, 2005年。

(3) ジャコービィ, 前掲邦訳書, 6ページ。

(4) 同上書, 291ページ。

(5) 「支配」という言葉を使ったが，「統治」とか「統制」と言い換えても差し支えない。この点は序章で詳述する。

戦後日本の人事労務管理
── 終身雇用・年功制から自己責任とフレキシブル化へ ──

目　次

はしがき

<table>
<tr><td>序　章</td><td>人事労務管理とその変遷過程をどのように
分析するのか</td></tr>
</table>

　まず人事労務管理の捉え方を述べておきたい。「はしがき」で触れたアドラーやジャコービィが提起する「社会（関係）に埋め込まれた」ものとして人事労務管理をとらえ直すことの意味，そしてそのためには人事労務管理の何を分析するべきなのかを検討する。

　次に，人事労務管理に影響を与えることになるジャコービィがいう「外的な社会関係」，アドラーがいう「階層Ⅳ」の戦後日本の変化を概観しておく必要があるのだが，その手がかりを得るために，旧日経連が人事労務管理のあり方そのものについて提言した二つの報告書を分析する。この二つの報告書は，それぞれの時期の大変化を受け止め，それまでの人事労務管理では時代の変化に対応できないとして，新しいあり方を提言したものである。それらを分析することで，「外的な社会関係」や「階層Ⅳ」の変化を経営者たちがどのように考え，そしてその変化のなかでどのような「働かせ方」にしていこうとしていたのかを知ることができるはずである。

　最後に，いくつかの先行研究を参考にしながら，戦後日本の人事労務管理の変遷を分析するための時代区分を提示する。変遷過程をどのように区分するかは，実は，簡単なことではない。本書は，戦後日本の「働かせ方」の原理の変遷を跡づけ，その現在とこれからの課題を明らかにすることを目的としているのだが，そのためには，どのように時代区分すれば「働かせ方」の原理の変化を浮き彫りにできるのか，その枠組みを提示する。

第1節　人事労務管理とは何か

1　人事労務管理という用語について

　本書では「人事労務管理」という用語を使用する。それは企業による従業員

の「働かせ方」の総体を指している。

　しかし同じ日本でもこの言葉がずっと使われてきたわけではない。戦前においては，工場現場の労働者（ブルーカラー労働者，工員）たちの「働かせ方」に「労務管理」という用語を使い，他方で事務労働者と下級管理者（ホワイトカラー労働者，職員）の「働かせ方」には「人事管理」という用語を使ってきた。これら言葉の使い分けは，ブルーカラーとホワイトカラーをあたかも身分と位置づけ，差別的な格差支配をおこなっていたことの反映であった。戦後の労働組合の激しい「経営民主化運動」を経て，こうした露骨で差別的なやり方が回避されるようになったのだが，そのことの影響を受けて用語上でも「人事管理」と「労務管理」は論者によって様々な意味に使われてきた。それでもしばらくは活発に運動していた労働組合との関わりで「労務管理」が使われることが多かったように思われる。しかし労働組合運動の沈静化・低迷化とともに，近年は，それでもまだかなり曖昧ではあるが，この二つの言葉を重ね合わせて「人事労務管理」という言葉が多用されるようになってきた。

　こうした傾向は日本だけではない。「労務管理」に相当する英米語も，personnel management & industrial relations, manpower management, labor management, そして最近では，もっぱら，human resources management が多用されるようになってきた。[1]このアメリカの影響を受けて，日本でも「人的資源管理」，なかには「ヒューマン・リソース・マネジメント」というカタカナ表記もみられるようになった。

　このように「働かせ方」の領域で多様な言葉が使われている。この事実は，従業員の「働かせ方」の考え方ややり方が変化してきたことの反映である。ここでは，その変化の中身についてはさておき，用語の多様性は単なる言葉の問題ではなく，その時々の社会環境と状況の反映であるということを確認しておきたい。

② 人事労務管理の何が明らかにされねばならないのか

　人事労務管理とは何か，この研究の歴史もまた長い。また多様でもある。研究方法はいうまでもなく，研究対象（領域）ですら研究者の間で一致しているとは言い難い。浪江厳は指摘する。「規範論的政策的アプローチが主流を占め，

そこにおいてともすれば対象についての客観的分析的認識と（規範あるいは政策とが——黒田）入り混じり，両者の区別があいまいになることがしばしばある」。⁽²⁾

　人事労務管理研究に携わる一人として，このような学問情況を無視することはできないが，しかし本書の課題としてそれに深く関わることはしない。本書の主要な課題に照らせば，人事労務管理理論の分析に焦点を置く必要はない。実践されてきた現実の人事労務管理の変遷過程の分析が本書の主題だからである。それ故に，この序章では，そもそも人事労務管理とは何か，人事労務管理という現象の何が明らかにされねばならないのか，そしてまた戦後日本の人事労務管理の特徴はどこにあり，それがどのように変化してきたのかを分析するための視角，あるいは手がかりをえることに重点を置くことにする。言葉を換えていえば，日本企業による従業員の「働かせ方」がどのように変化してきたのかを分析するためには人事労務管理の何を明らかにしなければならないのか，まずこの点を鮮明にしておくことにしたい。

　人事労務管理研究において，人事労務管理の何をどのように分析されるべきか，かなり前になるが，この点について鋭く論じていたのは高橋祐吉であった。

　高橋は，人事労務管理が実践される場が「企業」である以上，「経済の論理」（資本制経済法則）が貫徹するのは当然であるという。しかし，結果としてはその通りであるとしても，高橋が主張するように，人事労務管理には「経済の論理」だけでは理解しがたい側面がある。例えば，景気には波があるのに「終身雇用」慣行では経済的合理性がない。今は死語と化した「窓際族」なる現象はおよそ「非経済的」であろう。経済学では，通常，「経営者」と「労働者」，「労働組合」はそれぞれ独立した存在であることが想定されているが，日本の場合はそのようにはみえない。「労働者と労働組合の多くは場所的・空間的に企業内に囲い込まれているだけではなく，精神的にも囲い込まれ，システム化された社会関係のもとで価値的にも一元的に統合されている」。⁽³⁾

　この高橋の主張をどう考えるべきか。おそらく人事労務管理は「経済の論理」で説明できないというのではなく，貨幣の単位と形が国によって違うように，「経済の論理」の貫徹の仕方が異なるのであり，その内部に分け入って分析する必要があるということであろう。

とはいえ，その「貫徹の仕方」を解明するために内部に分け入って分析するといっても，同じく高橋がいうように，「これまでは資本の搾取・抑圧・支配・管理の社会として，しかもかなり原理的なそれとしてしか問題とされてこなかったといえば言い過ぎであろうか。そうしたものが企業社会形成の重要なモメントであることは否定すべくもないが，それだけでは企業社会への労働者の統合のメカニズムの全容を解明できないのではないかとも思われるのである[4]」。

　こうして高橋の主張は，人事労務管理の研究は「企業内の労働者統合メカニズム」の分析がなされるべきであり，それは企業経営という「経済の論理」を貫徹させるため，どのようにして労働者を統合しているのか，そのメカニズムに分析の焦点を当てるべきであるとまとめることができよう。

　それではこの高橋の「統合のメカニズム」に流れる論理とは何か。経済の論理を脇に置いて，一時論壇をにぎわした「日本的経営論」のように「イエ」・「ムラ」，「集団主義」などの国民性や文化的特性から理解すべきなのか。しかし企業の海外現地生産が一般化するにつれて，そういう側面からのみで日本の人事労務管理を理解しようということには無理がある。企業のダイナミズム，つまり「労働者統合のメカニズム」のダイナミズムを軽視し，その変化と発展，あるいは改革の側面を看過する恐れがあるからである。

　民族性や文化的特徴のみから企業と労務管理を理解するのではなく，それも重要なファクターではあるが，オーソドックスではあってもやはり国の置かれた諸条件と歴史的背景の下で企業が動き，労働者が働いているという事実を受け止め，それを把握し，その中に経済の論理がどのように貫徹しているのか，このような方法的態度が必要である。

［3］人事労務管理の対象は何か：対象規定論争[5]

　これまで「働かせ方の総体」もしくは「労働者統合のメカニズム」解明の努力がなされなかったわけではない。いわゆる批判的経営学の研究者の間でおこなわれた，人事労務管理の「対象規程」論争はその一つであった。

　半世紀以上も前になるその論争がおこなわれた当時，日本経済は高度成長の真っ最中であった。日本生産性本部や日経連などが中心となって，生産性向上

運動の最盛期でもあった。生産性向上運動は「労使協力」を基軸に進められ，特にヒューマンリレーションズなど当時の「アメリカ式労務管理」が注目を浴びた時期であった。そのヒューマンリレーションズ的な手法によって，人事労務管理は，職場・企業の内部のみに限定されることなく，経営外（従業員の個人生活領域やその家族，地域社会など）にまでその対象領域を拡大させ，きわめて多面的で複雑な内容をもつようになっていたのである。このことは何が人事労務管理で，何が人事労務管理ではないのか，人事労務管理とはいったい何なのかをきわめてみえにくくさせていった。換言すれば，人事労務管理が対象とするものは何かがみえにくくなったのである。「対象規定論争」はそのような曖昧になった人事労務管理の本質を究明しようという意図をもって展開されたのである。

　ところが論争は「労務管理の対象は何か」のみに絞られてしまい，人事労務管理の本質究明と対象規定問題との関連が不明確なままに論争が「独走」してしまったようである。それ故に，一部の人は企業と経営の外で展開されている人事労務管理実践を「逸脱」ないしは「混乱」ととらえ，それを人事労務管理領域から追放してしまった。[6]

　もちろんこのような方法では「企業内の労働者統合メカニズム」を解明することを期待すべくもない。木元進一郎が指摘するように，「現実の労務管理の解明・内容規定を抜きにした労務管理の本質規程は，概念のいたずらなせんさくの域から脱し得ず，労務管理研究の発展に寄与するところがない」[7]。

　このような情況を払拭し，労務管理研究に新たな地平を切り開いたのは川端久夫であった。対象規定論争を振り返って，川端は「『管理』の概念が批判的経営学の文脈のなかで，明確に与えられているであろうか」と疑問を呈し，「管理概念はなお明確に規定され，位置づけられておらず」，多くの研究者がこのことを「明瞭に意識しないで，対象論争を独走させてきたきらいがある」と鋭く主張したのであった。人事労務管理研究において「管理概念」が不明瞭であり，あるいは管理概念を明確に規定してこなかったというのである。

　ここに人事労務「管理」そのものの検討こそが人事労務管理研究の基本的課題にされねばならないという鋭い問題提起がなされたのである。[8]「労働者統合のメカニズム」の解明に向けて，まず人事労務「管理」の理解が枢要である。

　川端がいう管理概念の不在性ないしは不明瞭性というのは次のようなことをいう。生きた現実の人事労務管理は，一方では労働現場において労働力の効率的利用のための施策（労働力管理）をおこない，他方ではその外部で労働者ないしは労働組合を支配することをめざした施策（労働者管理）をおこなっているのだが，この「二つの契機ないし二つの対象を，直截に統一する規程が」明確に規定されていないというのである。すなわち，この「労働力」と「労働者」を統一しうる概念，この二元構成の矛盾を解決しうる管理概念の解明こそが重要だというのである。

　およそ半世紀前に提起された川端のこの問題提起，その鋭さに共感するが，今日ではいま少しの解説が必要である。

　川端はいう。労務管理の対象論争の中で，「二つの契機ないし二つの対象を，直截に統一する規程」は木元進一郎の「賃労働者説」で「基本的に果たされた」。しかし木元の論証にはなお問題がある。なぜなら，木元の「賃労働者説」＝「搾取・支配」論は，『資本論』第１巻第４編第11章を論拠としているが，そこでマルクスが展開している「搾取」と「労働者支配」という「二重の管理は，あくまでも生産過程（労働力の売買という流通過程に条件づけられた）にかぎって成立するものであること，したがって生産過程のそとに展開する管理を根拠付けるものではない」からである。『資本論』で述べられている「管理」は，生産過程内におけるそれをいっているのであって，「労働者の個人的・集団的人格への配慮，福利施設の拡充，地域社会対策，労働者の生活過程全般への干渉ないしサーヴィス」など生産過程の外にまで拡大・延長された労務管理は，「資本論に規定された管理ではない。……協同的労働における指揮・監督・媒介の機能が，ここには欠けているからである」と川端は力説する。

　「管理は作業に立脚し，作業を対象として機能する」，これが川端の出発点である。ある行為を管理とみなせるかどうかは，その行為が作業（あるいは協働）に立脚しているかどうかにかかっている。そもそも管理とは「主たる側面としては所有物（＝排他的支配のもとにある）にかかわる取得・保全・合目的的消費の機能（設備管理・資材管理などと同じレベルで）と解すべき」なのであるという。

　この立場からすれば，労働過程の外部で展開される人事労務管理は「管理」ではないことになる。それでは川端はどのような労務「管理」を主張したのだろうか。

　人事労務管理には，生産過程内部で展開されるものと外部にまで拡大・延長されたものがあるが，そのうち「作業場内における資本家の抑圧・搾取は，労働過程に内在する一般的管理機能と不可分にむすびついており，いわば生産過程を成り立たせるための必要悪であった」。具体的には，安全衛生管理，時間管理，賃金管理，そして作業の質と強度に関する課業管理などであるが，これらの労働条件管理は，協働に結びついているのだから，人事労務管理の中で「本来の意味における管理がおこなわれているのは」この部分においてのみである。ところが，これに対して，従業員PR，提案制度，カウンセリング，職場懇談会，モラール・サーヴェイなどの「定形的人間関係管理（＝精神的福利厚生管理）」と労働組合対策などは「いかなる作業にも立脚せず，企業に敵対ないし，非協力的な存在としての労働者・労働組合そのものを対象とした，交渉・抑圧・干渉・サーヴィス等々の多様な形態をもつ"働きかけ"である」。それらは「本来の意味の管理」とはいえず，非協力・敵対を対象にした「働きかけ」なのであると。

　こうして私たちは一見して論理矛盾に陥ってしまう。労務管理は一方では「管理」であり，他方では管理ではなく「働きかけ」にすぎないのだと。振り出しに戻ってしまった。再び労働力と労働者との二元構成の矛盾に戻ってしまう。

　だが川端はこの「矛盾」を次のように「解決」する。「結論は自明である。労務管理とは，個別資本が従業員たる労働者に対して行なう諸方策の体系であ」り，「まさに敵対そのものの造成・増幅・緩和の行為であり，敵対が協働のなかにあるか外にあるかを問わない」。「このごく常識的な定義以上に掘り下げた本質規程は，労務管理の全容をおおうことができない」と。つまり川端は，労務管理を管理として統一する努力をいわば途中で「放棄」してしまい，協働の内にも外にもある「敵対」に注目し，いささか強引な手続きで，その「敵対」を対象とした「働きかけ」として「統合」できたのである。「かくして，労務管理はその名に反して管理ではなくなった」。川端は労務管理から管理

7

management を「追放」することで，木元が十分には果たせなかった二元構成の矛盾を論理的に「解決」できたのである。

だが，今日から振り返ると，「作業に立脚し，作業を対象として機能する」という川端の「管理」概念の偏狭さが目につく。改めて「管理」とは何かを考えなければならない。

⑤ 人事労務「管理」とは何か

既述した中途半端な川端の主張では，人事労務管理の現象を把握できても，その基軸は何か，その特徴はどこにあるのか，その問題点を探り，変革を志向することは困難であろう。「協働のなかにあるか外にあるかを問わない」で「敵対」に焦点を当てても，「敵対」がどこから何故生まれるのかの深奥に迫ることができないからである。「企業内の労働者統合メカニズム」の解明はまさに協働の質を問い直す作業なのである。

企業が人間の協働の場であり，協働の場は，たとえそれがどのような性格・特徴をもっていようとも（つまり強圧的であろうと，民主的であろうと），一定の計画に構成員が組織され，命令され，統制され，組織構成員がそれに服従することなしには機能しない。従来，この「計画―組織・命令―統制」を管理（management）と呼んできた。現実に展開されている労務管理もこのことを根拠にし，機能している。それ故，その改革を志向するにしても「管理」の外から批判しても意味がない。用語はともあれ，労務管理の不可欠性を前提に，「計画―組織・命令―統制」のあり方を問うべきなのである。

川端は，その後も，「管理規定」問題を追究し，新たなアプローチで直接に「管理とは何か」という重い課題に向かった。しかし新たに展開した主張も，基底の部分では65年論文にこだわり続け，ますます論理が複雑になってしまったかにみえる。だが，納得しがたい部分の検討や批判は避け，むしろそこで主張されている積極的な側面を取り込んで，人事労務「管理」について検討しよう。

川端の新たなアプローチとは，貫隆夫が工学分野の概念を応用して提起した「動力・制御パラダイム」である。

川端が依拠した貫は，この「動力・制御パラダイム」を主張するに当たって，

8

次のような問題意識をもっていた。

　一般には組織体の目的の達成に向けて計画し，組織し，規制し，調整し，統合する行為を管理と呼んでいる。この定義はそれ自体誤りではないが，しかしよく考えてみると，労働者がおこなう作業を一般には管理とは呼ばないのだから，組織体における行為の何が管理で，何が管理でないのか，管理とそうでないものを区別する基準は何か。ここで「計画し，組織し，調整し，統合する行為」（＝意識的な制御活動）を管理というなら，例えば，手で石を動かすという作業を想定しても，石の持ち方や力の入れ方を構想し（計画し）制御しなければならないのだから，「管理」となってしまう。人間のあらゆる活動は意識的な制御を必要とする。こうなると，人間のあらゆる行為が管理となってしまい，事実上は管理と作業との区別はみえなくなってしまう。

　この禅問答のような空回りを回避するため，貫はここで人間の活動を二つに分類する。

　「人間の諸活動のうち，活動の対象自体には運動がないもの，したがって活動に際して活動主体たる人間が対象に対して動力と制御の両方を与えねばならない活動を，執行活動とよぶ」。

　これに対して

　「活動の対象に動力が内在しているもの，したがって活動の目的が対象に内在する動力の制御であるような活動を制御活動あるいは管理とよぶ」。

　例えば，野球のピッチャーを考えてみよう。ピッチャーの活動対象のボールそれ自体にはバッターのところまで飛んでいく動力があるわけではない。だから動力はピッチャーから付与されなければならない。また活動主体のピッチャーは，動力の付与だけでなく，バッターが打てないように制御する必要がある。このようにピッチャーの投球という行為は，動力の付与と制御の双方をおこなっているのだから，執行活動（作業，operation）なのである。また自動車の運転も同じである。車それ自体にはそれに内在する動力はない。車を動かすにはキーを差し込んでエンジンをかけるという主体の側が動力を付与し，ハンドルやアクセル，ブレーキを使ってそれを制御しなければならない。これが自動車の運転という執行活動である。

　他方，例えば，在庫管理といわれる管理行為を考えてみると，活動の対象で

ある品質や在庫に商品そのものを変動させてしまう動力要因が内在している。品質と在庫の変動，損耗，劣化，陳腐化，価値の変動である。したがって生産者側の意図通りに保つためにはそれらの動力要因を意識的に計画的に制御することが必要になってくる。この意味で，在庫管理は，動力が内在している対象への制御活動＝管理活動ということができる。

　要するにここで主張されていることは，人間の活動や行為がたんなる執行であるか，管理であるかということは，活動の内容の違いなのではなく，その活動の対象の違い，すなわち動力が内在しない対象への動力付与の活動なのか，あるいは動力が内在する対象への制御活動なのか，によって決定される。対象の中にその対象を変化させてしまう動因を抱えているために，意識的・計画的働きかけがないと主体の側の「思い通りにならない」，そのような対象への目的意識的・計画的働きかけのことを管理ということができる。

　管理に相当する英語の manage はイタリア語の maneggiare からきているといわれているが，「手で扱う，馬を馴らす」という意味である。事実，英語のこの言葉には「馬を調教する」という意味があり，転じて「思い通りにならないもの（事）をうまく扱う」という意味で使われている。貫の「動力・制御パラダイム」と符合する。

　これに即して人事労務「管理」を考えてみると次のようになる。

　その行為の対象であるヒトはロボットではないから，経営者・管理者の思い通りにはならない意志や感情がある。この意志や感情は対象に内在する動力要因とみることができるとすれば，その意志や感情（つまり動力要因）に意識的に働きかけて制御しなければならない。しかもその制御行為を労働者の側が「受容」しない限り協働システムは動かない。手段はどうであれ，協働システムは他ならぬ労働者の意志を通してしか機能しないからである。人事労務管理はこのような意味で管理なのである。

　「対象規程」論争の出発点で引き合いに出されたマルクス，彼も次のように述べている。

　「同時に従業する労働者の数の増大につれて彼らの抵抗も大きくなり，したがってまたこの抵抗を抑圧するための資本の圧力も必然的に大きくなる」。

　それ故に資本の指揮は「観念的には資本家の計画として，実際的には資本家

の権威として，彼ら（労働者）の行為を自分（資本家）の目的に従わせようと
いう他人の意志の力として，彼らに相対するのである[16]」。

　テイラー・システム以来，労働者の側がその意志と感情を鮮明にし，資本・
経営側に対立・反抗・抵抗を示すようになればなるほど，経営側の制御活動は
協働システム内での制御活動にとどまらず，採用から解雇（退職）に至るまで
のすべての局面で，より計画的に，より意識的にならざるをえなかった。また
個人と家族，仲間集団，労働組合，地域社会などすべての領域・局面での制御
活動を必要とした。なぜなら，それらが労働者の意志や感情に影響を与えるか
らである。さらに制御活動の内容も，労働者の意志や感情に基づく抵抗や反抗
への制御だけではなく，意志や感情そのものの制御行為にまで発展した。行動
科学（モチベーション，リーダーシップ論）を経て，人的資源管理に至って，そ
の頂点に達した。そこでは，労働者自らが自己の動力要因をすすんで制御する
ことが志向され，期待されているのである[17]。

　まとめよう。

　管理とは人間の意識的制御活動である。経営学では常識的なこの内容を貫は
「動力・制御パラダイム」を使って説明し，川端がそれを受け継いで「労務管
理」に援用した。その個々の内容については看過できない問題を含んではいる
ものの，両氏の努力によって，「管理とは，人間活動の対象に動力が内在して
いるもの，したがって活動の目的が対象に内在する動力の制御であるような活
動のことである」ことが明らかになった。このパラダイムを使って人事労務管
理の概観がみえてきた。

　企業＝協働システムは主要構成員である労働者の意志と感情を介してしか動
かない。それ故，協働システムの機能化のためには，労働者の行動・意志・感
情の制御を不可欠とする。このような意味で，人事労務管理は，賃労働者を企
業にひきつけて，労働を強制するための，すなわち協働システムを機能させる
ための，管理（＝計画・組織・指揮・統制の活動）なのである。その眼目は，そ
の活動の対象である労働者の側に，活動主体（経営者）の思い通りにならない
動力要因（行動・意志・感情）が存在するからである。それは，具体的には，
技術水準や労働慣行と労使関係，労働関係法，教育水準，生活様式，社会心理
などに規定されている労働者の行動・意志・感情である。これら経営側の思い

通りにならない要因を通してしか協働システムは機能しない。思い通りにならない要因を意識的に制御することなしには企業は正常には動かない。

　こうして私たちは，人事労務管理とは経営側の思い通りにならない従業員（労働者）を意識的に制御するための体系であると理解できる地点まで到達した。

⑥　何を論じなければならないか

　このように人事労務管理を「賃労働者を企業に引きつけて，労働を強制するための，計画・組織・指揮・統制の体系」であるととらえられるとすれば，「労働者統合のメカニズム」，「働かせ方」の解明のために，何を分析し，何を論じなければならないかはもはや明らかである。

　労働者を雇用し，労働させていくために（＝協働システムを形成し，機能させるために）は，「命令」や「指示」だけでは困難であるのだから，それを「受容」するように，いや「命令」や「指示」なしでも自ら進んで従業するように，労働者の側に内在する動力要因（行動・意志・感情）を制御する行為が必要である。

　したがって，人事労務管理の分析のためには，まず何よりも動力要因の具体的内容を管理の側がどのように捉えようとしたのかが問われる必要がある。これは経営側の予測や願望ではなく，その時代と地域に現実に存在している労働者の特性を経営側がどのように理解したかの問題である。理解の仕方が間違っていれば，労働の側からの総反発を受けるだろうし，協働システムはうまく機能しないだろう。後述することになるが（第4章），1960年代初頭の日経連による「職務給導入」の提唱は挫折したが，これがその典型的な実例である。現実に展開されている人事労務管理の真相に迫ろうとすればするほど，動力要因，つまり現実の労働者（集団）の行動特性を経営の側がどのようにとらえたのかが考察されねばならないだろう。

　その上で，それらの特性をどのような体系と手法で制御しようとしたのかが分析されねばならない。労働者を企業に引きつけていく方法，仕事に動員していく方法，動員するだけでなく献身させる方法，不要な労働者を排出していく方法などが検討される必要がある。それにとどまらず，これらはもちろん個々

バラバラにおこなわれているわけではないのだから，それら全体を統括するための基軸となる統合の原理の分析がとりわけ重要であろう。

　こうして，人事労務管理研究は，労働者の動員システム，「合意」形成システム，統合のメカニズム，また同じことではあるが労働者の支配システムを基軸に進められるべきなのである。

第2節　日経連の二つの報告書：
　　　　戦後日本の経済と社会（関係）の二つの画期

　「はしがき」で述べたが，本書の基本的な視角は，アドラーやジャコービィが提起したように，企業を「社会（関係）に埋め込まれた」ものとらえようというわけだから，そこで展開される人事労務管理の具体的なありようは，つまり「労働者の統合メカニズム」の具体像は，「外的な社会関係」，アドラーがいう「階層Ⅳ」に影響を受けざるを得ない。

　戦後の日本の人事労務管理は，長い間，経営側の労務対策本部として機能してきた日本経営者団体連盟の強い指導の下に，展開されてきた。[18] 戦後日本の産業と社会の状況や変動をみながら，企業経営者としてあるべき人事労務管理についてあれこれ提言し，実践してきた。

　その日経連が人事労務管理のあり方そのものについて提言し，日本企業の人事労務管理に大きな影響を与えることになった二つの報告書がある。日経連能力主義管理研究会編『能力主義管理──その理論と実践』（1969年，以下では『能力主義管理』と略す）と新・日本的経営システム等研究プロジェクト編『新時代の「日本的経営」──挑戦すべき方向とその具体策』（1995年，以下，『新日本的経営』と略す）である。この二つの報告書は，経営者としてそれぞれの時期の変化をどのように受け止め，どのような理由でそれまでの人事労務管理では新しい変化に対応できないと考えたのか，人事労務管理の改革課題を明らかにしたものである。そうだとすれば，この二つの報告書を検討することによって，ジャコービィがいう「外的な社会関係」，アドラーがいう「階層Ⅳ」の変化を日経連がどのように考え，どのように従業員を管理していこうとしていたのかを理解することができるはずである。以下，これについて検討する。

1 1969年「能力主義管理」

『能力主義管理』は，1966年10月に日経連内に能力主義管理研究会が作られ，2年強の議論を経てまとめたものである。この委員会のメンバーは各産業の主要企業21社の人事担当部課長であった。この時期は，戦後復興期を経て迎えた高度経済成長（岩戸景気とその後のオリンピック景気）が一段落し，証券不況（1964年10月〜65年10月）に陥った時期に当たる。順調であった経済成長が1年にもわたる不況で喘いでいたわけだから，各社の人事担当者の問題意識は鮮明であったと思われる。それは『能力主義管理』の「刊行のことば」で次のように表現されている。

「労働力不足，資本の自由化など，昭和40年代の企業経営をめぐる環境条件はますますきびしさをましている。／それに対応して，人事労務管理の革新を急ぐ必要に迫られている。／このような観点から，日経連では昭和40年総会において，労働者一人ひとりの能力を最高に開発し，最大に活用し，かつ，学歴や年齢・勤続年数にとらわれない能力発揮に応じた真の意味における平等な処遇を行うことによって意欲喚起を重視し，もって少数精鋭主義を目指す人事労務管理の確立を産業界全体の見解として採択した。われわれはそのような人事労務管理を能力主義と名づけた」[19]。

ここでいわれている「労働力不足」と「資本の自由化」について敷衍しておこう。

この『能力主義管理』によれば，出生率の低下と進学率の上昇が労働力不足を招いていると指摘している。第1次ベビーブームを経て出生率は低下し，1961年には先進資本主義国の中ではスウェーデンに次ぐ低出生率の国になったという。合計特殊出生率でみてみると，確かに，第1次ベビーブームには4.5前後であったが，その後は急落し，1960年代には2.0前後と半減しているのである。もう一つの進学率の上昇をみると，この時期の高校と大学への進学率は共に急増している。1950年代初期まで高校進学率は半数以下であったが，1965年には7割を超えるようになった。同様に大学への進学率も25％を突破するようになった。進学率の上昇は新規学卒者の高年齢化を惹起するだけではなく，労働者の意識の変化をもたらし，これまでのような学歴と年功重視の人事労務管理では対応できなくなったことが指摘されている。[20]

「資本の自由化」とは次のような事情をいう。1948年に GATT（関税及び貿易に関する一般協定）が発効したが，敗戦で混乱・低迷していた日本は1955年に加盟を認められることになった。ただこの段階では日本の経済力を考慮して12条国（国際収支の理由で輸入制限できる国）として認められていた。先進諸外国は，日本の経済競争力をつけるまでの間，いわば保護貿易を許容していたのである。しかしその後の高度な経済成長によって，主要先進国は次第に日本に為替，貿易，資本の自由化を求めるようになった。1963年2月，日本はついにGATT12条国から11条国（国際収支の理由で輸入制限をしてはならない国）への移行を表明した。同時に1964年4月に，為替の自由化のため IMF 8 条国に移行し，OECD に加盟して資本の自由化をはかったのである。

　これら一連の政策は，敗戦以来，政府の保護政策の下で経済復興，経済成長を成し遂げてきた日本の産業が，いよいよ国際市場競争の舞台に立たされることを意味していた。この政策変更は当時の企業経営者にとっては重大問題であった。例えば，自動車の自由化についていえば，既に1961年にトラック，バス，部品の自由化については実施されていたものの，乗用車については業界からの抵抗が大きく，再三再四延期され，実施に移されたのは1965年10月になってからのことであった。この間の事情について中村静治は次のようにいう。「（自動車の自由化は）一般にかなりの『危機感』をもって迎えられた。……国内競争の激化の結果は敗者の輩出は避けられず，それらが米国資本にからめとられるのは必至と観測されていたからである」[21]。その後の歴史は必ずしもそうはならなかったが，しかし当時の様子は中村が説明するようであったに違いない。そのため，政府・通産省は，アメリカの資本が上陸する前に国内企業の競争力強化が必要であるとして，企業合併，業務提携をさかんに推奨していた。その第1号となったのが日産自動車とプリンス自動車工業の合併であった。

　このような経営環境の変化の中で，日本の新しい人事労務管理として提起されたのが『能力主義管理』であった。

　それでは「能力主義管理」はそれまでの人事労務管理のどの部分をどのように変えようというのであろうか。詳細は後述するが（第4章），その要点だけを記そう。

　『能力主義管理』によれば，急速な技術革新と高学歴化，そして若年労働力

不足，貿易と資本の自由化，これらの要因のいずれもがそれまでの「画一的年功制からの脱皮」を必要としているという。「年功制は，技術革新のテンポが緩やかで，進学率も低く，経験と学歴が能力の指標であり得た時代には能力主義的要素を多分にもっていた」が，今や「その条件が崩れ去ろうとしている」からである。こうして「能力主義管理」は「画一的年功制」の打破をめざす人事労務管理として提起されたのである。

　少し敷衍すれば，「年功制の打破」ではなく「画一的年功制の打破」なのである。つまり年功制のすべてを捨てるわけではないということに注意したい。どういうことか。『能力主義管理』は次のようにいう。「年功制は企業集団に対する忠誠心，帰属心をいっそう培養した。この長所はわが国企業経営における大きな強みであり，……今後も生かさなければならない」。すなわち年功制がもっていた企業忠誠心や帰属意識を新しい人事労務管理に受け継がせようというのである。いわば年功制の長所を生かし，短所を改めるという姿勢なのである。

　こうして労働力不足と資本の自由化という経営環境の変化の中で，労働者を企業に引きつけ，仕事に動員し，仕事に献身させる新しい人事労務管理として「能力主義管理」が提唱されることになった。この場合の「能力」とは「職務遂行能力」のことであり，それは「体力・適正・知識・経験・性格・意欲」からなるとされる。したがって，経験や学歴を処遇に直結させるのではなく，それに基づいて持ち合わせているはずの「能力」（潜在能力）とその発揮度によって処遇し，また企業目標達成に向かってどれだけ専念したかによって処遇することが想定されている。逆にいえば，従業員を企業目標達成に向けて「能力」発揮させ，仕事に専念させるための管理であった。

　敢えて年功制との関係をいえば，「職務遂行能力」という形を通してではあれ，間接的に経験と学歴を処遇に反映させる余地を残し，また企業忠誠心を醸成し仕事に専念させるための「イデオロギーとしての年功制」を組み込む管理システムが志向されたのである。

　「能力主義管理」は，その後，2度にわたるオイル・ショック，それに続く低成長時代を通して広く深く浸透していった。

② 1995年『新日本的経営』

　この報告書は，1990年代に入ってからの経済環境の変化にいかに対応していくべきか，この検討のために日経連内部に設けられた「新・日本的経営システム等研究プロジェクト」の最終報告書である。日経連傘下の企業の人事担当者を含めて総勢85名の委員からなるプロジェクトを立ち上げたのはバブル経済崩壊直後の1993年であった。翌94年に中間報告を出し，95年5月に最終報告を発表した。

　『新日本的経営』の内容に入る前に，まずこの90年代後半の日本経済を取り巻く内外の状況を簡単にふりかえっておこう。

　1973年と1979年の2度のオイル・ショックの中で，日本企業は，「安定成長」とも呼ばれたように，輸出を伸ばし順調に経済成長を続けていた。その成長の裏では，「減量経営」・「雇用調整」（＝中高年層をターゲットにしたリストラ）等の経営合理化がおこなわれた。堅調な経済成長はその「成果」でもあったのだが，アメリカはこの日本と対照的であった。レーガン政権下のアメリカではインフレからの脱却をめざして高金利政策をとったが，結果として，貿易収支の大幅赤字，そして財政も赤字に転化し，いわゆる「双子の赤字」に苦しんでいた。その脱出策として採られたのが「ドル安」への国際協調である。その協議のために，1985年9月22日，ニューヨークのプラザホテルで，先進5か国（G5）蔵相・中央銀行総裁の会議が開催され，「ドル安」への国際協調が「合意」されたのである。この「プラザ合意」は日本の経済と企業経営への影響が大きかった。というのも，アメリカの対日貿易赤字が顕著であったため，急激な「ドル安・円高」を招くことになったからである。事実，1年後にはドルの価値はほぼ半減し，1ドル150円台で推移することになったのである。貿易環境が急激に悪化することになった日本企業は，堰を切ったようにアメリカ現地への投資と現地生産を開始することになった。また急激な円高は，国内生産よりは賃金の低い国で生産する方が有利だと考え，東南アジアへ工場移転する企業を増加させることになった。さらに「強い」円で海外の資産を買い漁り，不動産や証券への投機ブーム，海外旅行ブームを巻き起こし，バブル経済の様相を呈することになった。

　この「バブル経済」は1991年以降，大幅な資産価格下落や金融収縮などから

不良債権を発生させるなど，深刻な経済問題が多数噴出することとなった。いわゆる「バブル崩壊」である。その後の日本経済は長期不況のまま低迷することになり，「失われた10年」さらに「失われた20年」ともいわれることになった。

　上述したように，日経連が「新・日本的経営システム等研究プロジェクト」を立ち上げたのはバブル崩壊直後の1993年であった。ただし，崩壊直後であったからか，その後の長期不況をどこまで予想できていたかは定かではない。そのためか『新日本的経営』の「経済環境の変化」の叙述からは深刻さをそれほど感じることはできない。しかし結果としては，これまでの「能力主義管理」（＝日本的経営）では立ち行かなくなるとして，新しい時代の「日本的経営」の確立が必要であるとしているのだから，時代を画する重要な報告書となったとはいえるだろう。

　『新日本的経営』では「経済環境の変化」の内容をそれほど詳しく分析しているわけではない。ポイントは五つあげられている。第1に，経済成長の鈍化である。かつてのような高成長を持続することは困難であるが，「雇用の維持・創出のために相応の成長が必要である」という[24]。第2に，労働力需給についてのミスマッチ問題である。短期的には，ホワイトカラー層と第3次産業を中心とした低生産性部門で過剰人員が生まれ，長期的には労働力人口が減少することが指摘されている。第3は，企業の情報化・システム化によってホワイトカラー部門での人員余剰が避けられないなど，企業のリストラと高コスト体質の改善が必要であるという。第4には，産業構造の転換によって，人員が余剰となる産業と人員不足の産業が生まれるが，この労働移動の円滑化という問題である。そして第5は，円高と途上国の発展によって産業の空洞化が予想され，それに伴って余剰労働力を発生させることになるが，それへの対策が必要であるという。

　あまり整理された叙述ではあるとはいえないが，これをみれば，バブル崩壊後の経済環境の変化をおよそどのように受け止めたのかがわかる。第1にこれまでのような経済成長は望めくなったこと，第2に円高によって国内生産ではなく海外生産に拍車がかかり，産業の空洞化が懸念されること，第3に情報通信技術（ICT）の発達によって，産業構造が急速に変化し，また生産現場の労

働内容が大きく変化したことである。このような変化を前にして，日本の人事労務管理は，「ホワイトカラーの低生産性」「労働力人口の減少」「高コスト構造」「労働移動の円滑化」「余剰人員」等の課題に取り組んでいかねばならないというのである。そのためには従来の「日本的経営」の何を「変えるべきか」，何を「変えてはならないのか」，このように問題を設定して検討している。

　『新日本的経営』によれば，「変えてはいけない基本理念」として，「人間中心（尊重）の経営」と「長期的視野に立った経営」の二つをあげる。「日本的経営の特質は，終身雇用慣行や年功賃金制度といった制度・慣行ではなくて，そうした運営の根本にある『人間中心（尊重）の経営』『長期的視野に立った経営』という理念が日本的経営の基本である」。この基本理念は今後も維持すべき「普遍的性格をもつものである」と主張する。それによれば問題は，経営環境の変化がこの二つの基本理念を機能不全にさせている点にある。「運営面の制度や仕組みは，環境条件の変化に応じて変える必要がある」。つまり日本的経営の本質であり優れた側面である「人間中心（尊重）の経営」「長期的視野に立った経営」を維持し守るために，運営面の制度や仕組みは変えなければならないというのである。

　「変えなければならない」制度や仕組みとは何か。端的にいえば終身雇用と年功制である。「人間中心（尊重）の経営」と「長期的視野に立った経営」を守るために終身雇用と年功制を打破せよというのである。いささか強引に過ぎる論理であるが，経営者の本音は企業を守るために従業員の処遇を変える必要があるということであろう。

　具体的にみよう。これからの「人間中心（尊重）の経営」とは，従業員個々人の個性と主体性を尊重することであるとして，従業員の一括管理から各人の「個性と創造力」を引き出す多様な選択肢を用意し，自己責任で選択させていくことが必要であるとする。そのためには「能力・成果重視の処遇」を徹底することが必須であるし（＝年功制の否定），もし能力発揮できなかった場合は，「企業を超えた横断的労働市場を育成し，人材の流動化を図ることが考えられなければならない」（＝終身雇用の否定）と断言する。

　もう一つの基本理念「長期的視野に立った経営」についても，高コスト体質を改善し，技術の一層の高度化を図ることが重要だとして，雇用構造の改変

（中高年のリストラ）と賃金構造の改革（年功賃金打破）が鍵となることが示唆されている。

　以上をまとめてみれば，『新日本的経営』は，「人間中心（尊重）の経営」とか「長期的視野に立った経営」を維持するためという文言が付加されてはいるものの，内容的には年功制と終身雇用慣行の一掃が強く志向されている。『能力主義管理』が年功制の長所を生かし短所を改めるという態度であったのと対照的である。経営環境の変化の中で，「人間中心（尊重）の経営」と「長期的視野に立った経営」の維持のためには，長期雇用や年功制がもつ硬直性を打ち破って，雇用と処遇・人事（配置，就業，異動，昇進）において個性と主体性を重視すること（自己責任の強調）で柔軟（フレキシブル）にしていく必要があるとする。この基本方針を宣言したのである。ここではこれ以上深追いはしないが，終身雇用慣行打破の具体策として提起されたものが「雇用ポートフォリオ」戦略であり，年功制打破の具体策として提起されたものが「成果・業績主義」人事賃金制度であった。こうして『新日本的経営』は，21世紀目前にして，日本の人事労務管理の基本原理を画する契機となったのである。

　このようにみてみると，経営者の中枢団体として日経連が公表した二つの報告書は，時代の変化を経営者がどのように考え，それに対応して各企業の人事労務管理の原理，つまり労働者統合のメカニズム，労働者の動員（支配）システムをどのように転換（「改革」）しなければならないのかを明言したものであった。

第3節　戦後日本の人事労務管理分析の時期区分について

［1］日本の人事労務管理の変遷過程研究

　前節でみてきたように，「働かせ方」という視点を重視してみてみると，戦後の人事労務管理は，1969年の『能力主義管理』と1995年の『新日本的経営』，この二つを基軸に時代区分できるように思われる。

　この時代区分について本格的に検討した研究は少ない。そのほとんどは，それぞれの研究者が，戦後の労働運動や労使関係，人事労務管理など，自身の関心テーマに即して論じたものであるため，必ずしも統一のとれたものではない。

とはいえ，主要な論者の時期区分を紹介し，企業による働かせ方の具体的な変化を分析するための手がかりとしよう。以下でとりあげるのは，日本の人事労務管理研究に少なくない影響を与えてきた，労使関係と人事労務管理研究の白井泰四郎，日本的経営と人事労務管理研究の津田眞澂，労働社会研究の熊沢誠である。

　白井泰四郎（1982）は，労使関係を基軸に据えて戦後日本の人事労務管理を叙述している[26]。

　白井のこの本には「現代日本」との表題がつけられているが，この「現代」とは，白井自身の言葉によれば，「戦後の高度成長期を経た1970年代を意味して」いる[27]。その70年代までの変遷を白井は「戦後改革と労務管理」→「高度成長と労務管理」→「年功的労使関係の再編成」という流れでまとめている。日本の労務管理の様々な特徴を「年功的労使関係」の側面から把握しようとする白井は，「戦後改革」によってその特徴が変わったのかと課題設定する。

　「第2次大戦における敗戦とアメリカ軍の占領政策による民主主義的諸改革は，わが国の労使関係と労務管理をとりまく環境的諸条件を一変させ，それに対応する労使関係の新しい制度と慣行をつくり出した。これらの諸改革は，まさに社会革命ともよぶべき衝撃を与えたものである[28]」。白井の関心は，その「社会革命」は「年功的労使関係」を変えたのか，それは労務管理にどのような影響を与えたかにある。筆者の関心で読み替えると「社会革命」は，経営者による従業員の「働かせ方」を変えたのかである。

　1956年の『経済白書』は，有名な「もはや『戦後』ではない」として，日本経済は敗戦による壊滅からの復興を一応完了したと白井はいう[29]。この戦後第1段階を経て，ここから始まる高度経済成長は，産業民主制によって年功的労使関係の枠組みは再編され，その内実の変化はあったものの，新たな形で定着したと白井はみる。すなわち，①定年までの長期雇用慣行は，従業員の雇用保障の制度としての性格が強化された。②学歴別身分制は撤廃され，学歴格差も縮小され従業員間の競争はオープンになった。③企業内福利厚生は，使用者主導から団体交渉事項に移行したが，標準化が進んだ。④企業内教育・訓練制度は一段と強化された。こうして⑤企業内労使関係の優位性は，新たな産業民主制のもとで再編成され，強化された。「だが，企業内労使関係の優位ということ

は，その主導権は経営側にあるのであって，実態的には労務管理主導型の労使関係を意味する」と重要な指摘をしている[30]。こうして，敗戦直後の「社会革命」（＝戦後改革）を経て1970年代までに労務管理主導型の年功的労使関係が再編成され，それが高度経済成長に寄与したとみるのである。

　この戦後初期の労使関係について，白井の見解と類似したものは津田眞澂（1993年）にみられる[31]。

　津田の関心は「日本的経営」である。詳述は避けざるを得ないが，彼の問題意識は「日本的経営」の本質を「共同生活体」ととらえ，その戦後の変化を人事労務管理の面からどう考えるかというのである。「1945〜52年の占領軍政の時代については，この時代を日本的経営に関してどう位置づけるかということで見解が一致していない。／私は，この時期における社会制度がもたらした社会変化を『社会革命』に匹敵するほど重大だと考えて，日本的経営の成立をこの時代においている」。敗戦後10年の復興期の激しい労使対立と組合分裂を経て，「経済復興の先行きに目標展望がみえず，企業にも新組合にも所属感がもてなくなった従業員」の最大の問題は勤労意欲の弛緩であった。高度工業化への障害の一つは従業員の能力と意欲であった。ここに戦後復興期の労使対立とその過程の中で出来上がった，以下のような要素が「日本的経営」（＝日本的人事労務管理）を成立させたのだという。すなわち，1）協調的企業内労働組合，2）終身雇用慣行，3）生活給としての年功賃金と勤続退職金，4）福利厚生制度による従業員の生活全般の個人生活からの吸収，5）正規雇用の人事制度，6）企業内昇進，等である。

　こうして誕生した「日本的経営」を基盤として，その「発展期」（第1次高度成長期）では，労使信頼関係の定着（労使協議制），労使一体の生産性向上運動の展開，QCサークル活動等のような生産現場における人事労務管理が展開され，工業化速度を速めながら「先進工業国の一角に到達した」とされている。

　その後60年代後半以降，反公害運動，学生運動，学歴の高度化，高度成長に伴う労働力不足，「石油ショック」等，次々と課題が生まれたものの，「日本的経営」は「能力主義管理」の登場で「変容」しながらさらに大きく定着することになると分析する。

　さてその後のバブル崩壊を経た現代について，津田は多くを語らない。「人

事労務管理の課題」として，「情報化」によって「従業員の長期雇用継続保障
は，企業にとっては有利にならない」，「グローバリゼーション」は「日本的経
営」（＝生活共同体思想）の再検討が必要になったことをあげる。そしてそれら
の行方として「共同生活体」は解体することになろうが，「そのことに最適な
現代企業経営としての新しい人事労務管理の開発が必要であろう。その人事労
務管理の形成は今，胎動のさなかにあるが，まだ明確ではない」というのみで
ある。

　熊沢誠は，分析の基本を常に「ふつうに働く人々」において，日本の企業と
職場，管理と労働，仲間と労働組合について鋭い分析を重ねてきた。数多い彼
の著作から『能力主義管理と企業社会』（1997）をとりあげてみよう。[32]

　この本は戦後日本の人事労務管理の発展過程全体を論じたものではない。第
１次高度成長を経た1960年代半ばから1990年代までの変化を取りあげたもので
ある。

　彼によれば，能力主義管理が浸透してゆく過程は，経営者のたえまない努力
のプロセスであるゆえにきっぱりとした画期をもつわけではないが，およそ三
つの時期に分けることができるという。それは，60年代半ばから70年代半ばま
での昭和40年代（第１期），70年代半ばからおよそ1992年頃まで（第２期），そ
してそれ以降の現時点（第３期）である。換言すれば，第２次高度成長期，オ
イル・ショック後からバブル崩壊までの時期，そしてその後である。

　彼が能力主義管理に拘ってこのように区分するのは，人事労務管理の全体像
を把握するためには，賃金制度だけでなく，「労働（組織）管理，いわゆる働
かせ方とか雇用システムへの着目も不可欠」だからである。どのような「働か
せ方」をしたのかが重要だという視点は筆者も共有できる。賃金形態は「働か
せ方」に自ずとついてくるものである。

　「第１期」は，高度成長と人手不足の時代であったから，とにもかくにも
「労働者を最大限がんばって働かせる誘因」を必要としたのである。そこで用
意されたのが「職能資格制度」「職能資格給」「人事考課」そして「小集団活
動」を柱とした「能力主義管理」であったというのである。年齢と勤続ごとの
「横並び」「ところ天式の」賃金では頑張らせる誘因にはならないので，人事考
課・査定付の「職能資格給」を入れたというのである。ここに「働かせ方」の

一つの画期を読み取ることができるのではあるが，しかしこの時期は高度経済成長下の日本であったから，その運用もまだ緩やかであり，まだ年功制に内包されていたとしている。

　続く「第2期の能力主義管理」は，オイル・ショックとそれに続く低成長（安定成長）という経済的背景にあったので，リストラ（人員削減），そしてより効率的なムダのない高度化されたフレキシブルな働き方が要請され（ジャスト・イン・タイム，JIT方式），さらにそれを確実にするために人事考課も包括的な運用となった。結果として，「昇格と昇給の決定基準において年齢や勤続の比重低下と能力査定の重視が進んだ」から，能力要素が重視され，年功要素が縮小することになるので，年功制は空洞化していくことになったと主張する。

　熊沢が指摘する「第3期」であるが，バブル崩壊とそれに続く「失われた10年」の時期である。能力主義管理施策のターゲットを中高年，ホワイトカラーに移したこと，賃金を成果・実績主義化していること，複線型人事制度を提起して新しい能力主義管理を提起したことなどが主張されている。ただ，熊沢のここでの主張のトーンは，「日本の経営者はいま，たしかに能力主義管理のいっそう徹底的な行使を決意している」との叙述にみられるように，どちらかといえば能力主義管理の徹底・厳格化という文脈でとらえていることが窺える。90年代後半に書かれたものであるので，時代の制約もあるが，前節でみた『新日本的経営』の位置づけとは違う。「働かせ方」の原理という面からみると「能力主義管理」の延長でとらえることには無理がある。

　以上，3人の研究者の時代区分を検討してきた。すべての研究に共通なのは，人事労務管理の変遷を社会経済的環境の変化からとらえようとしていることである。当たり前のアプローチではあるが，しかし論者間に若干の違いがみられるのは，研究時期の違い（1970年代後期，1990年代初期，1990年代後期），研究の力点の違い（労使関係，日本的経営，能力主義管理），研究方法の違い（労使関係論，経営学，労働社会学）からくるものであろう。

　ただ3人の分析から，①敗戦直後10年間の復興期がとりわけ重要で，その過程の中で戦後の人事労務管理の特徴を決める基礎が築かれたこと（戦後的な働かせ方の原型の確立），②その戦後復興期を経て出来上がった労使関係を基礎にして，戦後的な「働かせ方」が実を結び，それを基礎にして第1次高度成長が

達成されたこと，③その後，新しい経済環境のなかで，第2次高度成長期の直前に打ち出された「能力主義管理」は，「能力」を重視した新しい「働かせ方」を提起したこと，それはオイル・ショックを経た「低成長期」，その後のバブル期にいたるまで，より「精練化」されながら機能したことを確認することができる。

　ただ熊沢を除いて，バブル崩壊以降については詳しく論じられていない。[33]筆者としては，前節で触れたように，バブル崩壊以降の「働かせ方」の原理はそれまでとは大きく異なることを指摘しておかねばならないと考えている。それは「年功制」と「長期雇用慣行」の完全放逐という方針の下で，これまでにみられない「働かせ方」が強調されるようになったからにほかならない。

［2］ 戦後日本の人事労務管理分析の時期区分

　日本の人事労務管理の特徴を明らかにし，これからのあり方を追究するためには，その戦後の展開過程（変遷過程）を究明することが必要である。究明のポイントは「働かせ方の原理」の変遷である。あるいは「労働者の動員システム」「合意形成システム」「統合（支配）システム」といってもよいが，その変遷を跡づけていくことで，その外皮の違いと同時に，もし共通する一本の「原理」のようなものがあるとすれば，それこそ日本的特徴とみなすことができるのではないかと考えている。急いで付け加えなければならないが，それを「日本的特徴」と断定してよいのかどうかは留保すべきかもしれない。グローバル化が進んだ時代であるから，人事労務管理の国を越えた本質の日本的表れ方といった方が適切なのかもしれない。ともあれ，ここではそのためのさしあたっての「時期区分」を考える。

　そもそも時代区分は簡単ではない。人事労務管理は個別企業の内部で展開されるものであるし，特に人間を対象としたものであるだけに，きっぱりと時期区分できるわけではない。ある時期を画期として劇的に変化することもあれば，多分にオーバーラップしながら少しずつ変化することもある。しかし，労働者の動員システム，「合意」形成システム，統合のメカニズム，つまり「働かせ方の原理」に注目して，これまで叙述してきたことを考慮に入れると，大雑把にいって，次の五つの時期に区分して考察することができると思われる。

①1945～1955年（昭和20年代）：戦後復興期

②1955～1964年（昭和30年代）：第 1 次高度成長期

③1965～1972年（昭和40年代）：第 2 次高度成長期

④1973～1991年（昭和50年代）：オイル・ショックと低成長期，バブル期

⑤1992年以降：バブル崩壊と平成不況

以下，ごく簡単にそれぞれの時期を説明しておこう。

【第 1 期：戦後復興期　1945～1955年】

　第 1 期は敗戦直後から1950年代の中期までのおよそ10年間の時期である。

　1945年 8 月の敗戦直後から「生産管理闘争」という名の労働運動が激しく勃興した。その結果，多くの場合「経営協議会」を通して労働組合は経営問題に深くコミットしていった。このことは経営側からみると，「経営権」への重大な侵害である。したがってこの期の資本・経営側の最大の課題は，経営秩序の混乱（労使の立場が逆転した秩序）を脱して「経営権」の回復・奪還であった。「働かせ方」という用語にこだわれば，労働組合主導型ではなく，「経営権」に基づく「経営秩序」のもとで働かせることであった。次章でみるように，多くの場合，人員整理をめぐって激しい労使紛争を伴いながらも，戦闘的・階級的労働組合を職場から追放することで，経営主導の「秩序」を確立しようとした。つまり人事労務管理の課題はもっぱらこの労働組合対策と労使関係の改変におかれていたのである。

　もう一つ看過してはならないことがある。「経営秩序」の強調は同時に企業という「共同体」意識の強調でもあったことである。企業意識の育成を中心とした企業内教育が重視された。わけても従業員が漠然としてではあっても抱いていた「昇進願望」を考え，末端の管理・監督者に対する教育に力を入れた。この時期においては，彼らにとって「管理者教育」を受けたという事実が重要であった。何故なら，その事実こそが彼らをして「共同体」の選ばれた者として自覚させ，「企業秩序」回復に努力を集中させたに違いないからである。しかも当時の末端の管理者は同時に労働組合員であったから，組合の体質改善≒「第二組合」の結成行動に少なからぬ影響を与えた。

　こうしてこの期の人事労務管理は，「経営権」に基づく「経営秩序」の確立

に力が注がれた。激しい労使対立・労使紛争を経てのことであったが，その結果，戦闘的組合の追放と協調的労働組合の育成・浸透，そして労使関係は協調的なものへと変化していった。その後の経営「合理化」運動の推進の基盤が形成されたのである。

【第2期：第1次高度成長期　1955～1964年】

　第2期は1950年代中期から60年代中期までの10年間，いわゆる第1次高度成長期である。協調的な組合が民間大企業を中心に浸透し，協調的・労務管理主導型の労使関係が定着していく時期であった。このことは同時に，未だ協調的組合と協調的労使関係が確立されていない産業や企業に，その協調的労使関係を確立させ，浸透させていく過程でもあった。この労使関係の改変は，労働組合同士の対立という異様な事態を招きながらおこなわれた。

　人事労務管理の側面で注目すべきは，こうした労働組合対策を含みながら，協調的な組合の協力もあって，団体交渉とは別に，労使協議制が導入され，定着していったことである。この期の企業「合理化」の推進に当たってそれが果たした役割は大きい。すなわち組合はその労使協議制を通して「合理化」に積極的に協力したのである。

　他方で，「合理化」に協力する見返りに，「合理化」によって得られた生産性の向上，それに伴う収益増大，その分け前を，春闘という形を通して還元され，賃上げがおこなわれた。驚異的な経済成長の中で，毎年の賃上げ闘争が高揚し，繰り返され，その中で定期昇給制度が制度化され，「年功」賃金が定着していくことになった。

　こうして，この期の人事労務管理は，第1期に確立された協調的労使関係をさらにいっそう浸透させ，その下で，一方では生産への全面協力，他方における春闘と団体交渉を軸に「成果配分」という形で年功賃金の定着，この両面を基礎に従業員を生産に動員システムが出来上がり，同時に「合意」形成システムとしても機能したのであった。

【第3期：第2次高度成長期　1965～1972年】

　第3期は60年代中期からオイル・ショックまでの第2次高度成長期であるが，第2節で記したように，何といっても「能力主義管理」が提唱され，それが浸透していく過程でもあった。その内容は省略するが，貿易と資本の自由化を前

に，国際競争力強化に向けて従業員を「仕事」に専念させる新しい方式であった。

「能力主義管理」は，「年功制」をやり玉にはしたが，年功制が果たしていた企業忠誠心の醸成と仕事に専念させる役割を重視し，それを「職務遂行能力」の中に包み込む管理システムであった。「職能資格制度」を柱として，「職務遂行能力」（企業への貢献度，貢献意欲の程度，能力と期待度）の人事評価で従業員を処遇するというものであった。従業員の処遇の核心が「能力」基準でこの人事管理制度のなかに組み込まれることになったのである。

こうした「働かせ方の原理」は，その後広く深く浸透することになり，実は，続く第4期においても，運用はより厳格になっていくが，「働かせ方の原理」としては維持され，およそ四半世紀の間，日本の人事労務管理の「屋台骨」として機能し続けることになった。

【第4期：オイル・ショックと低成長期，バブル期　1973～1991年】

第4期は1973年のオイル・ショックからバブル経済の時期である。このおよそ20年近くをひとまとめにすることに問題がないわけではない。しかし経済環境は激変するが，人々の「働かせ方」という点からみると一貫としているとみなせる。それは先の期で制度化された「能力主義管理」の普及，定着である。厳密にいえば，運用の厳格化，「能力」要素の比重の増大の過程であった。

日本の人事労務管理の屋台骨として「職能資格制度」や「職能給」は広く深く浸透し，定着していった。同時に，オイル・ショックはいわゆる「終身雇用」のあり方を揺るがした。「減量経営」という名で人員削減を進めさせただけでなく，雇用の弾力化のかけ声で「選択定年制」「早期退職優遇制度」など定年制のあり方に修正を加え，終身雇用も事実上は能力主義的な運用に変化したのである。こうして「職務遂行能力」はより厳格に雇用と処遇の両面において機能することになり，能力主義が労働者動員と統合のシステムとして機能することになったのである。

【第5期：バブル崩壊と平成不況　1992年以降】

1992年のバブル崩壊から世紀の転換を挟んで現在に至るまでの第5期は，ひと言でいえば大転換期である。政治的にはソヴィエト連邦をはじめとするいわゆる社会主義国の崩壊，また社会主義国における市場経済化，その意味で世界

の市場が一つになって競争が激化した。これは，他面から眺めると，圧倒的な政治力・経済力を誇るアメリカを中心としたグローバリゼーション，グローバル経済化の側面でもある。

　グローバル経済下で激化する市場競争の中ではこれまでの「能力主義管理」は機能しなくなる。1995年に出された『新日本的経営』は，これまでの「能力主義管理」に替えて，新しい「働かせ方」を提起するものであった。新しい「働かせ方」（＝人事労務管理）とは，「年功制」と「終身雇用」慣行を一掃し，「能力」ではなく「実力」で処遇し，長期雇用中心の「働かせ方」から「多様な働かせ方」（雇用の多様化，処遇の多様化）を機能化させることを志向するものである。それは，市場競争の激化に対応して，従業員の個性と主体性を自己責任で発揮させることで，「働かせ方」をよりフレキシブル（柔軟）にしていこうとするものである。換言すれば，「働かせ方」に市場原理を組み込んでいこうというものである。これは現在進行中ではあるが，様々な社会矛盾や深刻な労働問題を惹起しながらも，広がりを見せつつある。

第4節　人事労務管理の変遷とその分析

　戦後日本の「働かせ方」（人事労務管理）は，どのような変遷過程を辿ってきたのか，そこにみられる特徴は何か，さらには敗戦直後から今日に至るまでの変化過程に何か一貫として流れる共通した特徴があれば，おそらくそれがいわゆる「日本的特徴」と考えてよいのではないだろうか。本書のもう一つの研究動機はここにある。

　人事労務管理とは企業による従業員の「働かせ方」の体系である。その「働かせ方」の体系は，企業を取り巻く経営環境や市場の動向，そして働く側の学歴や意識，社会環境によって変化することは明らかである。以下，次章以降では，戦後日本の人事労務管理の変遷を辿りながら，「働かせ方」の変化の具体的な内容を考察する。この序章で検討してきたことをまとめ，研究の視角，分析枠組み，時期区分について述べてきたことの概観をまとめておこう。

　第1に，人事労務管理の変化＝「働かせ方」の変化，その歴史的な変遷過程を分析するということは，他ならぬ企業経営者による労働者の動員システム，

「合意」形成システム，統合のメカニズムあるいは支配システムの変化を明らかにすることである。経営環境と社会状況の変化の中で，労働者を企業に引きつけて働かせる方法と原理がどのように変わっていったのか，これを明らかにしなければならない。

　第2に，戦後，日本の経営者団体は，経済事情の変化や労使関係の動向をみながらいくつもの方針や報告書を発表してきているが，しかしその総力を挙げて検討したものが二つある。『能力主義管理』（1969年）と『新日本的経営』（1995年）である。この二つの報告書はその後の人事労務管理のあり方に決定的な影響を与えた。それは，日本社会の決定的な変化のターニング・ポイントにおける経営者としての人事労務戦略とみなせる。

　第3に，上記二つの報告書を念頭に，また先行するいくつかの研究を読み解けば，戦後日本の人事労務管理の分析と検討のためには，およそ五つの時代に区分して，その実態を解明する必要がある。すなわち，①1945〜1955年；戦後復興期，②1955〜1964年；第1次高度成長期，③1965〜1972年；第2次高度成長期，④1973〜1991年：オイルショックと低成長期，バブル期，⑤1992年以降；バブル崩壊と平成不況，である。

　次章以降では，それぞれの時期の実態を分析し，労働者の動員システム，「合意」形成システム，統合のメカニズムの変化を明らかにする。

注

(1) なお personnel management の場合，後半に industrial relations が添えられていたが，human resources management ではもはや労働組合との関係は考慮しなくてもいいということなのか，それに相当する用語が添えられることはなくなった。なお，industrial relations もまた labor and employment relations が使われるようになっている。

(2) 浪江巌「人的資源管理の内容と構造」『立命館経営学』第41巻第6号，2003年，83ページ。

(3) 高橋祐吉『企業社会と労働組合』労働科学研究所出版部，1989年，1〜2ページ。

(4) 高橋，同上書，17ページ。

(5) 労務理論学会編『経営労務事典』晃洋書房，2011年，254〜255ページ。

(6) 古林喜楽が「経営の外にある労働者を経営者は管理することはできない。やってもそれは管理の外に属することではないか」と発言し，また醍醐作三が「批判的経営学の立場から考えれば，論理的には組合は対象化できないんだという点を明確にしておくべきではないか」と発言した。ここに，そのような傾向を読みとることができる。「座談会　労務管理の本質」『経営教室』第1

巻11号，1963年，参照。

(7)　木元進一郎「労務管理研究の視角と課題」同編著『労務管理の基本問題』中央経済社，1981年，23ページ。あわせて「座談会　戦後日本の労務管理論の回顧と展望」『産研論集』（札幌大学）No.13，1994年3月，も参照されたい。

(8)　川端久夫「労務管理の理論について」『社会問題研究』（大阪社会事業短期大学）第15巻3・4号，1965年，209ページ。

(9)　川端，同上論文，212ページ。

(10)　川端，同上論文，214～215，228ページ。

(11)　川端，同上論文，225～228ページ。なお，この川端説を鈴木辰治は「敵対説」と呼んだ。

(12)　関口定一「労務管理論についての覚え書」『論究』（中央大学），第13巻1号，1979年，97ページ。

(13)　エンゲルスはいう。「一方では，どのような仕方で授権されるにせよ一定の権威が，他方では，一定の従属が，どのような社会組織であるかにかかわりなく，われわれが生産物を生産し流通させる物質的諸条件にともなって，われわれに強要させる」。エンゲルス「権威について」『マルクス＝エンゲルス全集』大月書店，第18巻，304ページ。

(14)　川端久夫「生産技術・経営技術・管理技術」『経済学研究』（九州大学）第55巻第6号，1990年。同「経営管理・生産管理・労務管理」『経済学研究』（九州大学）第56巻第1・2号，1990年。なお，黒田兼一「労務管理概念をめぐって——川端久夫氏の所説を検討する」『経営論集』（明治大学）第44巻第1・2合併号，1996年，を参照されたい。

(15)　貫隆夫『管理技術論』中央経済社，1982年，第2章。

(16)　マルクス『資本論』第1巻，大月書店，434～435ページ。

(17)　黒田兼一「人事労務管理の新展開——ヒューマン・リソース・マネジメントをどうみるか」『立命館経営学』（立命館大学経営学会），第44巻第5号，2006年を参照。

(18)　日経連は1948年発足，2002年に経済団体連合会・経団連と組織統合し，日本経済団体連合会となった。

(19)　日経連能力主義管理研究会編『能力主義管理——その理論と実践』，1969年，1ページ。

(20)　同上書，118～128ページ。

(21)　中村静治『現代自動車工業論』有斐閣，1983年，258ページ。黒田兼一「自動車産業再編成と労使関係」『経済経営論集』（桃山学院大学），第32巻第3号，1990年も参照。

(22)　前掲『能力主義管理』22～23ページ。

(23)　同上書，19ページ。

(24)　新・日本的経営システム等研究プロジェクト編『新時代の「日本的経営」』日本経団連出版，1995年，21ページ。

(25)　同上書，23～27ページ。

(26)　白井泰四郎『現代日本の労務管理』東洋経済新報社，1982年。

(27)　同上書，iページ。

(28)　同上書，53ページ。

⑵9 同上書，57ページ。

⑶0 同上書，62ページ。

⑶1 津田眞澂『人事労務管理』ミネルヴァ書房，1993年，45～72ページ。

⑶2 熊沢誠『能力主義と企業社会』岩波書店，1997年。

⑶3 この点については猿田正機の次の文献の第4章が示唆に富む。猿田正機『日本的労使関係と「福祉国家」──労務管理と労働政策を中心として』税務経理協会，2013年。

第1章

敗戦直後の企業経営と生産管理闘争

―― 敗戦直後10年，「経営権」回復への道程 ――

第1節　敗戦と企業経営

　1945年 8 月15日，日本は敗北した。その後，間接統治という形ではあったが，連合国最高司令官（SCAP）と総司令部（GHQ）による占領支配に置かれることになる。その GHQ の統治政策は，日本の経済と企業，そして労働者・国民諸階層にまさしく劇的な変化をもたらした。ポツダム宣言には「日本の軍国主義の一掃」や「平和的生産的生活への復帰」が唱われていたし，また GHQ の日本占領の第 1 の目的は「日本帝国主義および軍国主義の根絶」に置かれていたから，⁽¹⁾それは同時に，政治，経済，企業経営，教育，文化など社会のあらゆる分野で民主化を図ることを意味していた。これが「戦後改革」と呼ばれる過程である。

　敗戦と「戦後改革」が日本の普通の国民と労働者にどのような状況をもたらしたのか。アメリカの歴史家ジョン・ダワーは次のように活写している。⁽²⁾

　「吉田茂のような有名人だけでなく，日本社会のあらゆる階層の人々が敗北の苦難と再出発の好機のなかで経験したこと，そして彼らがあげた『声』を，私はできる限り聞き取るように努力した。／……中略……／この時代に起きた多くのことを慎重に書き進め，それが終わったとき，私はある事実に深く心を打たれていた。悲しみと苦しみのただ中にありながら，なんと多くの日本人が『平和』と『民主主義』の理想を真剣に考えたことか！」

　「日本は，世界に数ある敗北のうちでもっとも苦しい敗北を経験したが，それは同時に，自己変革のまたとないチャンスに恵まれたということでもあった。『よい社会』とは何なのか。この途方もない大問題が敗戦の直後から問われはじめ，この国のすみずみで，男が，女が，そして子供までが，この問題を真剣に考えた。それは，かつてないチャンスであった。とはいえそれは戦勝国アメリカが占領の初期に

改革を強要したからだけでなく，アメリカ人が奏でる間奏曲を好機と捉えた多くの日本人が，自分自身の変革の筋立てをみずから前進させたからである。多くの理由から，日本人は，『敗北を抱きしめ』たのだ。なぜなら，敗北は死と破壊を終わらせてくれた。そして敗北は，より抑圧の少ない，より戦争の重圧から自由な環境で再出発をするための，本当の可能性をもたらせてくれたからである」。

　近年，日本国憲法をめぐって，また第2次世界大戦時の日本をめぐって，様々な言説が流布しているが，しかしこのダワーのこの描写は，外国人でありながら，何とリアリティに富んでいるかと感心させられる。後半部分，当時の日本人が「敗北を抱きしめた」ことの意味を解説しているところは，当時の日本人の心的な状態を見事に描いている。

　ダワーがいう「戦勝国アメリカが占領の初期に」強要したという「改革」とは，敗戦から2か月経った1945年10月11日，D.マッカーサー（SCAP）が占領政策の基本として出した「五大改革指令」のことである。具体的には，①選挙権付与による「婦人解放」，②労働者の団結の促進，③教育の自由主義化，④専制政治の廃止，⑤経済機構の民主化である。

　占領政策は，その後1948年の「日本を反共の防壁にする」とのロイヤル陸軍長官声明を画期として大きく変更され，「民主化」改革は途中で挫折することになった。レッド・パージ，朝鮮戦争勃発に伴う特需を経て，経済の「自立化」政策のもとに日本経済は高度成長に突入していくのである。したがってGHQによる「戦後改革」はせいぜい3〜5年に過ぎなかったのだが，しかし労働者と国民諸階層に与えた影響は計り知れなく大きなものがあった。例えば，企業経営に関していえば，それまでの日本資本経済の屋台骨・財閥を解体させたこと，労働運動と労働組合結成の自由を奨励し「労働関係の民主化」を大きく前進させたこと，また「望ましからざる人物」の公職からの追放として財閥や大企業の資本家・経営者とその家族などを解職し，公職への就任を禁じたこと，他方では，治安維持法の廃止に伴って戦前来の労働運動・社会運動の活動家たちが一斉に釈放され自由を得たこと，これらにみられるように質的には戦前とはまったく異なる条件と環境が「強制」されたのである。戦後の日本資本主義はこのような初発条件を基礎にして高度成長を遂げたのであるから，戦後

資料1-1　鉱工業生産指数

(1935～37年＝100)

年平均	総合指数	繊維	化学	鉄鋼	機械	食品	鉱業	電力
1945年9～12月	12.3	5.9	14.4	3.3	3.3	39.8	18.5	63.7
1946年1～12月	24.5	10.6	24.0	6.5	39.6	57.4	38.6	110.5
1947年1～12月	31.7	15.8	32.3	10.9	49.4	64.0	52.8	124.0

(注)　国民経済研究協会指数，対象物資は48品目，総合指数には電力含まない。

(出所)　長洲一二「戦後技術の展開と産業の変貌」有沢広巳編『現代日本産業講座(1)』岩波書店，1959年，254ページより。

改革は決して「一時的環境」，例外期間とみるべきではない。

　まずこの期の生産状況をみよう。

　資料1-1にみるように，鉱工業生産指数は1935～37年を100として，45年は12.3，47年31.7にすぎなかった。この生産水準の著しい低下は，工場や設備の戦災もさることながら，現存設備のきわめて低い稼働率とそれに伴う低い労働生産性が原因であった。例えば鉄鋼の場合，45年度末の「全国稼働工場は，高炉11工場中2工場，平炉39工場中4工場にすぎなかった」[3]し，政府の調査によっても，46年12月の操業度は鉄鋼で1.7～26.1%，硫安で66.8%でしかなかった[4]。ところが工場や設備の戦争被害は，実際には，一般に想像するより少なく，産業によって不均衡であるものの，被害が大きかったといわれている重工業の主要な部門でさえ，敗戦時になお70～80%の生産設備が残されていたという[5]。これが事実であったとすれば，生産水準の著しい減少は工場や設備の被害によるというよりは，稼働率を低くさせた何か別の原因によると考えられる。

　減産の原因の第1は原材料不足であった。資源の多くを外国に，それも植民地と占領地に依存していた日本にとっていわば当然であるといえなくもない。しかし「唯一」の豊富な資源であったはずの石炭でさえもが40～45%に落ち込んでいた事実がある[6]。また電力にについていえば，当時は水力発電が中心で，しかもその水力発電設備の空襲被害はほとんどなかったにもかかわらず，深刻な電力不足に悩んだのである。このことは，減産の原因がたんに一般的な原材料不足のみにあったのではなく，むしろGHQの経済と企業の民主化政策による企業経営の混乱，あるいは資本家・経営者の動揺，企業家としての熱意の喪失であったといわねばならない。これが減産の第2の理由である。

　日本の経済的基礎であった財閥の解体は徹底しておこなわれた[7]。1945年秋，

GHQ は三井，三菱，住友，安田をはじめとする15財閥本社＝持株会社にたいして事業内容，資本構成の報告を命じ，つづいて資産凍結を指令した。これ以降，解体作業は46年8月に発足した「持株会社整理委員会」の手で遂行された。その対象は最終的には83社にも及んだといわれる。「そこには，日本経済の中核を形成していた巨大独占企業のほとんどを含んでいたとみてよい」[8]。また47年12月成立の「過度経済力集中排除法」（集排法）によって，三菱重工，王子製紙，日本製鉄など18社も分割された。このように GHQ の財閥解体政策は独占資本（＝大企業）に大きな打撃を与えたが，企業経営上はさらに重大な困難があった。それは財閥の資本家・経営者の追放である。すなわち，56名の財閥の持株と財産を処分しただけでなく，公職から追放したのである。さらにその家族と子会社の役員・経営者も追放し，職に就くことを禁じたのである。これによっておよそ3600人もの資本家・経営者が財界から去り，彼らは資本家・経営者として自由な活動が制限されたのである。このことを企業の側からみると，そのトップ・マネジメント層が「突然」いなくなったわけであるから，残った経営者にしても自信喪失し，長期的展望を見出せないまま動揺し，場当り的な企業経営に埋没することになったことは想像に難くない。ただしこのことが，やがて戦前とは違った新しい「新進気鋭」の経営者を登場させる道を掃き清めることになった点に注意しておきたい。

　第3に，上記の経営者層の混乱に加えて，敗戦直後から進行した激しいインフレが減産を加速させることになった。物価は，消費財，生産財とも暴騰し，45年9月を100として，消費財の闇価格指数は同年12月で128，46年6月201，同年12月222，47年12月558，そして48年12月には769までになった。また卸売物価指数も45年12月で168.6，46年6月443.2，同年12月には671.5と激しい上昇となっている。この激しいインフレは，資本家や経営者からすると，生産活動に専念するよりは，「インフレに因る資材の値上りを見越して，生産を行わずまた製品の売り惜しみをする」ことの方が「有利な事業」と意識させることになったのである[9]。

　以上のような要因が重なり合って，当事の資本家・経営者は企業再建の展望をもたないまま自己の保身と物資隠匿に走り，いわゆる「生産サボタージュ」として社会的非難を浴びたのである。例えば，当事の『産業経済新聞』は自動

車企業の「生産サボタージュ」について次のように批判している。「最も有力な原因はメーカーの思惑等による生産意欲の減退にある」。「その実状は近く断行される戦時利得税ならびに財産税の徴収，労働争議の頻発とインフレの昂進等による思惑とその対策に繁忙を極めているとみるのが妥当であろう。資本家が連合軍の好意を認識してその生産状況を冷静に反省して，自らなすべきことをなさなければ，わが国自動車工業の今後は可成り悲観すべき状態に陥るであろう」。[10]

第2節　生産管理闘争と経営協議会

1　ユニークな闘争戦術「生産管理」

激しいインフレは当然ながら国民と労働者の生活を直撃した。**資料1-2**にみられるように，製造業の賃金で戦前の1934～36年を100とすれば，1946年8月の実質賃金は18.8，同年12月34.8，47年1月27.0，同年12月でも42.2であった。わずか半分に回復するのでさえ48年の秋以降になってからのことであった。

ところで，GHQの労働改革のもとで，労働組合の結成が相次いだ。1945年12月の労働組合法の公布（施行は46年3月）の時点で，既に509組合，組合員数38万人に達し，翌年6月末には戦前の最高組織率であった31年の7.9%を大きく突破して，1万2000組合，368万人，組織率にして31.0%になっている。さらに49年6月には戦後最高の組織率55.7%を記録するなど，組合結成は大きく進展した。

組合はただちに要求を掲げて広範な闘いを展開した。その要求内容を労働省の調査を参考にしてみれば，「賃金3倍引き上げ」「5倍引き上げ」にみられるように，激しいインフレによる実質賃金の低下にたいする大幅な賃上げ要求であった。[11] 実質賃金の低下と物資不足の中で「タケノコ生活」を余儀なくされていたから，[12] いわば当然の要求であったといえる。だが，この期の日本の労働者と労働組合の特徴として，そしてそれがその後の労使関係や人事労務管理に大きな影響を与えることになるのだが，これら経済要求以外の要求，例えば「労働協約の締結」や「団体交渉権の確立」などの労働基本権にかかわる要求，また「重役退陣」「社内機構の改革」「経営参加」などの経営民主化にかかわる要

資料 1-2　製造業における実質賃金指数

(1934〜36年＝100)

1946年	賃金指数	1947年	賃金指数	1948年	賃金指数
		1月	27.0	1月	34.4
		2月	28.5	2月	35.6
		3月	27.6	3月	34.2
		4月	31.6	4月	36.4
		5月	27.0	5月	35.9
		6月	28.7	6月	37.0
		7月	25.5	7月	47.6
8月	18.8	8月	27.2	8月	47.8
9月	22.5	9月	26.5	9月	49.4
10月	26.5	10月	28.3	10月	57.6
11月	28.8	11月	32.4	11月	59.0
12月	34.8	12月	42.2	12月	71.1

(注)　税引き賃金を消費者物価指数（東京）で除した値について1934〜36年を100として表した指数である。

(出所)　労働省編『資料・労働運動史』（昭和20〜21，22，23年版）より作成。

求などを高く掲げたことに注目すべきである。これらはGHQの民主化政策を自分たちの手で個々の企業内で実現していこうという組合員の熱気に支えられたものであった。

　多くの組合は，その要求の実現のために「生産管理」とか「業務管理」と呼ばれるきわめてユニークな闘争戦術をとった。しかもそれはたんに戦術であったばかりか，争議終結後も，それらは「経営協議会」という形で企業内あるいは職場内の日常的職場秩序として定着していくことになったのである。

　生産（業務）管理闘争とは，一般的には，労働組合が，その要求実現のために，職場ないし企業を占拠する中で資本家・経営者にかわって自主的に生産（業務）を行い，それを管理・統制する争議戦術であると理解されている。最初の生産管理闘争は読売新聞社の第1次争議（1945年10月24日〜12月11日）においてであった。続いて京成電鉄（1945年12月11日〜29日）でもおこなわれた。これらの生産管理闘争が成功裡に推移するに至って，46年に入ってからは参加労働者数がストライキを遙かに超え，4，5，6月は発生件数においてもストライキを凌ぐなど支配的な戦術として社会的に広く一般化した（資料1-3参照）。

　生産（業務）管理の主要な争議を列挙すれば，先の読売新聞，京成電鉄のほか，日本鋼管鶴見製鉄所（46年1月），東芝（46年1月），三菱美唄鉱業所（46年2月），東宝映画（46年3〜4月），東洋合成新潟工場（46年3〜8月），高萩炭鉱（46年4〜6月），東北配電（46年5月）などである。

　以下，日本鋼管の場合を事例としてその内容をみておこう。

資料 1 - 3　労働争議発生件数および参加人数

年　月	生産管理		ストライキ		ロックアウト		サボタージュ	
	件数	参加人数	件数	参加人数	件数	参加人数	件数	参加人数
1945年 9 月	—	—	2	813	—	—	—	—
10月	1	2,000	16	9,406	—	—	3	328
11月	—	—	21	11,558	2	3,045	2	2,327
12月	4	6,647	33	9,593	2	389	3	1,216
1946年 1 月	13	29,029	27	6,142	3	375	9	2,549
2 月	20	15,806	23	6,523	5	306	10	6,847
3 月	39	20,651	32	48,521	7	1,271	9	1,0772
4 月	53	34,815	30	14,762	4	689	6	840
5 月	56	38,847	42	9,047	3	608	8	3,401
6 月	44	18,056	29	6,735	7	727	7	1,916
7 月	25	2,478	48	14,721	8	381	17	10,147
8 月	28	23,245	61	24,054	11	603	18	4,983
9 月	37	22,390	39	81,368	11	1,143	28	14,484
10月	35	9,138	104	188,958	11	1,133	17	2,633
11月	24	7,663	89	76,663	9	922	14	3,262
12月	26	8,566	65	61,361	10	1,266	17	23,569
1947年 1 月	34	9,039	35	20,020	12	779	11	2,417
2 月	29	7,228	58	31,743	6	260	12	1,161
3 月	25	6,740	83	41,664	8	294	12	2,288
4 月	16	2,087	28	7,866	4	149	7	620
5 月	14	866	23	5,375	3	124	13	1,409
6 月	5	401	26	11,990	8	449	6	3,332
7 月	14	11,248	34	12,709	16	1,348	12	2,725
8 月	20	1,083	55	17,978	17	1,485	25	10,483
9 月	14	794	68	63,769	20	1,837	31	18,687
10月	18	732	44	75,522	17	1,391	25	19,644
11月	21	952	46	61,155	14	800	9	713
12月	19	1,250	39	16,641	11	678	10	13,370

（出所）　資料 1 - 2 の労働省編，前掲書より作成。

　1945年12月24月に結成された日本鋼管鶴見製鉄所労組は，ただちに組合の承認，団体交渉権とストライキ権の承認，賃金の 3 倍値上げ，一方的首切り反対などを要求した。ところが会社の回答は賃上げと首切りの項目について拒否するものであったため，組合はこれを不満として 1 月10日から生産管理闘争に入ったのである。組合は生産管理を円滑かつ強力に行うために資料 1 - 4 のように組織機構を整備した。ここにおいては，闘争機関である執行委員会とは別にそれと並行して，課長以上を除外した各部門の専門家である係長，役付工を

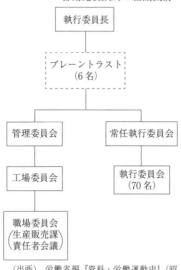

資料 1-4　生産管理闘争時の日本鋼管鶴見製鉄所の組織機構

```
        執行委員長
            │
    ┌───────────────┐
    ┆ ブレーントラスト ┆
    ┆    (6名)     ┆
    └───────────────┘
            │
    ┌───────┴───────┐
  管理委員会      常任執行委員会
    │               │
  工場委員会      執行委員会
    │             (70名)
 職場委員会
(生産販売課)
 責任者会議
```

(出所)　労働省編『資料・労働運動史』(昭和20〜21) 30ページより作成。

「工場委員会」および「職場委員会(生産販売課責任者会議)」に組織し,これによって構成される「管理委員会」が事業運営の一切を協議・決定することになっていた。また執行委員会と管理委員会とが密接な連絡をとるために,それぞれから選出された6名の「ブレーントラスト」を形成し,執行委員長の下に生産管理計画の決定がなされていた。このように生産過程のほとんどを組合の管理・統制下に入れたのである。具体的には,生産活動はもちろんのこと,製品在庫の出荷・停止,新規契約のもとでの薄鉄板の製造・販売,福利厚生物資の配給,8時間労働制の実施などを断行した。こうして1月26日,社長との面会で全要求が無条件で承認され,組合は28日をもって生産管理を解いたのであった。[15]

　このように生産管理闘争においては,職場全体を組合が「占拠」し,課長以上の上級職制を排除して,生産過程全体を組合が掌握し,その管理・統制のもとで生産と労働が遂行されたのである。その間,資本・経営側の自由な管理は排除されていた。それはたんに管理の主体が経営側から組合に移行したというだけでなく,やがては資本主義的秩序が「破壊」される「危険性」があると認識され,それを感じとった資本家・経営者は,やがてその一掃を企てることになる。

　ところで多くの組合が,自らの要求実現にむけてストライキではなく生産管理というきわめてユニークな闘争戦術を採用したのは,読売争議の影響も無視できないが,当時のインフレと資本家・経営者の生産サボタージュが大いに関係していた。この点については既に多くの論者によって主張されていることであるが,例えば,当時,日本生産性本部ですら次のように主張していた。「それ(生産管理闘争——黒田)は,自己の経営を把握することも,まして将来の

見通しもまったく持つことができず廃墟のなかにただぼう然としていた当時の経営者の状態をはっきりと反映したものであった[16]」。資本家・経営者の「生産サボタージュ」が蔓延し，しかも激しいインフレが進行している中で，自らの生活確保のためには，ストライキは有効な闘争手段になりえなかったばかりか，「共倒れ」の危険さえあった。賃上げ要求を拒否し，もっぱら資材と製品の値上がりで利得を得ようとしていた「生産サボ」行為を改めさせるためには，組合が主体となって生産再開を強行する必要があったのである。

　だが，生産管理闘争は，このような経済的視点からだけではなかったことに注目したい。それは次のような事情である。多くの組合がしばしば「社内民主化」「重役退陣」などの要求を掲げたことにみられるように，戦前以来の軍需産業中心の強権的な企業経営ではなく，平和産業を中心とした民主的企業経営を実現するためには生産復興を自分たちが中心となった労働組合が積極的に担わねばならないという意識を強くもっていた。企業内の「権威」に対する反抗のみではなく，より積極的に自分たちがその「権威」を担っていこうというわけである。このような状況を反映して，この時期は資本・経常側の「生産サボ」に対して，労働者，労働組合側の方が生産意欲は高かったといわねばならない。生産管理闘争は，戦後の廃墟からの生産復興の出発において労働者がきわめて高い生産意欲，労働意欲をもっていたことを示しているのであり，それなしには「争議戦術」としても採用できなかったのではないだろうか。後の「高度成長」との関連でこの事実はもっと注目されてよい[17]。

②　「経営権」への介入：「経営協議会」

　ところで戦術としての生産管理闘争の有効性について，山本潔は次のように疑問視している。「敗戦直後においては，企業は生産活動そのものをサボタージュしていたわけであるから」，「生産管理」は生産過程での指揮権をめぐるせめぎあいの中で行われたものではなかったし，企業に打撃を与えたとすれば「もっぱら資材の値上がりによって，利益を得ようとしていたのが，商品を生産しそれを販売して利潤を得る」方向に強制的に変更させられたにすぎなかった。そればかりか「労働意欲の急上昇と生産性の向上を考えれば，企業のうけた打撃は決して大きなものではなく，……有効性は，疑わしいものであった[18]」。

それ故に別の表現をすれば，組合が「各企業における経営の犠牲のしわよせを一手に引き受けながら，独占資本の再建に協力する」ことになったという評価もあながち間違いではないのかもしれない[19]。しかし，人事労務管理の形成という視点を重視すると，こうした主張に積極的な意義があるとは思えない。そのことよりも，生産と労働の管理は資本家・経営者の占有物ではないということを突きつけた点に意味がある。生産管理闘争は，戦前のように，労働者と労働組合排除の資本家・経営者的秩序で行うのか，そうではなく，労働者・労働組合的秩序で行うのかを鋭く提起したところにこそ意味があったといえよう。

　他方，こうした中で争議が長期化し資材難に陥るなど個別企業内の生産管理闘争の限界に突き当たることになるが，高萩炭鉱や東洋合成新潟などにみられるように，いくつかの組合では，生産管理闘争という企業内闘争から企業の殻を打破して社会的共同闘争へと発展させていった[20]。しかし，それらを除く多くの組合は，「生産管理」を闘争手段から日常的・合法的なものにするために，企業経営への組合の「参加」を保障する機関を設置させて争議を解いた。「経営協議会」がそれである。例えば，京成電鉄では，「会社側代表（重役及ビ部課長）ト同数ノ組合代表（最小13名）ヨリ成ル事業経営協議会ヲ設置シ事業ノ経営ニ参加スルモノトス，事業経営協議会ノ決定事項ハ責任ヲ以テ実行スルモノトス」とされていた。その付議事項は，「経営の全般に及び労働条件，福利，技術はもとより一般事業計画，人事，経理面迄」及んでいた。このような傾向は他の企業の場合も同様で，東芝でも賃金，労働条件，福利厚生，会社組織，人事などが協議決定事項であったし，さらに高萩炭鉱の事例では，生産計画，技術と設備，資材の決定，経理と資産運用，職制の改変まで広がっていた[21]。つまり経営協議会は賃金や労働時間などの狭い意味での労働条件はいうに及ばず，生産技術，職制，経営計画，経理あるいは資産運用，重役・役員の人事まで，一般的には株主総会や取締役会の権限に属すると思われる経営の最高意思決定事項まで付議していたのである。このような経営協議会は，これらの事例に限らず，後述する日産自動車のように生産管理闘争をしていないところでさえ広く普及し，一つの社会的傾向ですらあった[22]。しかもそれはたんなる「協議」の機関ではない。1947年に東京大学社会科学研究所が実施した調査によれば，決定機関とするものが30.8％，決定ないし協議機関とするもの10.4％と合わせて

4割を占めていたのである。要するにこの時期の経営協議会は，明らかに「意見交換」＝協議のみの場ではなく，「常に団体交渉機関化」していたのである。[23]

このようにみれば，敗戦直後の多くの組合は，争議時においては生産管理闘争という形態で，また平常時においては労働協約に基づいた経営協議会という形態で，いずれの場合も，企業経営全般に組合の立場から深く介入し，「経営権」と処遇に対する大幅な規制を実現していたのである。逆にいえば，資本家・経営者による企業経営の自由裁量の及ぶ余地はきわめて制限されていたといわねばならない。このことが資本家・経営者に「所有権の侵害」「経営権の侵害」と感じさせ，これ以降，戦後復興の経営者としての努力は「経営権」の奪還・回復にむけた組合対策から開始されることになったのである。それは同時に，いかに「労働者を企業に引きつけて」働かせるか，労働者統合の戦後的あり方の模索の過程でもあったのである。

第3節　「経営権」体制に向けて

1 「経営協議会」への攻撃

さてこのように経営協議会は労働組合の「経営権」への介入を合法化する機関として成立したのであるが，それはこの時期の労使の力の関係を表現したものとみなすことができる。[24]しかしたとえ事実上団体交渉機関化していたとはいえ，それは団体交渉そのものではなく，企業内の労使の協議の場であったから，「このような経営協議会を支えていた客観的な条件の変化のなかで」その実際上の内容も容易に変化することは明らかである。[25]また実態としても経営協議会そのものが必ずしも労働組合に有利に機能したわけでもなかった。

第1に，経営協議会は明らかに組合の戦闘的な運動に支えられながら成立したのではあるが，他方でその設置によって争議は急速に沈静化することになったのである。経営者としては生産管理が社会的広がりをもって既存の資本主義的な経済秩序の枠を突破するような方向へ転化する危険を冒すよりは，たとえ「経営権侵害」の側面があったとしても，経営協議会を「受容」して生産管理闘争そのものを排除することの方が何よりも喫緊の課題であったに違いない。政府は1946年6月に「社会秩序保持に関する政府声明」を発表するが，そこで

は「争議を必要としないような措置を予め整えておくことが望ましい」として，「経営協議会等を各企業に設け」ることを推奨した。事実，経営協議会は生産管理闘争が減少する1946年後半から急増している。経営者が経営協議会を受け入れたのは，何よりも生産管理闘争の鎮圧にこそその狙いがあったとすべきであろう。しかも多くの経営協議会は企業内構成員のみで行われるのであるから，いきおい組合も企業意識をもちやすくなることも看過するわけにはいかない。したがって，経営協議会の設置で経営者は労働者および労働組合を企業の中に引き付けて，その生産意欲を個別企業の再建に活用しやすくなったのである。

　第2に，生産管理闘争の高揚の中で組合優位の経営協議会が確立したことで，組合はすべてを経営協議会で処理する傾向をもつようになり，逆に団体交渉を軽視することになった。当時，共産党の徳田球一は「経営協議会における従業員側の委員は，なるべく労働組合の幹部とは別の人がなるべきだ。そして委員はたえず協議会の内容を職場に報告し，職場の要求を協議会に反映しなければならない。そしてどうしても協議会で解決できないことは労働組合にはかり，その団体交渉で押せばよい」と警告していたのだが，実際はあまり区別されることはなかった。それ故に，経営協議会の変質とともに団体交渉が狭義の労働条件のみに容易に封じ込められることになっていった。しかも労働省の調査によれば，「実際には経営協議会規約によって考えられる程には経営に関する事項は審議の対象とならず，協議決定されている事項の多くは労働条件乃至これと密接に関連する事項」であったというから，「経営」の協議・決定はそれほどには機能していなかったともいいうる。

　とはいえ，経営協議会は敗戦直後の労働組合の戦闘的な生産管理闘争に裏づけられながら，かなり先進的な内容をもっていたことは確かである。企業経営に関して従業員側と「協議する」という事実こそが戦前と大きく異なることを示しているからである。だからこそ，資本家・経営者にとっては「脅威」，「経営権」への「不当な侵害」と映ったのである。企業の資本主義的復興のためには，この経営協議会は内容的に修正・解体されねばならなかった。

　経営協議会の解体と修正の基本的な方向は，「経営権」体制を確立すること，組合の人事や企業経営への不当な介入を確固とした制度によって排除することである。つまり「経営権」回復と労使関係の改変（労務管理主導型労使関係の確

立）を行うことであった。

　政府は，早くも1946年6月に「経営協議会に関する内閣書記官長談」を，続いて7月には中央労働委員会が「経営協議会指針」をそれぞれ発表した。若干のニュアンスの相違はあるものの，経営協議会の争議鎮圧機能をさらに徹底させて「争議予防的機能」をもたせること，さらに生産復興のための労使の協力の場にしていくことを強調している点で共通している。つまり経営民主化のための交渉と経営参加（介入）機関から，企業復興のための争議防止と労使協力の機関への移行である。関東経営者協会は，経営協議会の協議を経た後でなければ争議に入らない旨の平和条項の締結（争議防止）を強調しているし，さらに46年11月発表の「労働協約に関する意見」の中では「経営権」回復を明確に主張するにいたったのである。

　これ以降，2・1ゼネスト禁止，マッカーサー書簡と政令201号による公務員の労働三権の剥奪・制限を経て，財界の主要団体は一斉に「経営権」の回復を当面の緊急任務であるとして活動を展開し始めた。とりわけ1948年4月に設立された労働組合対策の経営側の総司令部としての「日本経営者団体連盟」（日経連）は，「経営権の確立」のために「不退転の努力を傾倒せんとするものである。経営者よ，正しく強かれ！」と，初めから戦闘的な檄をとばした。しかし日経連と戦後の経営者たちはたんに経営協議会を攻撃し解体するだけでなく，何よりも労使協力機関としてそれを再編成する戦略をとったのである。いわゆる経営協議会の「三分化構想」である。こうして経営協議会は，経営者たちの「経営権回復」への強い意気込みの中で，争議防止と企業再建のための労使協力機関として変質を遂げることになるのであるが，そのことに大きく貢献したのが1946年から47年にかけて遂行された全国的な生産復興運動であった。

２　生産復興から資本主義的経済復興へ

　生産管理闘争という企業内運動がその限界に突き当たると，組合は企業の枠を越えて統一した運動で生産復興を成し遂げようとする方向へと運動を転換させた。労働組合によるいわゆる「生産復興運動」である。生産復興運動は，1947年2月6日，全国の主要な経済団体および労働組合のほとんどすべてが参加して「経済復興会議」が結成されるまでに発展した。以後，48年4月の事実

上の解散まで同会議が中心となって展開された。

　だが，この運動は，労働組合を中心とした「国民運動」という形式をとりながら，また資本家・経営者もまたそれを積極的に認めながらも，実は結果としては，「経営権」回復と経済の資本主義的再建の「国民的」コンセンサス形成への飛躍台となったのである。

　生産復興運動の共通のスローガンは「労働者の手による生産復興を！」であった。しかしこれは生産復興とは何なのか，またそれをいかなる方法で達成するのか，これらをめぐって労使が違った解釈をする可能性は多いにありうるはずであった。「生産復興」という場合，資本主義的秩序の再建をいうのか，あるいは生産管理闘争を経た労働組合を核とした別の道を求めるのか，本来的にはこれが鋭く問われていたはずである。しかし，後述するように，労働側の足並みの乱れもあって，そのことの議論はほとんどなされないまま，いわば同床異夢で進められた。資本家・経営者たちは，「生産復興運動」に配下の従業員を動員することを通して「経営権」回復の契機をつかもうとしていた。また労働組合側も，生活基盤の危機的な状況を前にしていたから，とにもかくにも「生産復興」は喫緊の課題であった。こうした妥協の中でこの運動は実を結び，遂行されていったのである。

　経済復興会議結成の契機は，生産管理闘争が激しく行われている最中，1946年５月，総同盟（日本労働組合総同盟）の拡大中央委員会で高野実が「生産危機突破産業復興に関する件」を提唱したことに始まるといわれている。次いで，８月の総同盟結成大会で正式にこれを産業復興運動として推進することを決定した。一方，当時「進歩的」といわれた経済同友会も，この運動に強い関心を寄せていた。「健全なる労働組合の育成と経済復興」を目標にこの労使の二つの団体の綿密な協議の後，12月６日，総同盟，経済同友会，日労会議が共同で「経済復興会議準備委員会」を結成した。「経済復興会議」の結成声明書では次のように述べられている。「いまや経済活動の一切は，労働組合の協力なくしては何一つ行われず，労働者はその双肩に日本経済再建の重任を担うべき時代となった」。「この生産的任務は労働者または労働組合だけの力によって完遂することは到底不可能である」。「したがって……経営者の奮起と技術者の熱意に期待するところがきわめて大であることを認める」。「……企業に於ける経営権

と労働権との範囲を明確にし，経営協議会を健全に育成して，経営者と労働者との自主的協力の体制を確立することが，産業復興のもっとも重要な前提条件の一つであると信ずる」。「（経営者と労働組合が——黒田）互いに相携えて生産復興に邁進すること，これこそ救国復興の基底であり」唯一の道である。それ故，この復興運動の基本方針は「経営権」を認めた上で労使の自主的協力による生産の能率化を図ることとされている。

　こうして総同盟と経済同友会を中心に進められた経済復興会議は，事実上，経営者の「経営権」を確立すること（生産管理闘争の排除），「経営権」を侵すような経営協議会を排除し「健全に育成」すること，生産復興＝生産能率向上のための労使協力を推進すること，すなわち組合主導の産業復興から資本主義的企業復興への「一大国民運動」となっていった。だからこそ，その前提として企業内の労使協力機関として「健全な経営協議会」が経済復興会議の基礎単位に位置づけられたのである。

　これに対して，労働運動のもう一つの雄・産別会議は，1946年7月に傘下の全日本炭礦労働組合を中心とした産業復興石炭会議を結成し，続いて10月の準備大会開催を経て，11月に正式に「産業復興会議」を結成した。この「産業復興会議」と総同盟の「経済復興会議」の復興方針には大きな違いがあった。後者が経営者の「経営権」を積極的に認めているのに対して，前者はそれを公式的には否定はしないものの「労働者は独自の」運動を展開して「意見の合致したところで」共同するとしているように，「経営権」には批判的であった。また経済復興会議では各企業の経営協議会を基礎組織としているのに対して，産業復興会議では組合が自主的に「各経営に於て『○○工場復興委員会』を組織し」，それを「基本的組織」とするとしている。それ故，産別会議の復興会議では労働者の「自主的活動を制限さるべきではない」とされ，「従って労働組合の独立性殊に争議権を放棄」すべきではないと強く主張されている。要するに，産別会議は下からの運動の積み重ねを重視していたが，これに対して，経済復興会議は「経営権」を公認したうえで「健全な経営協議会」を志向して，結局のところ復興のための「労資休戦運動」の様相を呈していたのである。このように両者はきわめて対照的であった。

　さて復興に向けた「国民運動」はこのように二つの潮流，二つの方向が対峙

していたのであるが，とはいえ労使協調の路線を志向する経済復興会議が「国民的運動」になりうるためには，労働運動の主流であった産別会議がこれに合流することが不可欠であった。だからこそ財界の最右翼といわれた「日本産業協議会は，産別会議が経済復興会議に加入しなければ無意味である」として，経済同友会が中心となって産別に強く働きかけたのである。産別としても自らの力のみでは復興は困難であるとの判断からか，あるいは内部から変えていくとの判断からか，46年12月27日，①自主的国民運動であること，②産報的労資休戦運動でないこと，③労資対等の立場で協力すること，④罷業権を確認することの条件をつけて参加を決定したのである。ここに産別会議の「条件」にかかわらず，両者の対立点が克服されないままに経営者の「経営権」を認めた基本方針が容認され，労働界，財界の主要団体のすべての参加で「一大国民運動」として経済復興会議が成立したのであった。

　思想的には決着されないまま，曖昧な形でいわば「玉虫色」の妥協で成立した経済復興会議であったから，それは「何ら積極的な活動をなすことなく」，わずか1年3か月という短命に終った。だがそれにもかかわらず，産別会議が参加したことで，その社会的に果たした役割は重大であった。

　第1に，山本潔が主張するように，「日本の資本家階級が，戦後日本経済の資本主義的再建の軌道に向けて，労働者階級を思想的・組織的に動員することに成功した」のである。経済復興会議は，資本主義経済再建にむけた国民的コンセンサス形成の飛躍台となったのである。

　第2に，それまでの生産管理闘争から経営協議会への流れとは本質的に異なるにもかかわらず，経営者の「経営権」を初めて国民全体のレベルにおいて公認したことである。「労使対等」という一般の労働者の民主主義感覚を経営者がむしろ積極的に「受容」し，そうすることによって労使協力への熱い握手を経営者の側から，産別会議に対してさえ，求めたのである。この経営者の側からの熱い握手という点において，従業員を引きつけて支配することの戦後的なあり方を決める礎となったと思われる。

　第3に「経営権」を組合全体が公認することになって，復興会議の基礎組織としての経営協議会が「経営権」への介入の場から能率向上のための労使協力の機関へと変化することに寄与したのである。企業の枠を越えて労働組合を中

心とした広範な国民の連携で産業復興を志向していた産別会議の方針にもかか
わらず，実際には，個別企業の経営者は，そのような「国民的運動」による従
業員の生産意欲に依拠しつつ，企業再建の主導権を握ることの方に熱心であっ
た。[37]

　このように経済復興会議を全体としてみれば，その熱心な提唱者の１人であ
った総同盟の高野実自身が後に「労資協調の迷路」に落ち込んだと供述してい
るように[38]，この運動は労使協調の流れの中に日本の労働組合と労働者を取り込
んだものにほかならない。その思想への賛否に関わりなく，これによって日本
の労働運動は労使協調の思想から自由になることが困難となり，一つの「日本
的組合主義」として定着していく契機となったのである。これは次のようなこ
とを意味している。この運動は，実際には，労使協調の国民的運動という形態
をとりながら，つまり労使の全国レベルでの協力運動という形態をとりながら，
実態的には，経営協議会は個別企業内の組織であるから，個別企業での復興の
労使協力推進機関となったということである。

第4節　生産管理闘争と企業別組合

　このようにして生産管理闘争から出発した戦後の企業経営は，経営協議会と
生産復興運動を通して，ようやく「経営権」回復への軌道に乗ることになった。
この経営協議会はいわば労働組合による「経営参加」の一種とみなしうるもの
であったが，資本家・経営者の「経営権」回復への橋頭堡となったのである。
それは，後には，「三分化」され，生産性向上に労働者を駆り立てるための機
関として再編成されることになるのであるが，まずは敗戦直後の労働攻勢の中
から，「経営権」回復と労使協調思想の流布の社会的意味は小さくないとみな
ければならない。以下，本章をまとめる意味で，生産管理闘争から経営協議会
および生産復興闘争にいたる過程から浮かび上がってくる，労使関係と人事労
務管理の意義を明らかにしておこう。それは戦後日本の労働者・労働組合の行
動と資本家・経営者が展開した労務管理の特徴をみることでもある。

　まず何よりも「解放された」労働組合が最初にしたことがストライキではな
く，「生産管理」つまり「働くこと」であったことに注意すべきであろう。罷

業ではなく就業というユニークな闘争戦術を採用したのには，既述したように客観的な根拠があったのだが，しかしこの闘争は理念的には私有財産制を無視した資本主義的秩序への挑戦であったから，あたかも社会主義革命の端緒の様相を呈していた。だからこそ政府と財界が鎮圧に懸命になったのである。だが「労働者がこの闘争に参加した心情はそこから大きく隔たっていた」[39]し，当時の共産党でさえこの闘争を生産手段の奪取ではなく経営民主化への闘争手段と規定していたのである[40]。多くの労働者が生産管理闘争を展開した思想的な動機は，戦後の民主国家建設のためには，戦前以来の強権的な支配と抑圧を打破して経営民主化を獲得し，労働者が平和産業建設の中心的担い手になるべきだという心情であったと考えられる。このことは，先にみたように，組合が提出した要求の中で経済要求以外の民主化要求が重要な位置を占めていたことからも理解できる。民主的経営こそが，自己の生活の確保と発展の道であると確信していたと思われる。その際に生産管理という戦術をとったのは，さしあたって資本家・経営者の生産サボをやめさせねばならないし，「企業を構成する従業員総体の意志による運営こそもっとも民主的であると理解された」からにほかならない[41]。敗戦直後の疲労と混乱の中でもなお生産と労働への高い意欲を示した理由の一つはここにあった。戦後の企業経営の再建が広範な労働者の「経営民主化」要求に基づいた高い労働意欲から出発したというこの事実は重要である。

　このように考えれば，結成された労働組合が企業別ないしは事業所別であったのも当然である。自分たちで生産を再開するのだから，さしあたっては同じ職場に働く仲間と連帯するのがもっとも合理的である。しかもそのためには工員のみならず，職員，技術者，場合によっては下級の管理職までをも含んだ職場の全員が一つの同じ組織で意思が統一される必要があった[42]。少なくとも当時においては，この諸階層間に利害の対立はなかったといえよう。ここに全員一括加入型の「日本的」企業別組合の成立根拠があったといえる。

　さて生産管理闘争は，それ自体としては企業内闘争であることは論をまたない。その目的が労働者の意思を経営に反映させるという民主化闘争の一環であったから，企業内の経営協議会へと発展していったのもまた当然である。これらを支えていたのは同じ企業に働く仲間としての労働者意識であろう。この意

識は，さしあたっては企業の枠を越えた社会的なものでないから，社会的階級意識というよりもむしろ同じ会社の仲間（従業員）意識であろう。もちろんこの従業員意識は経営者の「権威」に服従することが予め想定されているわけではない。ましてや自己の利害が企業の利害の従属変数であるとするような意識とはさしあたっては別物である。いわば労働者としての階級的自覚の「日本的」形態ともいいうるものかもしれない[43]。

　しかし，この従業員意識が「経営権」の容認に結びつくのは紙一重である。「従業員」を前提にすると，理論的には「経営権」の認知は当然かもしれない。だが当時の労働者の従業員意識はそこから遠く離れていた。同じ企業の構成員であるのだから，自分たちの処遇もそして自分たちの職場の経営についても自らが加わって決定するのは当然であると考えていたと思われる。それが経営民主化運動であった。栗田健がいうように，この場合，「経営権」は「団体交渉権」と同義であったのである[44]。より正確にいえば「従業員」も「経営者」も同じ権利をもった「対等」な関係と理解されていた。しかし生産管理と経営協議会が個別企業の枠内の運動にとどまると，それらが企業防衛闘争に転化し，従業員意識が企業意識そのものへ容易に発展しうる可能性がある。だからこそ生産管理闘争が社会的連携をもって共同闘争に発展することを防止するために，「経営権」侵害の危険をあえて冒しながら，労働者の従業員意識に依拠して企業内の経営協議会の設置を「受容」し，それを推奨さえしたのである。やがて整序される人事労務管理はこの従業員意識を「労働者の動員システム」「労働者統合のメカニズム」として包摂することになる。戦後日本の人事労務管理の発展過程は，従業員意識を「合理的」に体系化して過程であるとみなすことができる。

　ところで，資本家・経営者がこのような「経営権侵害の危険性のある経営協議会の容認」という大胆な労務方針をとったのは，あるいはとらざるをえなかったのは，GHQ の財閥解体とそれに伴う資本家・経営者の公職追放が大いに関係している。

　GHQ の財閥解体とその資本家・経営者の追放は産業界に深刻な影響を与えたが，「それは同時に企業経営のレベルでいえば，新たなトップ・マネジメントの形成への道を整備することにもなった」[45]。GHQ の占領支配は絶対的なもの

であったから，好むと好まざるとに関わりなく，経営者のほぼ全面的な交替を
余儀なくされた。後を引き継いだのは平取締役，本社の部長，工場長，営業所
長等であった。これによって年齢的にも10歳程度は若返ったといわれている。
日本生産性本部は次のようにいう。「……財閥系を中心とする終戦時までの大
企業における旧指導層の退陣は，実質的には，若手人材の抜擢による斬新にし
て意欲的な企業経営展開の布石をなしたのである(46)」。彼ら新生の経営者の前に
は激しい生産管理闘争が展開されていたし，その運動を直接に弾圧することは
GHQから禁止されていたから，彼らもこの事実のうえに立って企業再建を行
うほか道はなかったのである。隅谷三喜男が適切にも「日本における労務管理
は労働運動対策として発展してきた」と指摘するように(47)，彼らの最大の任務は
企業の維持のために労働問題の処理，すなわち組合対策にあった。この場合，
彼らがとりえた道は，戦前タイプとは違って，組合との協調政策しかなかった
のである(48)。それ故，労働者の従業員意識と生産意欲に最大限依拠することで企
業の存続と復興を図ろうとしたのである。このような労使協調の人事労務管理
戦略は，当時「革新的」経営者団体といわれた経済同友会に典型的であるが，
他の経済団体にも多かれ少なかれみられた(49)。既述のように，最右翼とされてい
た日産協でさえ経済復興会議に産別会議を参加させることに固執したのもその
ためである。このように新生の経営者は，周到にも労働者の感情を注意深く把
握し，彼らを企業内に繋ぎとめつつ生産意欲を企業の再建に利用することに傾
注した。戦後の経営者はそのような能力と手腕を必要としていたのである。
GHQの旧支配層の追放は，結果的には，このようなタイプのトップ・マネジ
メント形成の条件を作り出したといえるのである。

　このようにみてもなお，「経営権」の完全な回復と労使協調主義の定着は自
然にできたわけではない。現実には以上のような基盤のうえに立って暴力的な
手段による総仕上げがおこなわれた。すなわち1948年以降，GHQの占領政策
がそれまでの「民主化」政策から反共政策へと大きく変更された。1949年に入
って，いわゆるドッジ・ラインによる不況過程で，企業は大量の人員整理を断
行したが，この人員整理とそれに続くレッド・パージによって，産別会議を中
心とした階級的・戦闘的組合とその活動家をいわば暴力的に職場から追放した
のである。また同時に多くの企業の資本家・経営者は，それまでの組合運動の

成果であるとともにその運動を支えていた「労働協約」をすべて破棄した。このような一連の反動期を経て「経営権」体制の復活と労使協調路線の「勝利」が確定し，組合は産別会議に代わってその批判グループ（産別民主化同盟＝「民同」派）と総同盟が主流をなし，企業は高度成長へ向かうことになる。

　次章では，この過程について日産自動車を事例に分析し，高度経済成長に向かう人事労務管理の形成を論ずる。

注

(1)　辻清明編『資料・戦後20年史，1，政治編』日本評論社，1966年，115ページ。

(2)　ジョン・ダワー（三浦陽一・高杉忠明訳）『敗北を抱きしめて』（上），岩波書店，2004年，xvii～xviii ページ。

(3)　日本鉄鋼連盟『戦後鉄鋼史』1959年，16ページ。

(4)　経済安定本部『経済実相報告書』1947年，38ページ。

(5)　経済安定本部『太平洋戦争被害報告書』1949年。

(6)　鉄鋼連盟は次のようにいう。「なかんずく最も重大なものは原料難であり，そして原料難のうちさしあたってもっとも深刻なものは，石炭の問題であった。もちろん鉄鉱石とてもっぱら貧困な国内資源に依存しなければならなかったが，……さし当たって貯鉱でやりくりすることが出来た」。日本鉄鋼連盟，前掲書，15ページ。

(7)　財閥解体については，東京大学社会科学研究所編『戦後改革　7　経済改革』東京大学出版会，1976年，および野田一夫／日本生産性本部『戦後経営史』1965年を参照。

(8)　高橋俊夫「復興再建期の企業行動」明治大学企業経営研究会編『戦後企業経営の変遷と課題』勁草書房，1983年，61ページ。

(9)　末弘厳太郎『日本労働運動史』労務行政研究所，1957年，121ページ。

(10)　『産業経済新聞』1946年2月2日。なお三森定男は「生産サボ」を「経営者が意識的に行ったものと考えることは，極めて独断的であり，煽動的で」あって，「その多くは，……やむをえない生産中止なのであった」と主張している。しかし歴史的事実を後から主観を介在させて，「生産サボ」の事実は無かったとするような評価は如何なものか。日本生産性本部でさえ「企業経営者の生産意欲の減退（生産サボタージュと呼ばれた）」と叙述しているのである。三森定男「敗戦直後における生産管理闘争」『学園論集』（北海学園大学）第13号，1967年，7ページ。日本生産性本部，前掲書，117ページ。

(11)　労働省編『資料・労働運動史（昭和20～21年）』労務行政研究所，1951年。同『統計からみたわが国の労働争議』1951年，468～471ページ。

(12)　この「タケノコ生活」とは，生活のために，まるでタケノコの皮が一枚一枚剝げていくように，手持ちの家財道具や衣料品などをその都度売って生活費をまかなうような暮らし方をいう。

(13)　山本潔が指摘するように「単なる争議戦術にとどまるものではなかった」。山本潔『戦後危機

における労働運動』御茶の水書房，1977年，141ページ。確かに，上述したように，また後述するように，多くの場合，争議終結後に「経営協議会」として制度化され，職場の生産と労働に大きく影響を与えることになったことに注目すべきである。

⑭　読売争議については，山本潔『読売争議（1946・47年）』御茶の水書房，1978年が詳しい。なお生産管理闘争の全体については，労働省編『資料・労働運動史（昭和22年）』労務行政研究所，1951年を参照。

⑮　労働省編，前掲書（昭和20〜21年），29〜30ページ。

⑯　日本生産性本部，前掲書，124ページ。

⑰　日本鋼管の生産管理闘争では「生管闘争実施中，労働者の出勤率は５％がた上昇し，70％という数字を示した。また１月16日からは就業時間が十時間制から八時間制にあらたまっていたにもかかわらず，前年の日産８屯から19屯に」上昇したという。労働争議調査会『戦後労働争議実態調査』第７巻，中央公論社，1958年，100ページ。

⑱　山本潔，前掲書（1977年），145〜146ページ。

⑲　西村豁通「戦後日本の景気循環と労働運動」『経済評論』1959年２月号，107ページ。

⑳　詳しくは，労働省編，前掲書（昭和20〜21年），82〜106ページ，および山本潔，前掲書（1977年），147〜150ページを参照されたい。

㉑　労働省編，同上書，参照。

㉒　日産自動車の事例は，第２章を参照。

㉓　東京大学社会科学研究所編『戦後労働組合の実態』日本評論社，1950年，251，262ページ。

㉔　このような時代的背景の影響を受けて，中堅の財界人を核とした経済同友会の大塚万丈が中心となって「修正資本主義」が主張された。そこでは，株主，経営者，労働者で構成する「企業総会」を企業の最高意志決定機関とすることが提唱されている。今日のコーポレートガバナンス論，ステークホルダー論を彷彿とさせ興味深い。日本生産性本部編，前掲書，251〜258ページ。谷口照三「戦後復興期の『企業経営の民主化』問題」『総合研究所報』第12巻第３号，桃山学院大学総合研究所，1987年。

㉕　木元進一郎『労働組合の「経営参加」』森山書店，1964年，239ページ。

㉖　徳田球一「経営協議会はこうしてつくる」『アカハタ』1946年２月13日。

㉗　労働省編，前掲書（昭和22年），667ページ。

㉘　労働省編『労働行政史』労働法令協会，1969年，278〜291ページ参照。

㉙　労働省編，前掲書（昭和22年），659，664〜665ページ。

㉚　「三分化構想」については，木元進一郎，前掲書，243〜251ページを参照。

㉛　労働省編，前掲書（昭和22年），393ページ。

㉜　同上書，394〜396ページ。

㉝　同上書，397〜400ページ。

㉞　同上書，401ページ。

㉟　経済同友会『経済同友会10年史』1956年，167ページ。

㊱　山本潔，前掲書（1977年），280ページ。

⑶　その実態の一端について，第2章で日産自動車の事例をとりあげる。

⑶　高野実『日本の労働運動』岩波書店，1958年，60ページ。

⑶　栗田健『労働組合』日本労働協会，1983年，183ページ。

⑷　1946年2月に開催された第5回大会では，「労働者が参加する経営協議会制度による産業の経営」を宣言している。『日本共産党綱領集』日本共産党中央委員会出版部，1957年，100ページ。

⑷　栗田，前掲書，183〜184ページ。

⑷　同上書，182ページ。

⑷　因みに栗田健は，労務管理主導型の労使関係をいかに打破するかに関連して，「日本の労働者は，むしろ従業員としての属性に徹底」することが資本に対抗する「最も適切な運動を可能にする」と主張している。栗田健「戦後労働組合の系譜と課題」『ジュリスト総合特集　企業と労働』有斐閣，1979年，213ページ。

⑷　栗田，同上論文，210ページ。

⑷　高橋俊夫，前掲論文，63ページ。

⑷　日本生産性本部，前掲書，159〜161ページ。

⑷　隅谷三喜男『日本の労働問題』東京大学出版会，1967年，283ページ。

⑷　例えば，1947年になって三菱電機の社長に就任した高杉晋一は次のようにいう。「われわれは戦後社長になって，一番問題だと思ったのは労働組合の実現だね。……もう組合と喧嘩したら会社はつぶれると思ったですね。僕は，ですからどうしても組合と協調政策をとる……」（日本生産性本部，前掲書，163ページ）。

⑷　とりわけ大塚万丈の「企業民主化試案」はその「極端」な事例であり，復興期という時代の徒花的産物であった。

第2章

戦闘的労働運動の衰退と協調的労使関係の成立

　敗戦直後，全国各地で労働組合が結成され，活発に活動した。前章でみたように，敗戦直後の混乱の中で，企業再建に乗り出したのは経営者側ではなく労働者・労働組合だった。それは，多分に自分たちの生活の確保のためだったとはいえ，それだけではなく生産管理闘争という名の争議を通した生産再開への渇望であった。そこには長期にわたる暗い戦争から抜け出し，平和と民主主義を自分たちの手で作り上げたいという強い意志が根底にあったと推察できる。こうしたものが「経営民主化」の要求となり，それらが「経営協議会」という形で，労働組合による事実上の「経営参加」が実現することになった。

　これを経営側からみれば，「経営権」への侵害，極論すれば，私有財産の否定ということになる。それ故，資本家・経営者としては，従業員の生産意欲を組合運動の一環としてではなく，資本主義的企業としての経営活動の中に引き込む必要があった。それらの過程を通して「経営権」の回復をはかること，これが当時の企業経営側の重要で喫緊の課題であった。

　本章では，これらの過程を，日産自動車を事例にして，その実際を考察する。

　日産自動車は，敗戦直後からおよそ1950年代の中葉までは階級的・戦闘的労働組合が主流を占め，労使関係も組合主導であったが，1953年の「日産百日争議」を画期に激変する。日産自動車を舞台としたこの争議は全日本自動車産業労働組合（全自）の全面敗北で終結し，同労組は54年12月に自らの手で解散した。「労働運動史上未曽有の悲劇」と称されたほど，劇的な転換を遂げ，自動車産業の労働組合は協調的・企業主義的な組合へと変化することになった。それが以後の自動車産業の礎を築くことになったのである。

　以下では，敗戦直後からこの日産争議にいたる自動車産業の職場における労使の確執（労働組合運動と人事労務管理の激突）過程を分析し，協調的労使関係が成立していった根拠とその特質を明らかにする。というのも，かつてアメリ

57

カの人事労務管理の教科書として長く使用され続けてきたピゴーズ＝マイヤーズの名著『人事管理』では「人事管理の発展は，ある側面では，労働組合の発展と平行している」と主張されていたからである[(2)]。また「日本における労務管理は労働運動対策として発展してきた」という隅谷三喜男の主張に典型的にみられるからでもある[(3)]。

第1節　敗戦直後の自動車産業と労使関係

1　労働組合の結成と労使関係

　敗戦によって日本経済は全面的にアメリカ占領軍の支配下に置かれることになったが，1945年9月28日，GHQ はいちはやく月産1500台を限度としてトラック生産を許可した。

　トヨタは，9月15日，当時，挙母工場に残っていた7000余名を希望退職で4500名に削減して再出発の準備を開始した。しかし会社の前途に不安を感じて退職応諾者が予想を上回り，10月末に3701名が残ったにすぎなかった[(4)]。

　他方，日産はトヨタと比べて悪条件の中での出発となった。すなわち，かなりの土地や建物を米軍に接収され，機械設備を各工場へ分散せざるをえなかった。また10月1日には山本惣治を社長とする新体制を確立したが，この山本は他の役員3名とともに戦犯該当者として辞任を余儀なくされ，経営陣の状態はかなり不安定となったのである。日産も9月下旬に人員整理を断行したが，トヨタの希望退職と違って，9月30日付で「全従業員を解雇し，そのうち3分の1にあたる約3000名を10月1日付で再雇用する」方針をとった[(5)]。

　こうして多少の違いはあるが両社とも生産を再開した。

　だが，当初は許可台数を大きく下回り，再スタートは順調に進んだわけではない。財閥解体など GHQ による一連の民主化政策，インフレ，資材不足などの要因が重なりあって，資本家・経営者は戦後復興の出発点において企業経営への展望を喪失してだけでなく，むしろ自己の保身と場当たり的経営に埋没し，「生産サボタージュ」として非難されることになった[(6)]。

　ところで1946年1月19日，トヨタに労働組合が結成された。それから1か月遅れた2月19日には日産でも組合が結成された。

　トヨタの組合結成の声は45年10月下旬頃から始まる。会社は，従業員の企業意識の醸成をねらって厚生部福利課を設置し，戦時中の産業報国会が営んだ農場，養豚，製粉，製塩，その他の自活事業を再開した。工員の間に組合結成気運が広がったのはこのときである。会社は「階級闘争のみを目的とするような労働組合をつくる動きがかなり強かった。わが社もいきなりそうなっては将来お互いに困るのではないかと考えて」，互助会（後のトヨタ生協）を結成し，その空気を吸収しようとした。結局，この策動は失敗に終わるが，他方で職員層の間でも労組結成の気運が盛り上がっていたから，会社は工職一体の組合を志向するこれら職員層の動きに依拠して，工員だけの「過激な」組合結成を阻止することにした。戦前来の工職身分差別支配体制への反発から一般工員は激しく反発したが，組長クラスの現場リーダーが大半を占めていた工員側の発起人たちの数十回の激論の結果，課長層までをも含む工職一体の全員加盟制の組合として発足することになった。こうしたこともあって，初代委員長・江端寿男（機械工場・工長代理）の「たんなる賃上げを目標とした労働組合ではなく，労使がたがいに最善を尽くし，理想的な会社にしたい」という就任挨拶にみられるように，会社の思惑通りのどちらかといえば労使協調色の濃い組合として出発した。

　日産でもトヨタとほぼ同じ頃に現場の工員層から組合結成の動きが始まる。日産はトヨタのように従業員対策を特別に実施していなかったし，人員整理も全員解雇，一部再雇用という荒治療であったから工員と職員の目立った対立はみられなかった。こうした会社の対応からみて工員・職員の区別なく労働者同士の結びつきが必要だとの認識からか，現場の工員選出の結成準備委員から「現場の工員だけでまとまらず社員も一緒にした組合をつくろう」という方向が打ち出された。その当時の取締役だった箕浦多一（1947〜51年に社長就任）は「けっこうなことだ」と歓迎したという。また職員層の多くも経営陣の生産サボタージュや戦犯追放による混乱などで経営陣に対して「頼りにならないっていう感じをもっていた」し，組合に結集してその力で生産復興することが生活確保の道だとの認識をもっていたから，工職一体の組合として成立することになった。こうして1946年2月19日，職員・工員一体の組合を4783名で結成した。結成された組合の役員は課長や係長クラスの職制層が中心であったが，上

資料2-1　トヨタの経営協議会状況

年度	年間回数	拡大経協	賃金	一時金	規則	人事	勤務	生産	厚生福利	その他	合計	主　要　議　題
1946	21	1	15	6	15	13	6	13	5	8	81	経協規約，労働協約，家族手当，都市在勤手当
47	21	21	18	5	16	5	12	14	—	11	81	退職手当規程，就業規則，通勤費補助 P.D.（米麦調達）
48	47	30	33	12	21	7	11	8	—	16	108	新給与形態，毎月賃金，発明考案規定，企業整備
49	27	24	21	5	15	2	8	15	4	10	80	毎月の賃金，賃上げ，越盆越年資金，企業合理化
50	33	8	24	12	1	1	3	4	—	13	58	賃上げ，一時金
51	36	—	28	12	7	2	6	2	—	3	60	〃　　〃
52	34	—	29	24	5	4	4	1	1	8	76	〃　　〃
53	32	—	37	21	2	9	8	2	7	8	95	〃　　〃　，環境手当
54	13	—	4	7	—	1	1	2	—	3	17	〃　　〃　，休業日
55	18	—	4	6	9	—	3	4	1	2	29	昇給，一時金，交替手当，就業規則，退職金規則
56	16	—	5	6	5	—	1	1	—	1	19	退職金規則，昇給，一時金
57	12	—	4	8	—	—	—	—	—	—	12	昇給，一時金
合計	310	84	222 (31.0)	124 (17.3)	96 (13.4)	44 (6.1)	63 (8.8)	66 (9.2)	18 (2.8)	83 (11.6)	716 (100)	

（出所）　日本人文科学会『技術革新の社会的影響』東京大学出版会，1963年，126ページ。

の事情もあってか，トヨタとは違って，けして穏健な組合ではなかった。産別会議結成の準備に加わり，46年10月結成の産別・全日本機器に直ちに加盟するほど闘う姿勢を強くもっていたのである。

　組合結成後，トヨタ，日産とも直ちに組合を承認し，「工職身分制撤廃」「賃上げ」などの要求を受け入れた。さらに両社とも労働組合の経営への参加・介入を保障する経営協議会を認めた。それはトヨタの経営協議会の開催回数の状況をまとめた資料2-1にみられるように，1953年頃までは事実上団体交渉機関として運営されていた。

　日産でも1946年8月に締結した労働協約（資料2-2）では，生産と人事，そして経理や資産運用など企業経営のほとんどすべての分野にわたる組合の承認を必要とするとされた。このように賃金はもちろん，一般に「経営権事項」とされる職制人事や生産計画，資産運用に至るまで組合との協議・決定を必要とされるなど労使関係は明らかに組合主導であったのである。一般に，生産経営事項や人事が組合の規制の外に置かれている今日の日本の労使関係とのあまり

資料 2 - 2　日産自動車の労働協約（1946年 8 月〜1949年10月）

(1)甲（日産重工業株式会社）ノ従業員ハ乙（日産重工業従業員組合）ノ承認シタモノヲ除イテ凡テ
　乙組合員デアルコトヲ要スル
　甲ハ乙以外ニ労働組合ヲ認メナイ
(2)従業員ノ解雇及ビ賞罰ニ関シテハ甲ハ乙ノ承認ナクシテハ行ハナイ
　従業員ノ採用及ビ異動，役付従業員ノ任免其ノ他重要人事ニ関シテハ甲ハ乙ニ事前ニ了解ヲ求メル
　コトヲ要スル
(3)甲ハ生活費ヲ基準トスル最低賃金制度ヲ確立シ乙ノ組合員ノ生活ヲ保証スル
(4)甲ハ賃金，給与及就業勤務等ニ関スル規定及ビ制度ノ制定改廃ニツイテハ乙ノ承認ナクシテハ行
　ハナイ
(5)甲ハ職制ノ制定及ビ改廃ニ関シテハ乙ニ事前ニ了解ヲ求メルコトヲ要スル
＊(6)〜(8)は略。
(9)甲ハ経営ニ関スル重大ナル変更又ハ資産ノ転用中乙ニ利害関係ノアルモノニ関シテハ乙ニ事前ニ
　了解ヲ求メルコトヲ要スル
(10)甲ノ代表ト乙ノ代表トカラナル経営協議会ヲ各事業場ニ設ケル。協議会デ決議シ甲乙双方ノ承認
　ヲ得タ事項ニ関シテハ甲ハ責任ヲ以テ実行シ乙ハコレニ協力スル
＊(11)〜(14)は略。

(注)　当時，日産自動車は「日産重工業」と称していた。現在の社名になったのは1949年のことである。また
　　　1947年に組合は「従業員組合」から「労働組合」に改称した。
(出所)　熊谷徳一・嵯峨一郎『日産争議1953』五月社，1983年，35〜36ページ。

にも大きな違いに驚かされる。

　このような事情は1945年秋以来の労働攻勢を社会的背景にしていたとはいえ，鉄鋼や電気，石炭，鉄道にみられたような「生産管理」等の激烈な争議行為を経ず，「平和裡」に組合の結成と組合主導の労使関係が樹立された点できわめて特徴的である。それが時代の趨勢であったことも無視できないが，中村静治が指摘するように，なによりも自動車産業が技術的にも経営的にも自立の基礎を欠いており，この脆弱な産業基盤の故に「金融資本の中枢部がその再建に興味をなくしていたことに因るもの」と思われる[11]。経営者も労使紛争を起こしてまで独力で企業活動を展開する自信も力ももっていなかったから，とりあえずは組合に譲歩して協力をとりつけつつ再建の足がかりをみつける以外に道はなかったのであろう。

　他方，労働者側は，資本家・経営者の「生産サボ」の中で生活を確保するためには「頼りにならない」経営者に依拠するのではなく，中間職制をも含めたすべての労働者の平等な処遇を実現させ，その「平等な」労働者の団結力で経営者を動かし，生産復興していく必要があると考えた。それゆえに，賃上げと

生産復興が組合の二大目標になった。「会社を経営するのは会社側にあるが，吾々が場合によっては，経営に関する事迄，例えば賃金値上の要求と同じ様にとりあげようとしている理由は，一言で言えば生存闘争だからである」との組合委員長・益田哲夫の主張はそのことを物語っている。[12]賃金と生産問題を区別するなんの根拠もなかった。企業内のすべての労働者が平等に企業経営に参加し「労働者の手で生産復興」することがまさしく「生存闘争」であると理解されたのであった。

　ただ結果的に同じように工職一体組合が結成されたとはいえ，企業の立地条件や経営施策の違いから，どちらかといえばトヨタ労組は労使協調・企業一家的色彩が濃く，日産労組は産別・機器に加盟するなど闘う姿勢を強くもった組合であった。この相違は自動車産業の労働運動と労使関係に大きな影響を与えるのだが，しばらくは両社とも組合主導の労使関係の下で企業経営がおこなわれることになる。

［2］ 労働組合主導型の労使関係と人事労務管理

　労働組合による「経営権」への大幅な介入という中で，労使関係と労働条件の実際はどうであったのだろうか。それはその後の企業経営と人事労務管理にどのような影響を与えたのだろうか。この点を探るため，以下では，可能な限り1次資料に基づきながら，日産自動車における社・工身分撤廃問題，賃金問題，生産復興運動について考察する。

　①社・工身分制撤廃問題

　組合は結成時に社内民主化の要求を掲げ，その具体化の一つとして1946年8月9日に「社・工身分制撤廃」について，原則的に会社側と合意に達した。周知のように，戦前は現場労働者（工員）と管理部門の労働者（職員）とは，あたかも「身分」として区別され，あらゆる面で差別と分断の人事労務管理が普通におこなわれていた。この社員（職員）と工員の「身分」制を廃止することが社内民主化の第一弾として位置づけられたのである。

　日産でも他の企業と同様に労働者をホワイトカラーとしての社員（職員）とブルーカラーとしての工員とにわけた身分差別的管理がおこなわれていた。それは「採用，解雇，昇進，賃金額・賃金形態，企業内福利施設などのあらゆる

局面での格差・差別」による身分制的支配・管理体制であった[13]。たとえば賃金制度について『日産30年史』は次のように記している。「当社の従業員の身分は戦前から他社と同様に，社員と工員とにわかれ，賃金も社員は月給，準社員は日給月給，工員は日給であった[14]」。

　さて既述のように組合の要求にたいして会社側はその原則を承認しつつも，その具体化については一時棚上げし，後日，立案協議することになった。身分制は労働条件のあらゆる部面にわたっていたから，撤廃もそのすべての面でおこなわれねばならなかったからである。すなわち，賃金額・体系，労働時間，休日規程，服務規程，退職金規程，休職規程，旅費規程等を一本化することである。この棚上げ状態にあったものが本格化するのは，47年に入ってからのことである。まず賃金制度から手をつけられるが，先に原則を承認した会社ではあったが，これをめぐって会社側は若干の抵抗をした[15]。対立点は「日給月給制」を新入社員（入社後2年未満の者）を中心に残そうとする会社側と完全撤廃を主張する組合側とにあった。ともあれ47年3月15日に基本線で妥結し，会社は「給与査定委員会」を設け，新賃金制移行となったのである。

　身分制撤廃のもう一つの柱は職分制の改善である。従来の現場職制は課長のほかに区長，班長の3段階で運用されていた。また課長と区長の間に社員としての現場係員という制度があった。この係員はおそらく現場の事務部門であったと思われるが，それが実質的な命令系統となって，課長・係員＝社員，区長・班長＝工員，そして区長の古手が社員に登用されるという身分制に基づく体制が敷かれていたのである。47年8月より係員制度を一掃し，課長―係長―組長制に変更して，従来の社・工員の中から適任者を組長・係長に任命するようになったのである。

　ともあれここに社・工身分制は姿を消すことになり，身分的差別支配に基づく管理体制は崩壊したのである。ここで経営側としては，それに代わるなんらかの職階管理制度が必要となるわけであるが，組合によって「経営権」が大幅に制限されているかぎりはそれも容易ではなかった。職員と工員というそれぞれの「身分」支配体制によって管理することができなくなったわけである。したがって，生産能率向上にむけて労働者を駆りたてる方式として唯一採用されたものは「生産奨励金（プレミアム）」制度であった。それは「より高い賃金を

得ようとする労働者の欲求を刺激して労働強化を実現する」インセンティブ方式による管理手法であった[16]。しかし，「経営権」体制に裏打ちされていない以上，十分に機能したわけではなく，しばらくは，組合の力に依拠して彼らの生産への協力をとりつけつつ，「経営権」の回復への道を模索するほかなかったのである。

②賃金問題：日産的な電産型賃金（賃金プール制）

結成直後，組合は会社と交渉し，次のような方法・内容で賃金支給をすることになった。

1） 毎月会社の指名する個人から資料を集め生計費調査をおこない，この基準生計費によるプール基礎額を設定する。

2） プール基礎額に従業員数およびその家族の総数を乗じた金額をその月の会社の定期的給与の総額とする。

3） この総額の具体的配分方法は毎月会社・組合双方の協議で決定する。

4） 賃金は基本給，臨時手当，家族手当にわけ，固定分50パーセント，変動分50パーセントとする。

5） この他，生産奨励金，時間外手当，特殊作業手当等を支給する[17]。

この時点ではまだ社員・工員の差別的情況が残っていたので，給与形態も社員給（月給），工員給（日給）の２本建であったし，また各人が手にする実際の賃金は複雑な計算のうえで支給されていた。だが注目すべきは，賃金総額が会社の経理状態や方針からではなく，労働者の毎月の生計実態から決定されること，およびその配分方法も会社の一方的決定ではなく組合との協議決定となっていることである。これが「賃金プール制」であった。まさに日産における生活保障型の賃金＝電産型賃金である。

この賃金プール制度は組合の次のような考え方に立脚している。「賃金は労働に対して支払われ，労働再生産の源は家庭にある。家庭と家族を無視した賃金は到底考えられない。即ち賃金を論ずる場合，我々は従業員の数をその基礎とするのではなく，常にその家族を含めた総員によって論ずべきである。総員が生活するために一人当たりいくらの生計費を必要とするかを考える[18]」。その全員が生活するための一人当たり費用すなわち「実態生計費」を調査し，これによって「プール基礎額」が決定される。この基準生計費（プール基礎額）を

基礎として総員の生計費を算出したものが賃金プールなのである。これが労働協約の第 3 項に規定された「生活費を基準とした最低賃金制度」の内実であった（資料2-2参照）。しかも「生計費を基準としたスライド制」をとっていたのである。

　資料2-3は1946年 3 月から48年10月までの実態生計費とプール基礎額の推移である。それによれば，1947年 7 月までは生計費実態に即したスライド制が完全に実施されている。もっとも47年 8 月から11月までは資金不足のためプール基礎額は830円に固定されるなど迂余曲折があるものの，48年 8 月ごろまではなんとかこの原則による賃金が支払われていた。日産の『有価証券報告書』や『日産30年史』によれば，この間の経営状態はけっしてよいものではなかったのであるから，賃金は文字通り生活保障給として支給されていたに違いない。だがこうした賃金制度も47年 7 月以降は完全スライド制がくずれはじめ，賃金の遅欠配が表面化しだした。 7 月分の基準生計費は830円であるとの組合の主張にたいして，会社は704円程

資料 2-3　日産の賃金推移
（1946年 3 月～48年11月）

年・月	実態生計費（円）	プール基礎額（円）
1946・2	—	—
3	277.85	277.85
4	282.81	282.81
5	285.80	285.80
6	—	—
7	—	—
8	—	—
9	287	287
10	—	—
11	430	430
12	—	—
1947・1	—	—
2	430	—
3	502	502
4	570	570
5	600	600
6	640	640
7	830	830
8	1,117	830
9	1,254	830
10	1,252	830
11	1,202	830
12	1,327	1,000
1948・1	1,580	1,100
2	2,010	1,200
3	1,667	1,200
4	1,822	1,496
5	2,052	1,609
6	1,995	1,780
7	2,311	1,980
8	2,468	2,124
9	2,650	2,124
10	2,741	2,124
11	2,847	—

（注）　1：実態生計費は実態調査による 1 人当たりの生計費。
　　　　2：プール基礎額とは，全社の給与総額の基礎となるもので，上記生計費に基づいて決定される。

（出所）　全自調査部『調査時報』No.5, 1951年。

度と回答した。結果的には組合案で妥結するのであるが、資料2-3にみられるように、以降11月までプール基礎額は固定されたままに終った。

　翌48年1月に、会社は、挫折したとはいえ、労働協約の廃棄通告をして新しい別の協約を提案する。賃金問題に即してこれをみてみれば、協約第3項のスライド制に基づく最低生活保障に規制を加えようとするものであった。同年6月には能率給を含む新賃金制度を提案し、また10月には「生産奨励金（プレミアム）」規定に関して生産性と直結した能率給としての性格をより鮮明にした提案をおこなった。実際、賃金に占める基本給部分の割合が減少し、逆に能率給部分としてのプレミアムの割合が増大することになったのである[19]。明らかに会社は、ここにいたって戦後の混乱状態から立ち直りはじめ、賃金を生活保障給から能率給へと改変しつつ、労使の力関係の「正常化」を準備しはじめようとしていた。

　こうした中で組合は、48年3月27日に結成以来はじめての「賃金抗議24時間ストライキ」を決行し、会社との対決姿勢を強めていくのである。しかしそれにいたるまでしばらくは、生活確保のために「労働者の手で生産復興を」のスローガンのもとに「進んで経営の弱体をカバーし真に経営の遂行を可能ならしめ、それによって我々の生活確保の基礎を」築くという「生産復興運動」を中心的に取り組んでいた[20]。

　③自動車生産復興運動

　自動車産業の「生産復興運動」は独特である。というのも、前章で詳述したように、他産業における「生産管理」は争議行為であったが、自動車では「大衆の圧力で」生産復興すること自体が組合の日常的課題だった。

　トヨタでは経営管理体制の確立をめざして1946年3月に「企画調査室」（翌年5月「経営調査委員会」に変更）を設け、経営合理化を全社あげて推進した。トヨタ労組は経営協議会を通じて生産計画に関与し、増産運動を展開した。これを単純に「労使協調」と片づけるわけにはいかない。「そこから青年部による自主的職場規律確立運動が生まれるなど、生産復興闘争は、労働者の『生産の主人公』意識と組合意識の高揚にも資した」からである[21]。

　他方、日産労組はさらに意欲的に取り組んでいた。46年9月、労使合同で「再建特別委員会」を設置した。それは、再開はされたものの、全体として下

降傾向が続く生産状況に経営協議会が核となって対処し，労使がそれぞれの立場から協力しあって企業再建していこうとするものであった。具体的には，経営協議会で決定される製造車種・数量・人員配置計画などの具体化のための諮問機関として「再建特別委員会」位置づけ，構成メンバー，運営方法とも完全に労使対等の委員会であった。[22]

　ここで特筆すべきは，会社側よりもむしろ組合側の方がとりわけ積極的であったことである。組合は47年2月に「職能委員会」という組合独自の組織を新設した。この職能委員会には，会社の組織ごとにそれぞれ総務・厚生・業務・経理・材料・技術の各分科会を置き，それが事実上の組合の基礎組織を成していた。また職能委員会の委員は同時に「再建委員会」の組合側委員でもあった。このようにどちらかというと上からの復興運動を「労働者の手」で職場の末端から支えることをめざし，そのため会社の業務組織をそのまま組合の基礎組織として「職制を完全に利用した極めて組織的な形」をとったのであるという。見方を変えれば，これは「御用組合」に転化する可能性さえあるが，しかしいったん組合が闘争に入ったときには，この職能委員会は「直ちに職場闘争委員会としての完全なる形態」に転化させようと考えていたという。[23]組合がなぜこのように再建運動に熱心であったかは，「一言でいえば生存闘争だからである」という益田哲夫の言葉に言い尽されているといってよい。[24]

　しかし国全体が荒廃している状況では，一企業内部の取り組みのみでは当然のこととして限界があった。企業内生産復興闘争にもかかわらず，47年秋には日産で賃金の遅配が出始め，全国的にみても自動車生産は下降し始めた。

　この危機的状況から脱するために，二つの形態でとりあげられることになった。一つは企業内活動の殻を破り産業レベルでの復興運動に発展させることであり，他の一つは企業内活動のより一層の強化である。前者は組合側が主導し経営側がそれに協力するという形を，後者は逆に経営側の主導で組合もそれに応じるという形で進行した。本書のテーマからすれば，この後者が重要なのであるが，まず前者の概略をみておこう。

　組合は企業の殻を破って各労組が全国的に結集し，企業内から産業レベルでの統一闘争へ発展させる必要があると認識するようになった。自動車産業労組の全国的統一組織結成の動きの最初は，46年6月15日，日産労組が中心となっ

て開催された「自動車産業労組関東地区懇談会」である。産別会議参加の「全日本機器」内に結集することで統一する方針だった日産労組に対して，トヨタ労組は「十月闘争」の「機器の"スト激発主義"的な状勢」をみて，別に自動車だけの組織結成の方針を固めた。その後，日産労組が生産復興運動の考え方をめぐって「機器」と対立し，47年3月末脱退するに及んで急速に全自動車結成に傾く。こうして同年4月10日には「全日本自動車産業労働組合（全自）準備会」が結成され，翌48年3月26日に単一組織として正式発足した。全国組織結成の最大のねらいは生産復興にあったから，全自は「資材よこせデモ」を開催するなど，その出発点から復興運動にとりわけ熱心に取り組んだ。

こうした労働組合側の動きに対して「この情勢におされてこれに受けてたつ」ために経営者側も重い腰をあげ，1947年6月16日，自動車産業経営者の全国組織として「自動車産業経営者連盟」（自経連）を結成した。続いて7月22日，全自と自経連によって「全自動車産業復興会議」が結成されるにいたったのである。同会議は「自動車産業の労資により総合的見地から，日本経済の民主的復興を目指す経済復興会議の一環として」「熱烈な生産意欲と乏しきを分かつ信義を以て，労資が対等の立場で自主的な協力をする以外には自動車産業の復興はあり得ないと確信する」との宣言を発し，「傾斜生産方式」を自動車にも適用するよう商工大臣，経済安定本部長官に要望した。

しかしこの運動は，労働側の主導のもとで「結局は政府，官僚，両院への陳情，交渉に」終始し，自経連側が「次第に政治色を帯びてきた」ことを理由に消極的になり，いつしか労働側と事務局のみの活動になってしまったという。もともと自経連と経営側は消極的で受身であったし，「復興会議を団体交渉の場にはしない」＝労使休戦の場ととらえ，具体的な成果を期待するというよりは，労働攻勢の緩和にねらいをおいていたと思われる。個々の企業の経営陣は，むしろ従業員や労働組合の生産意欲に依拠して，企業内の復興運動に労働者を組織的に動員することを志向していた。

労使あげて経営合理化に取り組んでいたトヨタは企業内の取り組みをさらに強化するために，48年10月，従来の「経営調査委員会」に組合委員長と執行部を正式のメンバーに加えて「経営合理化委員会」に改組した。労組をまるごと取り込んで全社ぐるみの「経営合理化促進運動を大々的に展開」したのである。

そのことによって，下降傾向にあった生産は48年後半には上昇に転じたという。[29]

　一方，日産でも47年10月に既述の「再建特別委員会」を「再建準備委員会」という形で会社側の正式組織に改組し，全社あげての「日産危機突破運動」を提唱した。会社は「自分の分担している眼前の仕事のなかに」存在する無駄を工夫改善する熱意を燃さねばならないし，そのようにしてはじめて日産の危機が突破できるのだと激しく檄をとばした。[30] これは一種の生産拡大合理化運動ないし労働強化運動には違いないのだが，また配置転換と人員整理の強行を暗示するものであったが，組合も同意し協力することになった。すなわち，全自を中心とした復興会議運動に精力的に取り組んでいた日産分会は，会社が指摘する危機の実相に賃金の遅欠配が取り上げられていないと不満を示しつつも，「基本的闘争の相手は実際の所日産の経営者ではなく政治権力を握っている勢力，具体的にいえば，官僚を結合した金融資本の力である」との認識から，[31] 生産復興の社内的取り組みを経営闘争と位置づけ，賃金闘争とともに二大目標として協力の態度を示したのである。その結果，生産実績は47年10月155台に対して11月230台，12月430台と上昇したのである。[32]

　こうして生産復興運動は，組合主導の労使関係を背景に，全国的な運動の初発は労働組合が主導したが，運動の具体的な内実としては経営側主導の企業内合理化運動に転化することとなった。しかし，重要なことは労働者と労働組合が一貫として強い生産意欲をもっていたこと，それが社内運動の源泉でもあったことである。「生産復興は労働者の手で」，このスローガンは違和感なく広がった。この時期には生産復興と企業再建との間に決定的な違いをみつけることは困難であった。職場の生産水準を上げることは，自分たちの生活を守ることであり，同時に企業再建でもあった。その意味では組合と労働者が企業再建に協力したのも，牧歌的ではあったが，いわば「当然」であったのかもしれない。しかし，その後の「企業主義的労働組合」の萌芽がここにあったのであり，戦闘的労働運動と企業主義的労働運動とは紙一重の関係であった。

　だが紙一重であっても，それへの転化は必然ではない。極端に「経営権」が制限されている枠内で経営者たちの意思は，可能なかぎり企業の資本主義的再建への基礎を築くこと，その主導権を会社が握りつつ，本格的生産の開始にむけて企業内秩序の回復の準備を開始することであった。事実，この間，日産で

は，従業員祝金・見舞金規程，諸手当の改訂，従業員金融規程，福利厚生対策などを制定し，日産の従業員意識を養うことに留意した労務・人事規程の整備を進めている。もちろんすべて組合との合議のうえでおこなわれたことであって，そのかぎりで専制的ではない。ここで確認しうることは，労働組合による「経営権」への介入という枠のもとで，生産復興という労働者の高い労働意欲に基づいて，それを企業の資本主義的再建へと発展させ，もって企業の資本主義的職場秩序と「経営権」の回復への準備に手をつけはじめたということである。それは，「経営権」の確立にむけて「不退転の努力を傾倒せんとするものである。経営者よ，正しく強かれ！」ときわめて刺激的・挑戦的な宣言を発した1948年4月の日経連の発足という形で現れたのである。

第2節 「経営合理化」と労使関係の変化

① ドッジ・ラインと企業経営

　米ソの対立が顕著になるに伴い，アメリカの対日占領政策は日本の反共化と資本主義的自立化の方向に変更された。そのため1949年に入ってデフレ政策が実施された。いわゆるドッジ・ラインである。戦後復興が傾斜生産方式に代表されるようにインフレ的手段による国家の手厚い保護によるものであったから，これを停止して，各個別企業を資本主義企業として自立させようというわけである。すなわちドッジ・ラインは，なおざりにされてきた「経営権」喪失状態と労働組合主導の労使関係を抜本的に「改善」し，「経営合理化」をはかり，労務管理体制を構築することを各企業に強制したのである。

　日産では早くも1948年1月に前掲の労働協約破棄を通告し，同時に課長の非組合員化と組合の「経営権」介入を大幅に制限する新協約を提案した。さらに6月，支払い能力と能率にリンクさせた新賃金制度を提案した。だが会社の準備不足からいずれも成功しなかった。しかし従来までの組合にもたれかかった姿勢から自立化へ一歩踏み出したのである。事実，この2月から6月にかけて就業規則，従業員休業規程，従業員人事取扱規程など社内の従業員対策・管理体制をあいついで整備した。また賃金の能率給化はプレミアム（生産奨励金）という形で導入に成功し，「作業能率向上のための労務管理」として重要な役

割を果たしたという。組合は「資本攻勢が追ってくる」と警戒しはじめるように
なった。

これに対してトヨタでは「企業一家」らしく組合を巻き込んでもっと緻密に
おこなわれた。既述したように1948年10月に労組の全面協力を得て「経営合理
化促進運動」を展開したが，その中で特筆すべきは11月に駆動工場で実施され
たいわゆる「大野ライン」である。これは能率向上にむけた現場事務合理化を
企図して，駆動工場長に昇進した前労組執行委員・大野耐一がおこなったもの
である。それは，それまで多岐にわたっていた報告書を「作業日報」と「検査
日報」の二つに簡素化して，工長・組長の事務作業を軽減し，現場作業の段取
りと指導に集中させ，工務部の管理下に置くものであった。この実績をもとに
翌年7月には現場事務を独立させるため全工場に事務主任を置き，そこに現場
事務を統合させた。さらに，8月には，それまで駆動，機関工場に分かれてい
た工場を機械工場に統一し，そこに重役室を設置して一元的管理を図った。そ
れと同時に，「一人多台持ち」，「切削工具の集中研磨方式」へと発展していっ
た。これらの管理方式の多くは現場管理を強めるものであり，今日の「トヨタ
生産方式」への突破口を切り開くものであった。このような現場作業の管理体
制の強化とともに，トヨタでも能率向上の労務管理の一環として賃金の能率給
化が導入された。生産能率にリンクした生産手当の導入がそれである。

このように組合の協力を得ながら現場管理を徹底したところにトヨタらしい
特徴をみることができるのだが，それだけにかえって現場の一般組合員の不満
も強くなってきた。生産手当の導入自体が組合内で賛否激論を招き，執行部が
これを押し切って実現されたという。こうした不満の吸収にむけて49年2月に
従来の職員＝月給，工員＝日給の制度を工職ともに「日給月給制」に改めたの
であるが，会社は同時に基本給を年齢給と能力給（経験年数，熟練度）に分け
て中堅層と末端職制を掌握することも忘れなかった。だがドッジ不況が深刻化
するにつれて，工員層を中心として一般組合員の突き上げが顕著になり，4月
29日「労組法改悪反対」を掲げて結成以来初めての政治ストを決行するなど，
トヨタ分会は協調から対決へと急激に姿勢を変化させていく。

　政府の強力なデフレ政策によって不況は日々を追って深刻化し，自動車の需要も減少した。日産ではニッサン車の滞貨が同年７月にほぼ同月の生産台数分にまで達したというし，トヨタでもこの時期２億5000万円もの売上金が回収困難に陥り，12月には営業収支２億円の赤字を計上した。

　1949年春，全自・日産分会は会社ペースの不況対策＝人員整理を防ぐために「恐慌対策」として経営協力体制をとった。だが改善の兆しがみえない。ついに後の社長・川又克二は秘かに人員整理を決意し，会社役員を説得し始めた。１割の賃金カットと2000人の人員整理を内容とした「合理化」案が発表されたのは10月５日の経営協議会の場であった。会社がこの「合理化」でねらったのは人員整理とともに労働組合優位の労使関係の解体であったから，７日には一方的に労働協約破棄通告を宣言した。ここに日産労使関係は，後の1986年の「包括的労働協約」締結まで無協約状態が続くことになったのである。日産分会はその日から，課長，係長，組長の辞表提出，ストライキや「全員総辞職」など強硬戦術で11月末までの約２か月はじめての大争議を展開した。結果的に組合は，賃金等で一定の譲歩を引き出したものの，会社が指名した全員の解雇を認めざるを得なかった。この日産労使にとって初めての労使対立で会社は一切の妥協はしなかった。組合との妥協でそのエネルギーを会社再建に利用するというそれまでの労務方針と決別したのである。だがこの時点では組合の戦闘的思想や行動は問題にされずに先送りにされた。川又氏は後に「このことが結局，それからの争議を先鋭化する基礎を温存した」と悔やんでいる。

　日産の解雇反対闘争以上に注目すべきは，同じく人員整理をめぐって熾烈に闘われたトヨタの「50年大争議」である。

　トヨタ分会は49年７月末に人員整理を回避するよう会社に申し入れ，「経営合理化」に協力しつつも，８月末，賃金１割削減と退職金半減の会社提案を撤回させるなど，反面で迫りくる雇用不安を前に対決姿勢を濃くしていった。さらに９月末，資金の悪化を理由に再び賃金１割削減と退職金半減が提案されると，すでに９月26日にはいすゞで1400名の解雇が発表されたこともあって，分会は激しく抗議した。さらに，日産，いすゞの各分会とともに「共同闘争委員会」（＝「三社共闘」）を結成し，10月24日の全自主催の「資本攻勢反撃労働者

総決起大会」には24時間ストで呼応，文字通り全自の分会として戦闘性を強めた。このような状況を背景に，12月23日，トヨタの労使は，賃下げ提案受諾と経費節減運動への協力を条件に，「人員整理は絶対におこなわない」，賃金は「必ず所定日に支払う」という「画期的な」『覚書』を締結した。トヨタ分会は解雇という初めての決定的な利害対立を前にして労働組合としての性格を純化させていったのである。

　だが会社は『覚書』締結直後の12月末に金融機関から2億円の融資を受けるが，その際，販売会社の分離独立とともに人員整理を約束させられていた。組合は人員整理が近いと判断し，50年2月に従来とは異なって戦闘性の強い執行部を選出し，「札かけ闘争」という独特な戦術をとりつつ，闘争委員会を組織して4月8日から争議に突入した。人員整理発表前にいわば先制攻撃をかけたわけだが，ついに4月22日に1600名（在職者の20.3％）の希望退職募集を主内容とする「合理化」案が発表された。以降，24時間ストや独自の解雇回避の再建案の提示，部長・工場長のつるし上げなどの激しい闘いのみならず，挙母町議会や愛知県会議員総会の解雇反対決議，地域住民の支援もあって有利に展開するかにみえた。

　しかし従来とは違って会社は一歩も譲らなかった。全従業員に「会社再建趣意書」を発送するとともに，再三にわたって，解雇該当者には「退職勧告状」を，他の従業員には「再建協力要請状」を送付するなど強硬であった。さらに組合内部にも変化が生まれた。会社の再建案に呼応して会社側と水面下で連絡をとっていたといわれる「再建同志会」なる組織が登場してきたのである。この組織は，工長・課長・次長などの「工長申合わせ会」（46年結成），組長の「オール組長会」（49年結成），および養成工出身同期会の「四養会」・「さつき会」（49年結成）などを足場にする「主として下級職制によって構成され」ていた。これらの層は，組合の工職身分割打破などの社内民主化闘争によってその特権的地位が脅かされていたし，企業危機の中でとりわけ不安にさらされていたから，かなり早い段階から「組合から一方的に偏ったコミュニケーションを是正するため」と称して会社役員と懇談をもつなど，秘かに組合と対立的な動きをとっていた。会社は「再建同志会」に大きな期待を寄せ，「貴君の……ご協力を希うと共に今後の同志的活躍を期待します。会社は貴君の地位並びに

待遇を飽くまで保障致します」という文書まで発行していたという[40]。

　5月に入って「再建同志会」は公然と全自批判のビラ配布や署名活動など活発な動きを開始した。組合執行部はこのような活動を黙認していたわけではない。だが職制あるいは中核工員であった彼ら「同士会」のメンバーの職場での影響力は，争議が長期化してくればくるほど大きくなっていった。「当時，第2組合をつくることがトップの間で議論された」ともいわれているほどである[41]。5月22日に豊田社長以下2名の会社役員が辞意を表明するころから組合内に条件闘争論が台頭しはじめ，29日に職制150人が早期解決と方針変更の決議文をあげると，以降は会社と「同志会」・職制層の連携プレーで争議は雪崩を打つように終結に向かった。闘争委員会が「希望退職」を承認し，条件闘争へ方針転換しても，会社は解雇通告郵送，対象者の構内立入禁止，ロックアウトと容赦しなかった。ついに6月9日の最終団交で2146名という予定を上回る大量人員整理を認め，2か月間の大争議は組合の敗北で終わった。

　こうして，ドッジ・ラインを契機とする経済不況の中でトヨタ分会は戦闘的組合に「脱皮」したのだが，この企業に特有な「企業一家」的体質をもった職制層と子飼いの労働者＝養成工たちの「活躍」で敗北した。他方，労使協調を「誇り」としていた会社もまた組合と妥協することなく前面対決を貫き，自ら協調路線を放棄したわけである。大量解雇を果たしたとはいえ，長期の激しい争議に直面することになったのであり，「企業一家」主義の一角が崩れたのであるから，会社は戦後トヨタの組合依存の労使協調路線に根本的な修正を加え，新たな組合対策に迫られることになった。

第3節　日産百日争議

［1］ 全自の戦闘化

　1949年，日産での解雇反対の争議に敗北を喫し，さらにGHQのレッド・パージで決定的ダメージを受けたかにみえた全自だったが[42]，トヨタ争議中の50年4月に第3回定期大会を開催し，それまで以上に戦闘的な方針を確立した。大会では従来までの活動を自己批判し，①組合が職場内での日常的な生産と労働の主導権を握るために，日常的職場闘争を強化すること，②それを基礎に「三

社共闘」を軸として企業の枠を越えた産業別統一闘争を強化すること，③「労働者の全国的な闘争に盛り上げ」て労線統一を実現すること，これらを内容とする方針を確立した。[43]

　こうして全自はこの大会を契機に「小粒ではあるが，全自動車は"ピリリ"と辛い」と評されるように戦闘的・階級的な産別単一組合の方向をよりいっそう強めたのである。職場闘争を典型的に闘った日産分会の場合をみてみよう。

　朝鮮特需による生産拡大にたいして，会社は不足人員を配置転換，時間外労働，臨時工採用で対処したが，組合は「会社が良くなることはそのまま私達の生活が良くなることでは決してない」，「労働者の無謀な労働強化でおこなわれることには絶対反対しなくてはなりません」と，職場ごとに選出される職場委員と職場長を中心に会社の一方的増産対策＝労働強化を規制した。[44]例えば，残業の場合，まず残業計画を「組合幹部が月始めに会社と生産協議会をやって」，その結果が職場委員会に諮られ，問題がなければ職場長が毎週の残業協定を職制と結ぶ。少なくともこうした手続きが必要で，しかも職場長は係長会に，職場委員は班長会に出席できたという。つまり突発的なものも含めて残業実施の実質的な権限は組合と職場長にあったのである。このような規制は配転・応援にも適用された。加えて組合は解雇された労働者にも組合員資格を与え，臨時工に優先採用するとともに正規従業員にせよと要求し，52年秋にはほぼ全員（657名）を本工化させている。

　この時の会社と職場の管理・統制の実態は，**資料 2 - 4** のように，職制と組合幹部・職場長との協議・決定を経て実施されるわけだから，組合は破棄された労働協約の時よりも，生産と労働に深く介入したということになる。[45]

　他方，トヨタ分会ではこの日産ほど徹底したものではなかったが，かつてなく戦闘性を強めていった。50年 7 月，敗北はしたものの大争議を通じて圧倒的な信頼を獲得した前期副委員長・岩満達巳を委員長に選出しただけでなく，被解雇者であった宮島貞利を副委員長に再選し，この執行部を先頭に被解雇者の組合籍を保障しつつ（394人），復職闘争を展開した。また特需景気の中で経済闘争を重視し，賃上げ，一時金を実力闘争で優位に展開した。51年夏には会社の労働協約破棄の動きに対して，「重役室に大衆が崩れ込むなど」激しく抵抗した。労働協約破棄の策動は阻止できなかったが，秋季賃上げ，11月一時金も

資料 2-4　1950～1953年の日産労使関係の構造

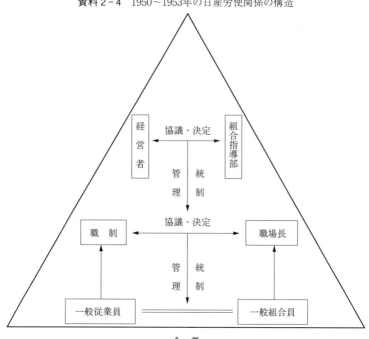

（出所）　栗田健「戦後労働組合運動の系譜と課題」『ジュリスト』（総合特集　企業と労働）有
　　　　斐閣，1979年，210ページより修正作成。

満額獲得することに成功した。しかし激しく闘ったものの，それは経済闘争に
傾斜しており，日産分会と比べると生産と労働を規制するという姿勢は脆弱だ
ったことは否めない。特需に伴う労働強化に対して時間外労働規制をストライ
キで闘ったが，賃金の能率給化を「賃上げを容易にする意図から」自ら提案す
る側にたつなど，会社の攻勢に充分に対処できなくなっていた。とはいえ50年
争議後も「職場の正常化はあまり進んでいなかった」と山本恵明も認めている
ように，従来にも増して戦闘的志向は強まったといってよい。[46]

（2）「経営権」体制確立にむけて

　ところで1949年10月，乗用車の生産制限が解除されたのにはじまって，以降
戦後の一連の経済統制が徐々に解除され，いよいよ自由競争へと移行すること

になった。企業間競争の激化に備えて各企業とも競争力の強化が望まれるところだが，まさにその時「干天の慈雨」のごとく突然舞い込んだのが50年8月の朝鮮戦争勃発に伴う特需であった。

トヨタ，日産，いすゞの特需の受注は**資料2-5**の通りだが，各社とも赤字に悩んでいた経営を一気に改善させた。この業績回復を背景に，トヨタ，日産とも51年から機械設備更新の計画をたて，「戦後はじめ

資料2-5　朝鮮戦争特需車両内訳

社　名	受注年月日	台数	計
日　産	1950年8月12日	2,915	
	51年3月1日	1,106	
	4月30日	304	4,325
トヨタ	50年7月31日	1,000	
	8月12日	2,329	
	51年3月1日	1,350	4,679
いすゞ	50年7月31日	300	
	8月29日	515	
	51年1月5日	441	1,256

（出所）『日産自動車30年史』226ページ。

て世界でもっとも進んだアメリカの工作機械を」輸入した。[47]同時に全自の戦闘化に対して，朝鮮特需下では納期の限られた需要であったから多少とも組合に譲歩しながらも，戦闘的組合の排除と労務管理体制構築にむけての努力を一気に開始させた。

トヨタでは50年争議が終結すると直ちに，豊田英二，斉藤尚一を渡米させ，生産技術と経営管理の実情調査・修得に努める一方，再建にむけて職制改正をおこなった。各工場に技術課を設置し，従来の慣行を破って技術員を現場職制として配置させたのである。現場に技術員が入りあれこれ指導することは現場のボイコットにあうのがしばしばであったが，争議直後で動揺していたため「かえって職場の中に受け入れられ」，現場を「会社側にひき寄せる現実的効果があった」という。[48]

また現場事務の「合理化」の一環として事務課を設置し，「再建の意気に燃え」る現場の事務員たちに「現場事務研究会」を発足させる一方で，豊田英二を長とする「経営委員会」を設置してトップマネジメント権限を強化した。また現場職制層の不満を吸収するためもあって1〜4級からなる資格（身分）制度を復活させ，51年6月には年齢給を廃止し，年齢別初任給とともに基本給は能力給（経験年数，熟練度）とした。その当時はまだ完全には人事評価によっておこなわれてはいなかったものの，現場末端職制層を評価者として取り込み，労働者の個別掌握の道を切り開くものとして看過できない。さらに個別労働者の企業帰属意識・「企業一家主義」の復活と醸成をめざして，『トヨタ新聞』発

刊（50年9月），従業員預金制度の復活（51年1月），渡米視察でフォードの提案制度からヒントを得た「創意工夫運動」の開始（51年6月，初年度の提案件数833件，年間賞金総額32万円），技能者養成教育再開（51年4月），品質管理手法教育の開始（51年初頭），全豊田総合競技会開催（51年9月），職制教育＝TWI導入・開始（52年1月）などがたてつづけにおこなわれた。

　注目したいのは，これらの施策に組合はさしたる関心も示さず等閑視したことである。その上で戦後の労使関係の完全な清算の制度化を企図して，51年7月，会社の「経営権」の専有，経営協議会廃止，労組の経営参加否認，政治活動禁止などを主内容とする新労働協約を提案した。しかし組合がこれを受け入れるはずもなく，日産と同様に51年8月1日以降，無協約時代に突入したのである。

　日産は生産管理，現場管理の面でトヨタに遅れをとっていたが，争議後はこの作業能率向上への努力から開始された。まず流れ作業方式，集中一貫生産にむけて工場整備，設備増強がおこなわれる。49年12月，査業課を新設して作業研究・職務分析と標準時間の設定を開始し，50年3月には「人事考課表制度」を策定・実施した。同年12月，間接部門の職務標準化をおこなった。これらを基礎に同年9月18日から「能率向上運動週間」を設定して，不良品防止，無駄排除，能率向上，創意工夫の奨励など全社的な運動を展開したのである。この運動は会社自ら「その後の従業員の生産に対する士気の高揚とコストの低減に寄与するところが大きかった」と述べているように，日産でもようやく会社主導で現場の能率向上に手がつけられはじめたことを示している。[49] またTWIの開始（50年3月），若年従業員教育として「技能講習会」もおこなっている。社内報『総務人事週報』『ニッサンニュース』の創刊もこの頃のことである。

　特需景気が一段落するや1951年10月に社長を浅原源七氏に替えて，ラインとスタッフの明確化と組織整備など現場の管理機構を強化した。組合の職場闘争の排除＝職場労働規律回復がその目的であった。すでに7月7日には就業中の組合活動を禁止するための「組合の集会及び動員に関する覚書」（通称七夕提案）を提案しており，52年2月には組合の「経営権」介入の結節点であった課長の非組合員化を提案した。これら一連の労務管理施策を通じて会社がねらったことは能率意識と企業意識の醸成なのであり，すでに職制層は組合の行動に

疑念を抱きはじめていたのである。

③ 日産百日争議

　1953年6月にはじまる「日産百日争議」は主として日産を舞台に展開された壮絶な闘いであった。それは自動車産業全体をまきこんで，日経連・自経連と総評・全自との命運を賭けた総資本対総労働の総決算の歴史的な争議となった。

　争議の直接の発端は53年5月23日に日産分会が提出した「六本柱統一賃金」に基づく賃上げなどの8項目の要求であった。この統一賃金は，総評「賃金綱領」のいわゆるマーケット・バスケット方式に触発されながら，経験年数（熟練度）を6段階に区分してそれぞれの最低賃金を自動車産業全体に保障させようというものである（全自はこの7月に総評に加盟）。

　この賃金体系は，その後に普及していく職能給と対比すれば，産業別労組へ脱皮する賃金のあり方として注目されたが，トヨタでも日産でも「交渉の入口で停止，消滅した[50]」。すでにトヨタ分会では52年10月に「六本柱」に基づいた要求を提出したが，会社は一切問題にせず，そればかりか職場闘争を圧殺する意図で時間内の組合活動分の賃金差引＝「ノーワーク・ノーペイ」を主張して譲らず，結局は要求を保留せざるを得なかった。翌53年5月にも再び「六本柱」を要求するが，会社は6月ついに「ノーワーク・ノーペイ」を強行した。

　この点は日産でもまったく同様で，先の組合要求に対して6月4日，全面拒否の回答をするとともに「ノーワーク・ノーペイ」（七夕提案）を強行した。またいすゞでも同一の経過をとった。3社の経営陣は連携して労使関係の改変と組合の思想と行動の規制に乗り出してきたのである。全自「三社共闘」は一斉に「賃金差引業務拒否」，「部課長吊し上げ」，職場放棄，ストライキなどかつてなく闘争を強化したが，経営側は動じなかった。

　この争議の本質はしたがって「六本柱統一賃金」要求をめぐる攻防であったのではない。「職場闘争」にみられる組合の戦闘性・階級性を除去すること，組合を企業内化させつつ「経営権」体制に裏づけられた労使関係を樹立すること，これらをめぐる攻防であった。このことは，7月16日，日産分会が賃上げ要求の撤回と「七夕提案」の受け入れの譲歩をしたにもかかわらず，「問題は組合の賃上げ方針と闘争手段（職場闘争）だ」とし，「いいかげんに妥協する

わけにはいかない」「組合のいい分を撤回させなければ争議は収めない」と会社自ら争議をエスカレートさせていったことからも明らかである。[51]以前から日経連は日産経営者に対して職場闘争一掃を要請していたし，争議中には職場闘争一掃をめざして「経営陣断乎たて」と煽った。[52]後に自経運が「自動車産業の経営陣が協力体制をとり，経済界に金字塔を立てた」と自賛しているように，日産争議は戦後の自動車産業における労使関係の全面的な清算への天王山であったのである。[53]

　詳しい経過は省略するが，争議が長期化する様相を呈するようになって，7月中旬以降，トヨタといすゞの事務系職場と現場職制から全自執行部批判が公然と出されるようになった。既にトヨタ分会では53年春の役員改選をめぐって反全自グループ（「再建同志会」）の策動で紛糾があったし，52年「係長会」，53年「オール班長会」が組織され全職制会が出揃い，養成工出身者も54年の「養成会」結成を準備しつつあった。このような「再建同志会」，現場職制層らの反全自グループの策動の中で，ついに8月初め，いすゞとトヨタの両分会は賃上げ要求断念で妥結を決定し，日産分会は孤立した。その日産でも5月19日に会社は「課長の非組合員化」を通告し，23日には「課長会」名で組合に脱退届を出し，また現場の係長グループが組合幹部とは別に会社と懇談会をもつなど，組合の内部規律は乱れはじめていた。いずれも職場闘争の結節点にいた職制層が離反しはじめたのである。

　日産経営陣はこうした状況に符丁を合わせるかのように，全自追放にむかって組合を挑発するかのように次々に戦術をエスカレートさせていった。7月16日以降，会社は団交拒否を続け，トヨタ労組の争議終結のその日にロックアウトを宣告し，一挙にバリケードで工場封鎖（8月5日）。続いて益田組合長以下6名を検挙，さらに当時の価格で250万円かけて大バリケードを再構築，組合幹部4名を追加検挙，組合長以下6名の懲戒解雇といった具合である。後に会社のこの戦術を「レール戦術」と称したが，日産分会はまさに孤立の中で敗北のレールに乗せられていったのである。

　さて争議の決着は，53年8月30日，課長の離脱，係長層の離反を契機とした分裂＝第2組合の結成によって果たされる。この分裂は組合内の大卒エリートと職制層を中心とした「企業研究会」という反全自派によってなされた。彼ら

の主張は「真に組合を愛するものは企業を愛する」「企業の枠を考えよ」「生産性向上による賃上げ」を理念とする極めて企業寄りであったから，会社は直ちにこの第二組合を承認し，しかもこの組合員に限ってロックアウトを解除した。それだけでなく，賃金と一時金支給の約束をするなど，全面的にバックアップした。もはや日産分会の敗北は明らかである。9月14日に団交を再開し，9月24日には，妥結・調印，ここに組合の全面降伏の中で「日産百日争議」は終結した。

第4節　協調的労使関係の成立

　日産分会は争議終結後わずか1か月間で過半数を割るなど急速に凋落した（資料2-6参照）。前述のように会社は第二組合を全面的にバックアップしたし，第二組合は「トヨタのごときは打倒日産を目標に日産の争議中を幸いに日産の市場を侵食すべく残業を重ねて増産を行っている」と企業意識を煽って，日産分会からの離脱と第二組合加入を喧伝した。さらに会社は1953年12月に全自日産分会幹部を中心に141名の大量懲戒処分で追い打ちをかけたのである。

　協調的労使関係の確定・定着を志向する経営者と協調派にとって，残る課題は産別統一組織としての全自とその中心労組日産分会の追放である。その中心的役割を演じたのは他ならぬトヨタ分会であった。54年2月トヨタ分会の役員改選がおこなわれたが，この選挙で全自派は「かつてのような大衆的支持行動を呼びおこせないまま」敗退し，日産のように組合分裂を経ずして「再建同志会」＝協調派が執行部を制する結果となった。そこには職場内での職制の活動が決定的な影響を与えた。すなわち争議終結後の日産が第二組合の協力で飛躍的に業績を伸ばしていた事実を背景に，彼ら職制層を中心とした反全自派は争議中に日産分会に融資した資金を「日産分会は金を返せ」と宣伝し，企業意識を煽ったのである。しかし組合員の激減で日産分会に返済能力はなくなっていたし，第二組合がそれに応じるはずもない。結局，この「融資問題」が直接の契機となって日産分会と全自は崩壊した。その解散大会となった54年12月の全自臨時大会では，企業意識に飲み込まれる形で，賛成93，反対25でもって自ら解散を決議したのである。戦後復興期に彗星のごとく現れた全自は7年とい

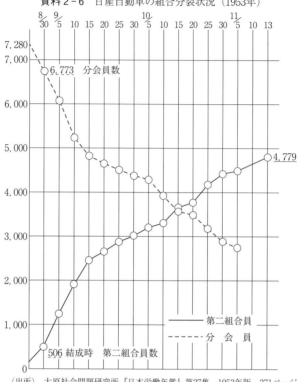

資料 2-6　日産自動車の組合分裂状況（1953年）

（出所）　大原社会問題研究所『日本労働年鑑』第27集，1953年版，371ページ。

う短い命を閉じた。

　ここに自動車産業の協調的労使関係が確定するのだが，本章全体をまとめる
意味でいくつかの点を指摘しておきたい。

　まず第1に，「自動車産業においては，労務管理が経営管理のうえで，……
もっとも主要な問題として揚棄され，極めて鋭い『資本と労働』の矛盾を現出
していることである」と指摘されている。1950年のトヨタ争議，53年の日産争
議はその典型である。激しい労働争議を随伴したのは，産業基盤が脆弱であっ
たことに加えて，各企業も資本主義企業としていかにも弱々しく，生産の再開
は組合員のエネルギーに依拠するしかなかったところにある。そこに労働組合
が生産と労働に深く強力に介入する余地を残していたのである。企業経営側と
しては，労働組合が経済的要求を掲げて活動することを超えて，企業経営それ

自体に介入する構造，これを解体することが最重要課題であったのである。換言すれば，この「労働問題」を解決し，「経営権」の確立と管理体制を構築すること自体が自動車産業の確立・自立化でもあった。

　第2に，企業主義的組合執行部と協調的労使関係の成立の契機となったのは，その現れ方に違いはあってもトヨタ，日産とも中間ないしは下級職制層の「活躍」である。組合員でもあったこれらの層は良くも悪くも職場の統率者である。戦闘的組合が優位なときには職場の組合規制力の要として機能したが，会社業績の回復と経営管理の確立と共に今度は会社の労務管理の実践者として「活躍」した。自然にそうなったわけではないが，彼らの「活躍」なしには戦闘的組合の追放も容易ではなかったことは確かである。この中間層と下級職制は，多くの一般従業員（一般組合員）にとって「よそ者」なのではなく，自身の近い将来の姿でもある。おそらくこの構図は日本の雇用構造に規定されたものに違いないのであるが，労働組合側としてこうした構造を自身の論理の中に取り込んでいくことができなかったのである。

　第3に，紛争がドラスティックであっただけに，ロックアウト，解雇，懲戒処分，弾圧などの現象に目を奪われがちであるが，この過程でおこなわれた日常的な従業員対策に留意した人事労務管理を看過すべきではない。それは，組合執行部の交替という「平和」的手段で協調的労使関係確立に成功したトヨタが，敗戦直後から極めて緻密な従業員対策・現場管理を重視してきたことに典型的に現れている。日産でも従業員対策・職制教育を重視し，組合分裂という「労・労」対立の中で，いわば労働者の「自主的選択」という形態で果たした。労働者による労働者支配，組合による組合支配，強権的・専制的支配に変えたいわば「民主的」支配とでもいおうか。ここに戦後の人事労務管理の特徴をみることができる。もちろん弾圧，差別的待遇，職制を通じた懐柔と脅かし，強要などの側面を無視しはできないが，それらはむしろ「民主的」支配の補完物とみなすべきであろう。

　第4に，組合主導の労使関係と戦闘的労働運動を支えたのは戦後日本の労働者が広く抱いていた民主主義と平等の意識であった。当初，この意識は素朴に企業内の民主化と平等を求める運動となった。戦前の「社員・工員」という身分制的支配は不当であって，それを撤廃して，同じ企業で働く者として「対等

平等」を実現したい，実は，このような平等を求める意識こそが戦後直後の労働者の高い生産意欲にも繋がっていたわけで，生産管理闘争，経営協議会，生産復興運動を下から支えるものだったといえる。普通の労働者が抱くこの意識は，メシを食うための仲間意識といってもよい。階級意識の日本的な現れといって良いかもしれない。しかし，欧米諸国のように企業を超えた社会的なものに発展することは容易ではなかった。それはおそらく日本の労働市場のあり方に起因しているのであろうが，労働組合運動が企業の枠を越える傾向が現れるや，経営者は周到にもそれを企業内に封鎖すべく努力を重ねたのである。多くの一般の従業員はそれに大きな異議を唱えなかった。産業復興運動の経過がそれを例証している。それは確かに緻密な労務施策の「勝利」であった。企業内に封鎖された「民主主義」と「平等」の立場からみれば「ノーワーク・ノーペイ」を認めない戦闘的労働運動は不当な破壊者なのである。経営者はそのことを意識的に宣伝した。結局，「民主主義」の名で戦闘的労働組合を追放し，「民主主義」と「平等」は，労働組合の手から離れ，企業と人事労務管理の手に委ねることになったのである。日本の人事労務管理は，この「民主主義」と「平等」を取り込みながら形作られることになった。

　第5に，経営側のこの「勝利」は多くの従業員を「企業内」に取り込むことに「成功」したのだが，それは人員整理をめぐって食うか食われるかの激しい労働争議を通してのことであった。トヨタでも日産でも長期のストライキを随伴した。このような深刻な犠牲を伴っての「勝利」は，企業側に「解雇」への慎重な姿勢を醸成させる結果となった。それは後に「解雇権濫用法理」として日本の司法に定着することになるのだが，こうしたいわば終身雇用を前提とした人事労務管理が確立・定着する契機となったのである。すなわち，当時の労働者の意識と行動を企業内に取り込んで生産と労働に動員していくシステムを確立していく契機となったのでのある。

　その後はこの新しい労使関係の下で，日本の自動車産業は急成長する。自動車工業会の調べでは，1950年の生産台数はわずか1600台であったが，その後，日産争議の終結直後の54年には1万台を突破し，55年には2万台を突破した。まさに急成長である。「真に組合を愛するものは企業を愛する」「生産性向上による賃上げ」を旨とする労働組合の全面協力によるものである。後に第1次高

度成長といわれる時代は，こうした協調的な労使関係の下での労使協力の賜であったといえる。

注

(1) 以下の分析は，鈴木富久「戦後十年間・トヨタ労資関係の展開」『新しい社会学のために』（現代社会研究会）第30号，1983年。黒田兼一「企業内労資関係と労務管理（Ⅰ）（Ⅱ）（Ⅲ）」『経済経営論集』（桃山学院大学）第26巻 1，2 号，第27巻 4 号，1984，85年。熊谷徳一・嵯峨一郎『日産争議1953』五月社，1983年を参照。

(2) P. ピゴーズ／C. A. マイヤーズ（武沢信一訳編）『人事管理』日本生産性本部，1960年，34ページ。

(3) 隅谷三喜男『日本の労働問題』東京大学出版会，1967年，283ページ。

(4) 『トヨタ自動車30年史』1968年，234〜240ページ。

(5) 『日産自動車30年史』1965年，139〜141ページ。

(6) 当時の『産業経済新聞』は次のように伝えている。生産が伸びない「最も有力な原因は，メーカーの思惑等による生産意欲の減退にある」（1946年 2 月 2 日）。

(7) 『トヨタ自動車20年史』1958年，273ページ。

(8) 田中陣秀「連載インタビュー・日本的雇用慣行を築いた人々＝その 2，元トヨタ自動車工業専務取締役・山本恵明氏にきく（ 1 ）」『日本労働協会雑誌』No. 280，1982年 7 月，51ページ。

(9) 『トヨタ20年史』245ページ。

(10) 箕浦の部下の文書課長・中村秀弥（組合結成時に書記長，後に全日本自動車産業労働組合〔全自〕の委員長）は次のようにいう。「とにかく本当に食うや食わずの賃金ですよ。その点では課長でもなんでも同じだし，そこへもってきてその職場さえどうなるかわからないし，そういう状況のなかでみなが食っていくためには，また自動車産業を残すためにはどうすればいいかということで，組合に出てくる連中も現場の課長さんたちもそれほどの意見の相違はありませんでした」。熊谷・嵯峨，前掲書，328ページ。

(11) 中村静治『現代自動車工業論』有斐閣，1983年，206ページ。

(12) 日産自動車労働組合機関紙『日産旗旬報』（以下，『旬報』と略）No. 3，1947年 3 月。なお益田哲夫は，1947年に組合長に就任し，以降，常に全自・日産分会のリーダーであった。

(13) 木元進一郎編著『現代日本企業と人事管理』労働旬報社，1981年，19ページ。

(14) 『日産30年史』176ページ。

(15) この点について『旬報』は次のようにいう。「今回の交渉において我々の胆に銘ずべきことは経営者が強力に我々に対立していることと経営技能者が経営者を中心に我々を裏切ったことである」。『旬報』No. 5，1947年 3 月21日。

(16) 上井喜彦「全自日産分会の職場闘争」『社会科学論集』（埼玉大）第51号，1983年，59ページ。

(17) 『日産30年史』164〜165ページおよび全自調査部編『調査時報』No. 5，1951年，118ページ参照。

⒅ 『旬報』No. 48, 1948年6月21日。

⒆ 賃金に占めるプレミアムの割合は, 48年までは平均6.8パーセントであったが, 49年には平均
14.2パーセント, 50年12月には23.9パーセントにもなった。全自調査部編『調査時報』No. 5,
1951年11月, 125ページ。および日産自動車株式会社『有価証券報告書』第27期, 22〜23ページ。

⒇ 『旬報』No. 2, 1947年2月21日。

㉑ 鈴木, 前掲論文, 40ページ。

㉒ 『日産30年史』166〜168ページ。

㉓ 『旬報』No. 2, 1947年2月21日。熊谷・嵯峨, 前掲書, 49ページ。

㉔ 『旬報』No. 3, 1947年3月1日。

㉕ 以上, 全自調査部編『調査時報』No. 3, 1951年3月。熊谷・嵯峨, 前掲書, 50〜53ページ参
照。

㉖ なおこの全自発足以降, 各組合はその名称を「全日本自動車産業労働組合トヨタ自動車分会」
「全日本自動車産業労働組合日産自動車分会」のように変更した。本章でも, 以降はこの名称を
使用する。

㉗ 自動車産業経営者連盟『自動車産業経営者連盟十年誌』1957年, 73ページ。

㉘ 同上書, 83〜84ページ。なお「傾斜生産方式」とは当時の基幹産業であった鉄鋼と石炭に資材
や資金を重点的に投入し, それを契機に産業全体の復興を図ろうという経済政策のことである。
ここではその重点産業の一つに自動車産業を加えるように要望したのである。

㉙ 『トヨタ20年史』303ページ。『トヨタ30年史』271ページ。

㉚ 『日産30年史』175ページ。

㉛ 『旬報』No. 27・28合併号, 1947年11月11日。

㉜ 『日産30年史』170〜175ページ。

㉝ 同上書, 294ページ。

㉞ 『トヨタ20年史』288〜290ページ。『トヨタ40年史』159〜162ページ。日本人文科学会『技術革
新の社会的影響』東京大学出版会, 1963年, 88〜89ページ。

㉟ 鈴木, 前掲論文, 44ページ。

㊱ 以上, 日産の49年人員整理に関しては詳しくは, 熊谷・嵯峨, 前掲書, 第2章を参照。

㊲ 川又克二『私の履歴書』(経済人7) 経済新聞社, 1980年, 253ページ。

㊳ 「覚書」は『トヨタ30年史』294ページ参照。

㊴ 同上書, 295ページ。

㊵ 以上, 日本人文科学会, 前掲書, 106ページ。

㊶ 同上書, 17ページ。

㊷ 自動車関係のレッド・パージは, 日産7名, いすゞ17名, 日野ジーゼル24名, 日本内燃機13名
など, 計18社147名であった。労働省『資料・労働運動史』昭和25 (1950) 年版, 256ページ。

㊸ 以上, 『全自動車』号外, 1950年3月15日。

㊹ 『旬報』No. 116・117合併号, 1950年8月11日。

㊺ 職場闘争の実態について詳しくは以下を参照。益田哲夫『明日の人たち』五月書房, 1954年。

同「職場討議と職場闘争」社会主義協会『社会主義』No. 25，1953年 6 月。全自『調査時報』No. 5，1951年11月。上井善彦「全自日産分会の職場闘争」『社会科学論集』（埼玉大学）第51号，1983年。

(46)　以上，鈴木，前掲論文，48ページ。

(47)　天谷章吾『日本自動車工業の史的展開』亜紀書房，1982年，95ページ。

(48)　日本人文科学会，前掲書，90ページ。

(49)　『日産30年史』247ページ。

(50)　熊谷・嵯峨，前掲書，218ページ。なお「六本柱統一賃金」については同書第 4 章に詳しい。

(51)　益田，前掲書，48ページ。川又，前掲書，258ページ。

(52)　『日経連タイムス』1953年，8 月10日。

(53)　自動車産業経営者連盟，前掲書，80ページ。

(54)　日産自動車労働組合『日産争議白書』1954年，196ページ。

(55)　詳しくは，鈴木，前掲稿，52ページ。

(56)　小平勝美『自動車』亜紀書房，1968年，283ページ。

(57)　全自がノーワーク・ノーペイを認めなかったわけではない。それを口実とした組合破壊に抵抗したのである。また経営側もこの原則を本質的にはそれほど重視したわけではなかった。事実，日産の浅原社長は「覚書（ノーワーク・ノーペイ）はじつはコップのなかのアラシのようなもので大した問題じゃない」と言明していた。益田哲夫「日産争議・激動の 4 ヶ月」『労働経済旬報』205号，1953年10月，9 ページ。益田，前掲『明日の人たち』，18ページ。

第3章 | 協調的労使関係の定着と人事労務管理

　前章の最後に述べたように，日産大争議が終結し，その後の自動車産業は急成長した。東京オリンピックが開催された1964年まで続く第1次高度成長期である。序章での時代区分では第Ⅱ期である。

　この時期には，職場でおこなわれる人事労務管理も，生産性向上に向けた交替制勤務，査定賃金の一部導入，従業員教育の徹底，提案制度の導入等，その後に広く深く浸透していくことになる手法が次々と取り入れられるようになっていく。それが可能であったのは，もちろん各社の労働組合がそれに積極的に協力したからに他ならない。逆にいえば，そのような協調的な労使関係が確立されていなければ，あれほどまでの急成長の実現は困難だったともいえる。

　第1次高度成長期の人事労務管理の力点は，協調的な労使関係を職場に揺るぎのない形で定着させ，協調主義を旨とする労働組合の全面協力を得て生産性向上と企業成長を実現させていくことにおかれた。換言すれば，協調的労使関係を維持し，定着させていくことそのものが，生産増強と生産性向上にむけた「合理化」の前提であったし，それを支える人事労務管理であったといえる。

　このことは，そうした労使関係が確立されていない職場や企業を整理していくことを意味する。1966年，日産自動車によるプリンス自動車工業の吸収合併と総評・全金プリンス支部の追放はその典型事例である。本章では，この日産・プリンス合併問題を中心に，労使協調的な労働組合と労使関係が拡散していく過程を分析する。

　第1次高度成長を経て，人事労務管理は企業主義的組合の全面協力で「能力主義管理」が60年代後半から広がっていくことになる。が，それまでは協調的な労使関係の浸透・定着，その下での生産拡大と労使協力が職場を支配するようになる。

第1節　1950年代中期から60年代初頭の自動車工業

　まずこの時期の自動車工業全体の状況を確認しておこう。**資料3-1**にみられるように，三輪車を除く生産台数は既に1954年までに戦前のピークを回復した。さらに**資料3-2**からわかるように，50年代中期から60年代初頭前後までの時期は，戦後の復興を成し遂げた後の本格的な高度成長に至るまでの準備過程と把握できよう。

　すこし詳しくみてみよう。自動車工業は朝鮮戦争による特需で勢いを得て，戦後復興を成し遂げたが，内容的にはいくつかの問題を抱えていた。第1に，53〜54年に戦前の生産ピークを凌駕しているのだが，その中心はトラックであった。だが企業活動の活発化にともなって，輸送も効率化，スピード化，多様化が要請され，小型トラック，営業用乗用車の需要が拡大する傾向にあった。

資料3-1　自動車生産台数

（単位：台）

年	トラック			バス	乗用車			総計
	普通車	小型四輪車	計		普通車	小型四輪車	計	
1940	42,023	2,335	44,358	＊	1,633	＊＊	1,633	45,991
41	42,813	2,620	45,433	＊	1,065	＊＊	1,065	46,498
45	6,084	—	6,084	＊		＊＊		6,084
46	14,169	736	14,905	7				14,912
47	9,522	1,584	11,106	104	50	60	110	11,320
48	15,649	3,562	19,211	775	3	378	381	20,367
49	17,712	7,910	25,622	2,070		1,008	1,008	28,700
50	17,576	8,926	26,502	3,502		1,593	1,593	31,597
51	22,633	8,375	31,008	4,063		3,420	3,420	38,491
52	19,595	10,525	30,120	4,247		4,677	4,677	39,044
53	24,278	11,657	35,935	4,928		8,789	8,789	49,652
54	31,762	18,058	49,820	5,849		14,673	14,673	70,342
55	22,352	21,505	43,857	4,807		20,268	20,268	68,922
56	29,433	43,529	72,962	6,052		32,057	32,057	111,071

（注）　1：1940年と41年は戦前のピークである。
　　　　2：＊はトラック普通車に含み，＊＊はトラック小型四輪車に含む。
　　　　3：いずれも三輪車を除く。
（出所）　『自動車統計年表』自動車工業会，1957年。

資料3-2　自動車生産の推移（1954〜65年）

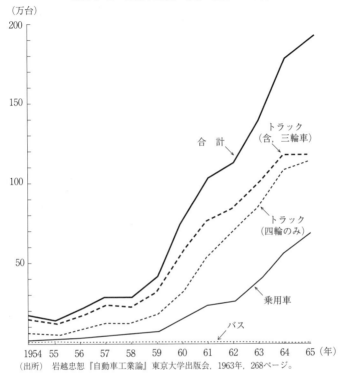

（出所）　岩越忠恕『自動車工業論』東京大学出版会，1963年，268ページ。

自動車産業としてはこれに対応して小型車と乗用車の生産能力を構築していくことが必要であった。

　第2に，何よりもそれまで国家的な保護の下で復興されていたが，以後，国際競争にも耐えうる力量をつけていく必要に迫られるようになってきた。既に朝鮮特需に関わって米軍は，本国における買い上げ価格との比較によって発注するようになり，日本車が高価格であると警告を発するなど，「戦後主として米国の国内の事情から温室的に復興を許されたトラック生産が，特需を通じて改めて国際価格へのサヤ寄せ，合理化を強制させられ」ていた。[1]このことはその後60年代に入って先進諸国から貿易・資本の自由化を迫られるに至っていよいよ急務の課題となったのである。

　このようにこの時期の自動車産業は乗用車生産の確立と国際競争力をつけて

いくことを最大の課題としていた。この課題達成を企業の側からみれば，少なくとも二つの問題があった。自動車の性能の向上と価格の低廉化である。この二つの課題は政府の手厚い保護の下で実現された。

前者については外国乗用車を国産化するための技術提携が奨励された。トヨタとプリンス自工を除いて，日産＝オースティン（英国），いすゞ＝ルーツ・モータース（英国），新三菱＝ウィルズ・オーバーランド（アメリカ），日野＝ルノー（フランス）等である。この提携の中で各社とも国産化に努力を集中させた。例えば，日産は1955年には過半の部品の国産化を実現させ，翌56年8月に完全国産化を成し遂げ，量産体制を確立させたという。(2)

このような努力を経て自動車各社は次々と新車を発表した。各社とも自力であるいは技術提携で次々と新型乗用車を発表して生産を開始し始めたのはこの時期に集中しているのである。(3)

後者の価格の低廉化に向けては，量産体制の確立が急務であったが，ここでも政府の積極的な支援がなされた。国家資金を低利で融資し，また大幅な減税措置である。その結果，自動車産業全体の設備投資額は，50年代中期に100億円ほどであったが，60年に800億円，65年には1500億円にまでになった。(4) 具体的には，トヨタは，58年8月，乗用車（クラウン，コロナ）専門の元町工場の建設に着手した。日産は61年2月（追浜），プリンスは同年3月（村山），それぞれ乗用車専門工場の建設に着工した。これらの新工場はいずれもが最新の機械設備を備え，当初から月産1万台を見込んだ一貫工場であった。このように自由化を前にして，乗用車の本格的な量産体制の確立に向けた企業間競争もますます激しさを増していったのである。

このようにこの時期の自動車工業の概況は，戦後復興後の本格的な経済成長を前にして，トラック中心から乗用車生産へ移行していく過程であった。そのため技術修得・国産化開発と機械設備の合理化・近代化で量産体制を確立し，企業競争力を強化していくことに各社とも力を注いだ。

こうした中で多くの企業の労働組合は，生産拡大と能率向上に全面的に協力していく。従業員を生産増強と能率向上に向けて動員するための，交替制勤務，査定賃金の一部導入，従業員教育の徹底，提案制度などの人事労務管理の手法の導入に多くの組合は全面協力の姿勢で臨んでいる。だがプリンス自工の労働

組合だけは異質であった。

第2節　プリンス自工の企業経営と労使関係

　実は，プリンス自動車工業は，1954年4月に，旧富士精密と旧プリンスが合併してできた会社である。⁽⁵⁾ 合併前の労働組合もそれぞれ違った性格をもっていた。旧富士精密の労組は総同盟・関東金属および総評・全国金属，旧プリンスの労組は全自に加盟していた。その後，組織統一をおこない，1961年に総評・全国金属に正式に加盟した。全金の拠点組合として，「働く者の生活と権利を無視した資本家的企業合理化」は許さないとの立場を鮮明にして，かなり戦闘的な性格の強い組合であった。⁽⁶⁾ 既述してきたように，1950年代半ばには同業他社では労使協調的な組合が支配していたから，プリンス自工の組合だけが例外的であったといえる。

　労働組合のこうした性格からプリンス自工の人事労務管理も大きく制限されていた。以下，賃金，労働時間と勤務形態を中心に人事労務管理の実態を考察する。

　まず第1に，賃金についてである。旧富士精密と旧プリンスの合併に伴って，1958年，全社的な統一賃金体系を確立するために労使双方からなる「賃金専門委員会」を設立して検討することになった。各人の成績・「能力」評価に基づく「能力給」の導入を通じて労務管理強化を志向する会社側と，性差別と恣意的な「能力」評価とを認めないとの立場から「賃金による労務管理の排除」を志向する組合側とは初めから意見が対立した。⁽⁷⁾ この間の経緯については省略するが，1年半余りの協議の結果，合意に達した賃金体系が**資料3-3**である。

　基礎賃金（所定内賃金）のうち基本給とされているものは「年齢給」「勤続給」「技能給」である。このうち問題は「技能給」である。規定では「学歴，経験，職務遂行能力，潜在能力，勤務成績等を各人につき査定して決定する」とされ，「能力」考課による労務管理強化の会社方針が実現したかのようである。しかも64年の組合資料によれば，「技能給」が家族手当を含めた平均支給賃金の40％を占めているのである。⁽⁸⁾ さらに基本給外の「暫定固定給」がこの技能給と同額とされているのであるから，あわせて実に賃金の80％までが会社の

93

資料 3 - 3　プリンス自工の賃金体系

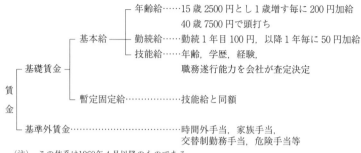

(注)　この体系は1960年4月以降のものである。
(出所)　全金プリンス自工支部調査部「賃金労働条件一覧」1964年4月より。

「能力査定」によって決定されていることになる。組合は「最低生活保証のため、最低賃金を定め、その高さは平均線の95％とすること」と「技能給の評価基準の明確化」を要求し、技能給の年齢別の最低保障ラインを設定させた。[9]その結果、「比較的高水準の最低保障賃金を確立し」、外見とは逆に、会社の「能力査定」は15％程度の枠内に閉じ込められることになったのである。[10]

　このように賃金を通した労務管理を排除し、会社の一方的・恣意的な人事考課は認めないとする組合の姿勢はかなり強かった。賃金体系からみる限り組合のこの姿勢がかなり強く反映されているといっていいだろう。このように考えると、同時期の同業他社の実態と比較すれば、会社の労務管理は大きく制限を受けていたといえる。

　賃金を通じた人事労務管理は、第4章で詳述するように高度成長過程とその後の低成長を経て「職能給」として広く普及していくのであるが、いすゞ自動車は既に1960年に採用して注目を浴びていた。また、日産の場合は、全自日産分会を一掃した後、「労使の相互信頼」を行動基準とする第二組合「日産自動車労働組合」の全面的協力を得て、56年に「生産奨励金」の完全能率給化を完成させている。また同年、組合と「定期昇給にかんする協定書」を締結して、昇給は各人の職務、能力、貢献度に対する人事考課で決定するという「職級制度」を導入している。これらの「改革」の狙いは、たんに昇給のみではなく、賃金全体から年功要素を排していくことにあったことはいうまでもない。[11]

　このように各社とも年功賃金を排除した賃金制度の確立にむけて大きく歩み

だしていたときに，プリンスでは逆に人事考課を排した年功的な賃金形態が強化されたことになる。

　第2に，労働時間，勤務形態等についてみてみよう。最新鋭の工場建設や機械・設備の導入のために莫大な投資をおこなったことは既に述べたが，それらを効率的に利用してコストダウンをはかるには稼働率を上げることが必要である。工場の稼働率を上げるための方法として「交替制」をとるのが一般的であるが，プリンスの組合はこの交替制勤務に反対した。「もともと交替制勤務は，労働条件を向上させるものではなく，強いていえば，変則勤務は人間的なものを無視することであり，家庭生活を破壊するものである」というのがその反対理由であった。

　しかし，その後1958年秋から60年にかけて，途中紆余曲折はあるものの，長い交渉の後，「交替勤務日には時間外労働させない」「交替勤務者は通勤時間1.5時間以内のものに限る」「二直勤務者は1回につき2時間の時間外勤務とみなす」等の条件を認めさせて協定覚書を交わした。[12]要するに，組合は交替制勤務には反対であるとしながらも，それを全面的に排除できないとの認識から，実施範囲の限定と条件の向上をはかることで，交替制勤務全体を規制しようとしたのである。会社としては交替制を実施はできたものの，組合の規制でそれは極めて部分的・限定的であったし，自由裁量の余地はなかったのである。事実，村山工場の稼働開始とともに全面二交替制を実施しようとしたが実現しなかったし，また64年にはそれまでにはなかった夜間勤務制を提案したがこれも実現しなかった。[13]会社は『社報』を通して「業界他社では当社を上回る増産体制に乗りだしました。すなわち全面二交替制や残業の実施などでフル操業の体制を整えています」と必死にその必要性を訴えるのだが，ついに最後まで夜勤および全面交替制は実現できなかったのである。[14]

　交替制勤務が原則的に認められなかったので，会社はそれを時間外労働で穴埋めしようとした。しかしこれについても組合は「私たちは私たちの肉体的な社会生活上のそして家庭生活上の限界を引き，それ以内で生産に従事し，それによって健康を守り，引き上げて行く」ために，残業を規制しなければならないとして，交渉に臨んだ。きわめて原則的な対応である。その結果，時間外勤務の枠を1日4時間，1週18時間，1か月60時間とし，やむを得ず枠を超える

場合は，事前に理由，時間について組合の了解を得なければとする協定を締結した[15]。今から振り返ってみると，過労死ライン（月間時間外労働80時間）に満たない時間を限度としていたのである。およそ半世紀前，この組合はきわめて原則的で重要な規制をおこなっていたことになる。

　こうして交替制勤務と労働時間管理の面でも，量産体制確立とコストダウンを重要な経営課題としていた会社にとっては人事労務管理上の大きな制約となっていたのである。

　だが，会社側の主要な人事労務管理のすべてができなかったわけではない。従業員教育と提案制度は，組合の抵抗がほとんどなく，会社の意図通り進んだ。

　このことは，人事労務管理の面からすると，その解釈を別とすれば大きな問題があった。従業員教育についてみれば，係長や班長など中間職制への教育が重要であった。現場の長にたいしてイデオロギーや労使関係のあり方まで含む教育がおこなわれた。前章でみたトヨタや日産の事例でも，まずはこうした中間（下級）管理者にたいする教育から手が付けられていたことを想起したい。しかし，こうした下級職制への企業内教育に，組合はほとんど無関心であった。だが，仕事あり方や指導のあり方に直結するだけに，後に下級職制層を中心とする分裂行動によって危機を招く結果となってしまった[16]。

　一方，後者の提案制度は，コスト低減，品質管理上の効果だけではなく，労働者の従業員意識および労働意欲の向上，労使関係の安定をねらって，自動車各社とも比較的早くから採用している。例えば，一番早いトヨタの場合は1951年には導入し，いすゞ自動車は53年，日産自動車はやや遅れて55年であった。プリンスでは56年11月から採用した。注目すべきはその参加率である。提案率（提案件数の従業員数にたいする割合）は，57年度15％，58年度27％から63年度48％，64年度62％と高まっていった。この数字は同時期のいすゞが18％，日産が2～3％，積極的に推進していたトヨタでさえ48％であったから，かなりの高さであるといってよい[17]。この高い参加率は，たんなる金銭的なインセンティブからだけではないだろう。より充実した労働や仕事をしたいという「当然な」要求からであると考えられる。ここに労使の緊張が高い職場であっても，与えられた仕事を「良くしたい」という感情が存在したことは軽視できない。その後の人事労務管理の展開を考える上でもある示唆を与えている。

　以上の考察からいえることは，プリンス自工の労使関係は全体として労働組合優位の性格をもっていたことである。もちろんこれが直ちに職場の秩序が組合によって直接に統制されていたとか，常に労使対立・紛争があったというのではない。多少の「紛争」があったとはいえ，むしろ職場では整然とした労働秩序が保たれていたといってよい。職場は荒れてはいなかった。日産やトヨタとは違うもう一つ別の労使関係の下での職場の秩序があり，それに見合った人事労務管理が展開されていたことになる。そして，それが維持されればそれなりの別の企業経営が不可能ではなかったのかもしれない。しかし，資本と貿易の自由化を眼前にコスト削減と生産性向上を何としても実現することに迫られていた日本の自動車業界にとって，それは許されないことだった。その一角にプリンス自工のような「異質」の労使関係が実在し，きわめて制限された人事労務管理しか実施できないような労使関係は一掃しなければならないとされたのである。

第3節　プリンス自工の悲劇

　プリンス自工が自由化対策として1万台生産の目標を掲げて5か年計画を策定したのは1960年初めのことであった。その計画の中核として1961年に新鋭の村山工場建設に着手し，翌62年3月に第1期工事を終え，同年7月には「グロリア・デラックス」をラインオフさせている。つづいて64年5月，同工場第2期工事に入り，年末に完成させた。こうしてグロリアに加えてスカイラインの集中一貫生産体制が確立し，この年末には村山工場は月産1万台を突破したのである。

　プリンス自工は，このようにして，村山工場が稼働しはじめた1963年からの生産拡大が顕著となり，前年の2倍弱，翌64年は60年段階の実に4倍弱の実績をあげている。つまりプリンスは，63，64年とも販売台数でも金額でも同業5社のうちで最高の伸び率であった。特に台数では64年は前年の1.6倍も販売している。これはオリンピック景気に支えられたものではあるが，それにしても成長率では他社を圧倒し，自由化対策として村山工場建設を柱とした「5か年計画」が功を奏したかのようにみえる。

だが仔細にみると企業としては重大な欠陥があった。販売台数が伸びても金額ベースでの上昇につながらなかったのである。大量に生産・販売してもそれに対応した金額増大に結びついていないのである。これは60年のトヨタによる乗用車価格の引き下げに端を発した価格競争激化の影響をまともに受け，相対的に収益性の高いトラックや軽自動車等を生産しておらず，乗用車生産が中心の弱小メーカーの脆弱性を示すものであった。

　この脆弱性は激しくなる企業間競争の中で企業としての存亡にも関わる重大でかつ深刻な経営管理上の問題を内包していた。すなわち，新鋭工場を建設し大量生産体制を確立して，大量に販売しても，収益増大につながっていないのである。売上が伸びても収益増大に結びつかないのは，当然ながら，コストが高いことに原因がある。実際，売上高に占める原価の割合（＝売上高原価率）をみると，1960年段階では85〜86％前後であったが，63年12月88.6％，同年12月にはついに90％を突破してしまっている。因みに，同時期のトヨタは84％，いすゞは85％，日産にいたっては66.5％であった。実に見劣りがする。プリンス自工自身も，自動車部門だけに限定してみると「実に91.6％で，このうち輸出を除いても91.4％の高率に上って」いると嘆いている。[18]資本主義企業としてはまさに致命的な問題である。

　このようにプリンス自工は，自動車の自由化を目前にした段階で，乗用車1万台生産に向けた5か年計画を実施し，量産体制を確立しつつあったものの，そのことによって資金的な困難を招いただけでなく，コストアップという最悪の事態に陥ってしまったのである。会社は，「この状態で推移しますとついには企業の存立をも放棄せざるを得ない事態にたち致るかも知れません」，「要は製造原価を更に引き下げなければ問題の解決はないわけであります。自由化を目前に控えて，コストの低減はかねてより要請されているところでありますが，いまやわれわれにとって一番重要な企業存立のためにも全社を挙げてこの問題に取り組まざるを得ないこととなりました」と危機感を募らせることとなった。[19]

　プリンス自工の経営陣は，資本の自由化を目前にして企業として生き延びていくには，何よりも，同業他社と同様な労務管理主導型の労使関係に改変することが必要であると考えたに違いない。しかし彼らにはその力はなかった。日産との合併発表の直前に書かれたと思われる社長室文書で「かかる四囲の悪条

件の中で，強力な企業体質改善策を推進し，企業基盤の強化充実をはからねば
ならない」と訴えても，その内容は従来のものと同一であるし，何よりも空虚
であった。おそらく自動車業界の経営陣と自動車労連幹部，そして政府・通産
省周辺は，資本と貿易の自由化を前に，このプリンス自工の労使関係の改変に
向けてプリンス自工の解体を決め，それへの準備の入っていたはずである。プ
リンス自工の経営者は，もはや独力で労務管理優位の労使関係に改変すること
を諦め，企業として自立した道を歩むことを放棄したのであろう。いよいよプ
リンス自工を除く自動車業界の労使と政府・通産省が一丸となってプリンス自
工の改変を力尽くで進める決意を固めたのである。

　「9月からの乗用車自由化を前に，自動車業界の再編成が課題となっている
が，日産自動車とプリンス自動車工業は31日，東京丸ノ内のパレス・ホテで中
山興銀頭収，堀田住友銀行頭取，桜内通産相立会いのもとに合併覚書に調印，
わが国最大の自動車メーカーが誕生することになった」。1965年6月1日の各
新聞は一斉にこのようなニュースを1面に掲げて報道した。いずれもが通産省
の指導による乗用車の自由化対策の一環として「画期的」であるとし，その成
否は今後の日本の自動車工業を左右する試金石になると評している。そして日
産の川又社長は次のような談話を発表した。「乗用車の自由化を前に国際競争
力強化という観点から桜内通産相のあっせんを受け入れたわけで……両社の合
併が自動車業界に連鎖反応を起こす可能性はあるし，またそれは好ましいこと
と思う」。石橋プリンス自工会長も「私も日本の自動車業界のお役に立つなら
ば，と思って話を進めたわけだが，模範的な縁組ができ上がったものと自負し
ている」との談話を出している。さらに通産省は業界再編を促進するため開発
銀行からの金融40億円を日産・プリンス合併に融資する方針を決めたのである。

　合併までの経緯の詳細は省略するが，この合併は自由化を前にした自動車業
界の再編成への突破口として政府・通産省の強い意志が働いたものであること
はいうまでもない。トヨタ・日産の二大資本による独占体制の確立こそが自由
化対策の中心にされたのである。

　合併比率は1対2とされたことからも明らかなように，事実上，日産による
プリンスの吸収であった。しかもこの比率も，その後，社長の川又の強い要請
で1対2.5に修正された。川又は以前から「11社も自動車メーカーが狭い日本

市場の中でひしめき合っている姿は好ましくない」と公言していたというから，日産側の狙いは明らかであろう。他方のプリンスは，すでにみておいたように，財政上の困難，経営管理と労使関係の困難の中で，もはや身売りしかありえないとされた。両社の経営陣は「あくまでも『対等の精神』で合併する」というが，「勝者」と「敗者」の構図は明白だった。資本主義競争の中でプリンス資本は消滅することになったのである。

第4節　企業合併と「労・労対立」

1 プリンス自工の消滅と全金プリンス

　プリンス自工が資本として消滅しても，プリンスの労働者は消滅しない。しかし労使関係の「使」が消滅したのだから従来の労使関係はそのままでは存立しえない。吸収する側にとってもされる側にとっても最大の問題はこの労使関係にあった。

　『日産自動車社史』には次のように記されている。「日産・プリンス自工合併の過程には，いくつかの問題があったが，そのもっとも重要なものの一つに労働組合の問題があった[22]」。同書はこの合併に伴う労使関係問題について，社史としては比較的詳細に，4ページにもわたって書かれている。しかもその内容は自動車労連が1966年10月に発行した『自動車労連，日産労組と全金プリンス自工との組織問題の経過について』と題する総括文書と事実認識において同一である。また同社の『30年史』には次のような叙述がある。「自動車労連は広く，自動車関係のすべての労働組合にまで，当社の労使関係をふえんすることによって，日本の自動車産業の労働組合組織を国際的規模にまで発展させて，日本経済の繁栄に寄与しようと意図するものであった[23]」。この合併に際して，日産の経営者が組合問題，労使関係問題をいかに重視していたかがわかる。この合併のもう一つの狙いはここにある。またそのこととの関連で日産労組がある種の役割分担を果たしたことを暗示している。

　前章で明らかにしたように，プリンス自工を除く同業他社の労使関係は幾多の曲折を経ながらも1950年代の後期には戦闘的組合勢力（＝全自）を追放して協調的潮流が支配的となり，「相互信頼型」・協調的労使関係＝労務管理主導型

労使関係となっていた。だが一人プリンス自工の組合のみは孤高を守るかのように自動車関係としては「唯一」総評・全国金属の有力拠点支部（＝全金プリンス支部）として活発に活動を展開していた。この組合はかつての全自・日産分会のような派手さはなかったが，労働条件のみならず生産や労働を労働組合らしい形でかなりの範囲で規制していた。上記日産『社史』がいう「労働組合の問題があった」と述べるのはまさしくこの点である。日産の経営者としては何よりもこのような「不純分子」が日産の内部に入り込むことは阻止しなければならなかった。

　それでは全金プリンス支部は合併に関してどのような対応をしたのだろうか。

　組合の中央執行委員会は緊急会議を開いて「統一見解」をまとめ，中央委員会の全会一致で決定し，「合併問題討議資料 No. 1」として職場に配布した（1965年6月2日）。[24]

　この「統一見解」では合併について，「自由化をひかえて業界の整理統合は必至であるとうわさされる情勢にあった」し，資本による「合理化」としては「日本の自動車産業も通らなければならない当然の道であ」ったという。しかし「当然の道」であっても労働者の側からみると「問題点もまた大きい」といい，組合としては合併に伴う労働条件の悪化，労働者への犠牲は阻止しなければならないが，その阻止のためには企業内の闘いだけでは不可能であり，全金本部や関連労組，日産労組とも交流しながら対処していくという行動方針を掲げた。

　この行動方針に沿って日産労組との交流が開始された。だが全金プリンス側のこうした思惑と日産労組側の方針とは大きく離れていた。

② 「労・労対立」

　自動車労連会長・塩路一郎はかねてから次のように主張していた。「国際的視野に立って自由化の影響をうけとめ，過当競争を排除して国内産業を守るという高い見地にたって問題解決に努力することが，これからの経営者のあり方でなければならぬ」。「（外国資本の攻勢がかけられているから——黒田）国民生活の向上を願う労働組合としてこれを厳重に監視し，労使の枠をこえ，日本人として民族産業を守らねばならない」と。「民族産業擁護」，これが塩路一郎と自

動車労連・日産労組の基本的立場である。それ故，合併についても「民族産業を守り国家的要請に応じたもの」として次のような「統一見解」発表した。[25]

①今回の合併調印は民族産業擁護という国家的見地にたち，業界再編に先鞭をつけたものとしてこれを評価する。

②以上の認識にたち，従来以上に「新しい労働組合主義」の実践活動を展開し，近代産業の担い手としての力を涵養してゆかねばならない。

③プリンス自動車に働く労働者との友好関係をさらに深め，われわれ働くものの雇用と生活の向上につながるよう一体的活動を展開し得る土壌を早急に醸成してゆく。

④併せて自動車産業各労組との友好関係をさらに深め，自動車産業の発展の中で労働条件の向上をかちとる活動を進める。

この「見解」の重要なポイントは次の二つである。

まず一つは，プリンスとの合併への強い賛意である。この積極的賛意は日産とプリンスの経営陣と違うところがない。そればかりか，「合併を成功させる以外に生きる道はない」とまで言い切って，組合は合併を成功させ「今後如何なる局面にも即応できる企業基盤を確立」するため努力すると社長に約束している。[26]それは労働組合というより吸収する側の日産資本の立場そのものである。企業別組合というよりも企業主義組合といった方が正確であろう。

二つ目は，プリンスの労働者と「一体的活動を展開し得る土壌を早急に醸成していく」という点である。このもってまわったわかりにくい表現で主張していることは，合併を真に成功させるために「プリンス労組との交流を積極的に推し進め」て「新しい労働組合主義」＝労使協調主義を受け入れてもらうということである。この点で，「階級闘争主義に立つプリンス自工の運動路線は，新しい労働組合主義を基調とする日産労組のそれと基本的に異なっており，そのことが合併の大きな障害となって表面化したのである」とする日産経営者の認識と同一である。[27]合併を成功させるためには「障害」であるプリンス自工の労組を「新しい組合主義」に立たせなければならないというのである。

このようにみてくると，日産・プリンスの合併は，実は，自動車産業全体から戦闘的潮流を根こそぎ一掃し，労使協調主義的な労使関係の拡大と定着の過程でもあった。この「労・労対立」は，吸収される側の全金プリンス支部と吸

収する側の日産資本との「労使対立」の別表現であったといえる。

　日産とプリンスの両労組は「相互交流」を掲げていても，その内容と思惑は最初から大きくかけ離れていた。

　1965年6月27日に，プリンスの中央執行委員全員が日産追浜工場を見学し，「相互交流」が始まるが，塩路会長は「賃金比較は重要ですが，その前提としてお互いの思想，考え方，それに基づく行動が同一歩調をとれるかどうかというのが一番大事な問題じゃないか，考え方が同じ，行動が同じということにならなければ賃金問題にとりくむ態度も違います。私どもがみると，プリンスの賃金に悪平等の面が多いと思う」と主張した。要するに「われわれ」と「同一歩調がとれるよう」な「考え方」に立つことが前提だというのである。例えば，日産労組は職務給の必要性を認めているのに対して，プリンスの労組は賃金を通じた労務管理の強化であるとして職務給には反対していた。この「考え方」の違いを放置したまま「一緒になっていろいろな活動をしていくとしたら，合併に水をさされることになる」と塩路は考えていたから，7月20日にプリンスを訪れた際にはよりはっきりと要請した。「労働組合が同じ基盤に立って運動を進めることが必要だ。プリンス自工支部は早急に全国金属を脱退し自動車労連に入ってもらいたい。自動車労連に入ってもらうには，まず考え方を改めてもらいたい」と。

　その後の経緯は省略するが，65年秋から年末にかけて対立は決定的になった。日産労組側は正式な機関を通した「交流」でプリンス支部を変えていくことを諦め，外側から非合法な形で説得する戦術に変えはじめたのである。後に「日産学校」と命名された秘密裡の説得工作がおこなわれ，それは中央委員，代議員，職制（係長，班長）に直接働きかけるというものであった。係長は組合員でもあったから，その職場での影響力は大きかった。こうして「組織問題」はプリンス支部と日産労組の「労・労」対立からプリンス支部内部の「労・労」対立に転化し，日産労組はもっぱら裏での「日産学校」に徹するという形で，「組織分裂」の総仕上げがおこなわれることになった。

　その「組織分裂」の総仕上げは，1953年の日産争議でも，また他の大争議のでも常にみられた，「第二組合」の結成である。12月14日のプリンス分会中央委員会で，執行部不信任のための臨時大会開催動議を賛成多数で可決した。激

しいやりとりと混乱の中で12月22日に開催された臨時大会は，全金を支持する代議員が不参加のまま，執行部不信任案を圧倒的多数で可決した。こうしてこの臨時大会で支部は事実上分裂した。さらに1966年2月28日に日産派は再度「臨時大会」を開催し，新執行部を選出し，文字通り第二組合を立ち上げたのである。会社の敷地内にある組合事務所を追い出された全金派はやむなく全金本部に事務所を移した。

(3) プリンス自工における協調的労使関係の「勝利」

全金追放と協調的労使関係樹立への総仕上げは，1966年4月20日の両社合併の正式調印までに次々とおこなわれた。

まずはプリンス労組の正式な執行部の選出である。3月24日，全金派も立候補しての中央執行委員の選挙が実施された。結果は日産派の全員当選，全金派は全員落選だった。続いて30日に開催した臨時大会で全金から脱退を決議，さらに4月2日，今度は全員投票で全金脱退を賛成多数（賛成6575，反対594，白紙205）で正式決定し，組合名称も「プリンス自工労働組合」に変更した。会社側は直ちにこの第二組合との間でユニオン・ショップ協定ならびに唯一団体交渉権の協定を結んだ。ここについに全金派はプリンス労働者の支持を失い，自動車労連・日産労組側の思惑が完全「勝利」したのである。

それにしても戦闘的といわれた全金内でも最大の拠点支部として自他ともに認めていた組合が，「分裂」の僅か2か月前には満場一致で支持を受けていたにもかかわらず，文字通り「一瞬」にして分裂し少数派組合に転落した事実をどのように理解すればいいのだろうか。労働組合としての運営の弱さや未熟さ，戦術上の失敗等，労働組合運動論としてはすでにいくつか指摘されているが，ここでの関心はそこにはない。[31]

この過程を通して労使協調的な労使関係が産業界を支配することになり，そのもとで人事労務管理の精練化に向かうのであるが，本書のテーマに即して，「労働者を引きつけて支配する」ための原理，「労働者の動員システム」の構築という視点からみるとどう考えるべきかが重要である。激しい労使対立であったからこそ，その本質的な特徴が，ある意味で純粋な形で，みられるのではないだろうか。そのような視点から振り返ってみると，さしあたって以下の2点

を指摘できるだろう。

　まず第1に，係長や班長などの下級職制層の役割である。日産争議のときも
そうであったように，組合分裂の中心的な役割を果たしたのはこれらの層であ
ったが，プリンスの場合もまったく同様である。彼らは組織の末端の管理者で
あり，同時に組合員でもあった。彼らは良くも悪くも職場の二重の意味で統率
者である。一面では会社側の末端の統率者であり，他面では組合側の統率者な
のである。戦闘的組合が優位なときには職場の組合規制力の要として機能し，
会社側が優位になるにつれて今度は会社の人事労務管理の実践者として「活
躍」した。こうして会社の人事労務管理が，直接的にではなく，これらの末端
職制を通じて，すなわち組合員の顔で職場に持ち込まれることになる。会社が
会社の権威で直接的に労働者支配をするのではなく，組合員の顔をした労働者
を通して支配する。(32)このようなことはプリンスに限らず，戦後，多くの企業に
広くみられる一般的な姿である。だからこそ戦後日本の人事労務管理はどこの
企業でも TWI や MTP をはじめとした管理者教育，職制教育を比較的初期か
ら体系的におこなってきた。しかも組合はこの企業内教育にはほとんど無関心
であった。この意味で，必ずしも適切な表現ではないかもしれないが，「専制
的支配」に変えた「民主的支配」が戦後日本の人事労務管理の一つの特徴とな
ったのである。

　第2に指摘しておきたいのは一般の組合員，労働者の意識と行動である。こ
の難題について，栗田健は日本の労働者の価値観と行動様式の興味深い研究の
中で，次のように主張している。「日本の労使関係を理論的に把握することの
難しさは，一に懸かって日本の労働者を『階級』として把握することの難しさ
に起因している(33)」。また別稿では次のようにも主張する。「労働者は従業員とい
う属性から遠ざかることによって次第に階級的存在に近づくという想定は，わ
が国の労使関係の系譜を見るかぎりリアリティを欠いている。日本の労働者は，
むしろ従業員という属性を徹底することによって，現代の階級関係の直面して
いる問題に対応するという行動をもって(34)」いる。この従業員意識と階級意識の
関係についてここで断定的なことをいうことはできないが，栗田がいうように
階級意識や階級的自覚を特定の企業の労働者であることから離れて想定するこ
とはおそらく困難であろう。少なくとも従業員意識と無関係に労働者の行動を

説明できないのではないだろうか。ここで主張すべきは，従業員意識と企業意識を同じものとみるべきではないということである。少なくとも，日本の労働者の階級意識を特定の企業の従業員であることから離れて想定することはできないだろう。あるいは自分が労働者であることを「仕事」を通じてではなく，特定の企業の従業員であることを通じて意識されるといってもよい。この点をプリンス自工に当てはめてみると次のようになる。プリンスの労働者は「仕事」を通じてプリンス従業員になったのではなく，プリンス従業員になってから「仕事」を覚えたはずである。従業員として働き，仕事を覚えたわけだから，そしてそのことで自身の生活が維持されているわけだから，こうした労働者が真っ先に抱く感情は，合併そのものについての賛否ではなく，自分の雇用不安についてであったはずである。「日産についてもっと知りたい」「労働条件はどうなるんだ，賃金はどうなるんだ」「それより俺たち自身はどうなるんだ⁽³⁵⁾」。こうした発言がそのことを十二分に表している。ここからすれば，貿易・資本の自由化を迎えつつあった状況の中では，「合理化反対」「労働条件の悪化阻止」といったどちらかといえば受身の方針だけでは不十分であって，雇用と職場を守るために，新しい状況に即応した賃金・処遇のルールの政策や展望を具体的に示すことが求められていたはずである。しかし不幸なことに総評・全金はそれを提示できなかった。できないまま，自動車労連・日産労組の「新しい組合主義」という看板を前にして，自己の雇用（仕事）と生活を守るために「日産行きのバスに乗り遅れるな」という意識に支配されたであろうことは容易に想像がつく⁽³⁶⁾。以上のことはプリンスの場合のみの問題ではない。日本の労働者が抱く従業員意識を階級意識と企業意識との関連でどのように捉え，それを運動方針と実践の中にどのように生かしていくかという課題である。換言すれば，欧米型とは違う日本の土壌に立脚した労働運動を如何に構築していくかという戦後の労働運動が悩み続けてきた問題でもあった。

第5節　第2次高度成長へ

　本章の冒頭で述べたように，朝鮮戦争による特需を経て1950年代半ばより日本経済は急成長した。その成長は国家的な保護の下であったのだが，60年代に

入ってから先進各国から貿易・資本の自由化を求められるようになった。1963年2月，日本はGATT12条国から11条国へ移行を表明し，1964年にはIMF8条国に移行し，同年OECDにも加盟した。加盟直後にOECDは日本に対して資本の自由化を要求した。このことは，戦後，外資の制限や高い関税障壁を設けるなど，保護の下で「温室的」に育ってきた日本企業が初めて外国資本との競争に突入することになる。50年代後半からの企業経営問題は，迫り来るこの問題とどう立ち向かうかという点にあった。

　考察してきたように，自動車産業の各企業は量産体制の構築とコストダウンに向けた「合理化」に注力した。そのための前提として，こうした企業の「合理化」に積極的に協力する労働組合を育成し，協調的な労使関係を根付かせ，安定化させることが重要な課題であった。こうした労使協調的な労使関係の上にたって，交替制勤務をフルに利用して新規投資した工場の稼働率を上げコストダウンをはかった。

　量産体制の確立とコストダウン，それに向けた「合理化」に従業員を動員することがこの戦後第Ⅱ期（第1次高度成長期）の人事労務管理の中心課題であったが，もう一つの重大な課題があった。それは協調的労使関係の定着と拡散である。本章で分析してきた日産とプリンス自工の合併に伴う全金プリンス支部の職場からの「追放」・「敗北」と日産型の協調的労使関係の「勝利」は，この時期の人事労務管理の一つの典型を示している。

　貿易と資本の自由化を眼前にして，産業と企業経営にとって必要不可欠なものは，企業主義的な労働組合と企業経営者との協調的な労使関係の樹立であり，浸透であり，定着であった。それが存在しない企業と職場にはそれを育成し，揺るぎないものに定着させることであった。全金プリンスの事例は，その実現のために，硬軟取り混ぜた手法で「労・労対立」という形で展開された典型的な事例であった。

　かつて隅谷三喜男は「日本における労務管理は労働運動対策として発展してきた」と主張したが，戦後のそれは階級的・戦闘的組合を駆逐していくことから始まった。それは一方では占領軍および国家権力をも動員しながらきわめて暴力的な形でもおこなわれたが，同時に「民主的」支配という形態でもおこなわれたことに注意すべきである。この場合の「民主的」というのは，戦前への

回帰を企図せず，組合の平等化要求に応えながら，組合の「体質改善」を，労働者内部の意見対立→組合分裂→第二組合の成立→第二組合の優遇という形で，いわば労働者自身の「自主的選択」という形式をとりながらなされた点に求めることができる。多くの場合，組合分裂＝協調的な第二組合結成の組合結成の共通のスローガンが「組合の民主化」あるいは「執行部の独断批判」であったことに注目したい。清水慎三は「企業別組合を構成単位とし運動基盤とする戦後日本型の労働運動では，長期にわたったストライキや，期間は短くてもはげしい行動をともなったストライキでは，きまってといってもいいすぎではないほど分裂がおこり，第二組合が発生し，何回かの昇給・昇格期のあとには第二組合が圧倒的な多数となった」と述べている。協調的労使関係の成立が組合分裂＝第二組合の成立でなされた事実は重視されるべきである。「日産百日争議」の場合も，「日産・プリンス合併紛争」の場合も，この組合分裂が協調的労使関係成立の契機となっている。しかも会社はこの結成された第二組合を積極的に支援，優遇した。この組合分裂は，労働運動の捉え方の違い，イデオロギー対立という様相を呈していたが，そうではない。それは自然にそうなったわけではなく，明らかに会社の人事労務管理の「勝利」であったのである。

　人事労務管理を，序章で論じたように，「賃労働者を企業に引きつけて，労働を強制するための，計画・組織・指揮・統制の体系」として捉えるとすれば，労働者の動員システム，「合意」形成システム，統合のメカニズムが備えられていなければならない。したがって，企業主義的労働組合と労使協調的労使関係の育成・浸透・拡散・定着，それによる「合理化」への動員という面ではそれだけでは不十分である。「合意形成」の契機がないからである。その「合意形成」の契機は，本章ではほとんど省略したが，「合理化」に協力する見返りとして，「春闘」や「定期昇給制度」等による賃上げで還元した。こうした「年功」的な処遇が労働者の「動員」に大きく寄与したと考えられる。また，高度成長に伴う企業成長が人員削減の必要性を弱め，事実として，「終身雇用」意識がさらに強く根付いていくことに寄与した。このように第1次高度成長期は，協調的労働組合と労使関係の拡散・定着による「合理化」への動員，それを前提として長期雇用と年功的な処遇が「合意」形成要因となって，「賃労働者を企業に引きつけて，労働を強制するための，計画・組織・指揮・統制の体

系」が機能したのである。

　しかしその一方で，貿易と資本の自由化への国際的な圧力が強まるのなかで，迫りうる国際競争に打ち勝っていくためには，さらに生産性向上に労働者を動員していくシステムを必要としていた。これまで以上に労働意欲を引き出していくメカニズムが求められることになる。そのためにまず経営者側が志向したのは，人事労務管理のアメリカ化であった。職務分析，職務評価による労働効率の上昇，それに基づく賃金＝職務給の導入という展望であったのである。日経連は，1950年代後半以降，その方向に努力を重ね始めていた。こうした経営側の努力の中で，第2次高度成長期を迎えることになる。

注

(1) 中村静治『現代自動車工業論』有斐閣，1983年，224ページ。

(2) 天谷章吾『日本自動車工業の史的展開』亜紀書房，1982年，122～124ページ。

(3) トヨタは，55年1月に，「純国産乗用車」としてトヨペット・クラウンを発表し，翌年9月には「大衆乗用車」としてパブリカを発表した。同年8月には，日産がオースティンの国産化を完了している。57～58年にはいすゞがヒルマン，日野もルノーの国産化完了を宣言した。55年1月にはプリンス自工の前身の富士精密がプリンス・セダンを発表，57年4月にはスカイラインを発表している。

(4) 岩越忠恕『自動車工業論』東京大学出版会，1963年，271ページ。

(5) 合併直後の社名は「富士精密工業」といい，「プリンス自動車工業」に変更するのは61年になってからのことである。以下では，煩雑さを避けるため特に必要のない限りプリンス自工で統一する。

(6) 全金富士精密東京支部『第9回大会議案書』，1954年。

(7) 富士精密工業労働組合連合会『統一運動方針』（1959年度）議案書。

(8) プリンス自工調査部『賃金・労働条件一覧』（総評・全国金属調査部長会議提出資料）1964年。

(9) 富士精密工業労働組合中央執行委員会『統一賃金討議資料』1960年2月。

(10) 会社による恣意的・一方的人事考課を認めないとする組合の姿勢は一時金についてもみられ，一時金に「成績加味」を主張する会社にたいして組合は一貫してそれに反対し，結局，成績加味は一時金の枠外とすることが慣行となったという。全金プリンス荻窪支部，組合大会議案書，および関係者からの聞き取りによる。

(11) 日産自動車『日産自動車30年史』1965年，291～292ページ。なお日産の賃金体系について詳しくは，山本潔『自動車産業の労資関係』東京大学出版会，1981年，を参照。

(12) 富士精密工業労働組合連合会，および全金プリンス支部，前掲資料参照。

(13) プリンスでは，一部の12時間二直交替の部門を除いて，夜勤は一切なかったという。後に日産

と合併した後にこの夜勤を認めるか否かで「騒動」があった。

⑴ プリンス自動車工業『プリンス社報』No.145, 1964年11月。

⒂ ついでにいえば，時間外手当についても，通常残業 4 割 5 分増し，深夜残業 7 割 5 分増し等，かなり高率を保障させていた。

⒃ 従業員教育に組合がその立場から規制していこうという姿勢が希薄なのはプリンス労組だけの問題ではない。おそらく日本の労働組合に共通しているのであり，それがまた日本の人事労務管理の特徴でもある。

⒄ 『プリンス社報』各号参照。

⒅ 『プリンス社報』No.149, 1965年 3 月，10ページ。

⒆ 同上書，10，11ページ。

⒇ 『プリンス社報』No.152, 1965年 6 月， 4 ページ。

(21) 『毎日新聞』1965年 6 月 1 日。

(22) 日産自動車『日産自動車社史　1964—1973』1975年，17ページ。

(23) 『日産30年史』1965年，305ページ。

(24) 全金プリンス「10年史」編集委員会編『日産にひるがえる全金の旗』総評全国金属プリンス自工支部（以下，『全金の旗』と略），1976年， 9 ～11ページ。なお「運営委員会」とは経営協議会的機能をもった機関のことである。また組合の中央委員会とは大会に次ぐ議決機関である。

(25) 以上，日本自動車産業労働組合連合会（自動車労連）機関紙『自動車労連』No.111, 1965年 6 月15日。

(26) 全日産労働組合『日産労報』No.96, 1965年 6 月28日。日産労組『発展ニュース』号外，1965年 6 月30日。

(27) 前掲『日産自動車社史』17ページ。

(28) 自動車労連『自動車労連，日産労組と全金プリンス自工との組織問題の経過について』1966年，48～49ページ。

(29) 同上書，54ページ。

(30) 『全金の旗』15ページ。

(31) これらについては以下を参照。高橋祐吉『企業社会と労働組合』労働科学研究所，1989年。嶺学『第一組合』御茶の水書房，1980年。

(32) これらは不当労働行為とみなすことができる。この点を嶺学は次のようにいう。不当労働行為は「従業員意識が労働者意識に優越していれば，会社側から具体的指示の有無にかかわりなく起こると予測される。……職制層や年功的労働者と組合機関構成員の結合も起こりやすいから，会社側に不当労働行為の意思がなくとも，それに変化し得る条件は広く存在するのである」。嶺，前掲書，222ページ。

(33) 栗田健「日本における労働者の価値観と行動様式」『社会科学研究所紀要』（明治大学）第27巻第 1 号，1988年，28ページ。

(34) 栗田健「戦後労働組合運動の系譜と課題」『ジュリスト総合特集，企業と労働』有斐閣，1979年，212～213ページ。

⑤　『全金の旗』11ページ。

㊱　同上書，34ページ。なおこの点に関して岡田八郎の次の主張は示唆に富む。「日産・自動車労連が，プリンス労働者の多数を制したのは脅迫と懐柔だけではなく，その政策や方針のなかに，総評や全国金属にはないなにものかがあったからではないのか。IMF・JC が多くの批判と攻撃を受けながらも，着実にその影響力を拡大しているのも同じ事情に根ざしている」。岡田八郎「新産業秩序と労働組合の右翼的再編について」『労働経済旬報』648号，労働経済社，1966年5月，10ページ。

㊲　隅谷三喜男『日本の労働問題』東京大学出版会，1967年，283ページ。

㊳　清水慎三編著『戦後労働組合運動史論』日本評論社，1982年，337ページ。

第4章　「能力主義管理」と競争的職場秩序

第1節　日経連の「職務給」への渇望と苦悩

1　年功的処遇の動揺

　日本の雇用慣行を「終身雇用」と「年功制」に求める見解は多い。アベグレンの『日本の経営』の衝撃が大きかったためか，この二つの用語は日本の人事労務をめぐる「常識」ともなっている。「常識」は多くの誤解を生む。戦前はともあれ，戦後のそれは，第1章と第2章でみてきたように，戦後復興過程での，労働組合の平等化要求とそれを基礎とした雇用と生活を守るための激烈な賃上げや解雇反対運動によるところが大きい。その意味で経営側の譲歩という面があったと理解することができる。しかし，他面では，資本・経営側にとっても「合理性」がなければ定着するはずがない。この点，津田眞澂の次の主張が示唆に富む。「(戦後復興期の——黒田) 企業にとって最大の課題は労働運動だったのである。終身雇用や年功賃金などは労働運動の克服，すなわち労働組合活動の企業別分断と企業内封鎖のために交換手段として提出された」。実際，戦闘的労働組合の追放と相前後してこれらの「制度」が定着し，組合は企業内化することとなった。つまり組合の企業内化の手段としての性格が強い。その後の春闘という賃上げ闘争に対抗する形ではあれ，定期昇給制度もまた年功賃金慣行の定着に影響を与えたといえよう。

　このように「終身雇用」と「年功制」は戦後の労使の対抗的展開の中で生まれた産物であった。しかし，そもそも「年功制」は，原理的に考えて，長期勤続雇用（「終身雇用」）を前提にしなければ成立しえない。勤続年数に応じて昇給・昇進させていくのだから必然的に長期の勤続を想定することになる。ところが逆に「終身雇用」を維持するかぎり「年功制」はそのままでは存続が困難であるといわねばならない。何故なら，「終身雇用」を前提にして「年功昇進」

113

を維持するためには，常に新規若年者を大量に採用して組織をピラミッド構造にしなければならないし，また「年功賃金」を維持するためには常に企業利益が増大していなければならないからである。「このように本来，『終身雇用』と『年功制』は，相互関係において矛盾しているのである[3]」。したがって，きわめてラフな形で考えたとしても，「終身雇用」や「年功制」が純粋な形で存在したことはかつて一度もなかったし，それを支えるために，その恩恵に浴さない層の存在（パートタイマーやアルバイト等の非正規雇用）が必須条件であった。さらにまた「年功制」と「終身雇用」は大企業男性の正規従業員に限定的にみられるものにすぎないとしても，それがまがりなりにも存在し得たのは飛躍的な高度経済成長があったからに他ならない。したがって企業経営をとりまく状況が変化したとき，当然ながらその維持は困難となり，なんらかの修正あるいは改変が要請されることになる。

　この困難が現実化するのは1960年代半ば前後からである。まず第1に，前章でもみたように，1964年に日本は IMF 8 条国へ移行し，同年 OECD にも加盟した。加盟直後に OECD は日本に対して資本の自由化を要求し，67年から資本の自由化が開始されることになった。それまでのような外資制限や関税障壁などの保護の下での企業経営とは違って，外国資本との競争に突入することになった。日本の企業にとって最大の課題は，従業員1人当たりの付加価値生産性がきわめて低いことにあったという。生産性が低いのは「終身雇用」と「年功制」にあるとされ，従業員を「年功」で処遇するのではなく，なんらかの形でアメリカ的な方法の確立が必要性であると意識させるに至ったのである。

　また第2に，「年功制」が合理性をもっていたのは，必要な技能が勤続年数を重ねるとともに高まるということ，すなわち年功的熟練が支配的な技術水準であったからである。ところが60年代半ば前後からの急速な技術革新はそれまでの年功の熟練を陳腐化させ，熟練習得過程に大きな変化をもたらした。前章でみた自動車産業に限らず，他産業でも新工場と新設備の設置が相次いだが，これまでにはなかったコンピュータを中枢としたオートメーション・システムや NC 制御工作機械などの普及である。新技術はこれまでの熟練とは違う技能や能力を必要とする。勤続年数と獲得技能とが比例関係でなくなったのである。

　第3は，労働市場が変化したことである。50年代半ばから60年代にかけての

労働力の供給は豊富であり，第1次高度成長期の「終身雇用」と「年功制」は，このようなきわめて安価な新規学卒の若年労働力に支えられていた。ところが60年代半ば前後になって，当時「集団就職」と呼ばれていた中卒の新規労働力供給は絶対的に減少することが確定的となったのである。加えて進学率の上昇がこの傾向に拍車をかけ，若年労働力不足は深刻となった。このことは二つの点から「年功制」の維持を困難にさせることになる。まず若年労働力の不足は初任給の高騰を必然化させ，いきおい「年功制」の建て前から賃金水準全般を引き上げる圧力となる。もう1点は，進学率の上昇によって「年功」と「能力」および学歴との間に相関関係が必ずしもみられなくなるという事実である。従来は，高学歴者は少数であったから学歴と「能力」とが一致しているという前提で，「年功」に応じて処遇することも可能であった。だが高学歴者が増大してくると企業内の学歴構成が変化し，「年功」で処遇することが困難となるばかりか，そもそも学歴と「能力」とが必ずしも一致しなくなるのだから，学歴を考慮した「年功」で処遇することは「合理的」でなくなるのである。

　およそこのような理由から「年功制」と年功的処遇からの脱皮が志向され始めるようになった。その脱皮の方向性を探るため，経営者たちは「アメリカを中心とする先進マネジメント研究のための海外視察団の派遣」をおこなった。「各企業はアメリカ流の効率主義的経営管理方式を学び，生産性向上に基づく成果配分について労使の認識を高め統合する」必要性を痛感することになったという。こうして，当初，経営者たちは年功制からの脱皮のモデルを「アメリカを中心とする先進マネジメント」に求めたのである。しかし，欧米諸国とは職務の編成方式も労働者の職業意識も，また労働組合の形態も全く異なるのであるから，それを無視してアメリカ的な人事労務管理方式を直接導入しても「効果的」でないばかりか，何より労働者の「合意」をとりつけることは困難であった。日経連は，年功制を廃棄した後の職場を支配する原理を模索し始めた。

(2) 日経連の「苦悩」といすゞの教訓

　後述するように，日経連が今後の人事労務管理の基本として「職務遂行能力」という考え方・思想を内外に公式に宣言したのは日経連の1965年の総会で

あった。しかし日経連がこのような考え方を確立するまでにはかなりの曲折があった。この「職務遂行能力」なる概念で管理するという方式は，その後，1980年代後半に至るまで長く機能し続け，それだけにこの「苦悩」はその後の日本企業の成長をもたらしたという意味で看過できない。

　既述したように，日経連はじめ経営者たちは，当初，年功制にかわる人事労務管理のモデルをアメリカに求め，「職務給」の導入を強く志向していた。職務給の導入という賃金制度の変革を通して「生産性の向上，経営効率の増大を終局的に企図しうる」として，アメリカ的な職務分析→職務評価→職務給の図式に固執し，その導入にきわめて熱心だった。すなわち，「職務給制度は，職務本位，仕事中心の客観的且つ公平な思想に立つことにより，近代化のおくれている企業組織の合理化，企業運営の合理化をもたらし，人事管理面においても，適材適所，人事行政の公正化を達成せしめ以って生産性の向上に寄与するもの」であると高らかに宣言していたのである。[5]

　だがその熱心さとは裏腹に，職務給は広く浸透しなかった。導入に踏み切った企業でも「その運用面において行詰まり」をきたしたという。[6]そればかりか，賃金問題としてはかえって組合の反発を招いた。そして「定昇プラスアルファ方式」が「市民権」をえるようになった。この点について総評も次のように指摘している。「とくに職務給の場合にはアメリカの経験をそのまま直輸入する傾向が強かったといえる。そこに初期の職務給が定着しにくい一つの根拠があった」。[7]「年功給」は「職務給」を志向した時期に逆に広く深く浸透していったというなんとも皮肉な結果となったのである。

　職務給が浸透しなかった理由は総評を中心とした組合の反対闘争もあるが，それ以上に労働者に深く浸透していた勤続年数や年齢などの「紛れもないルール」に基づく生活保障という平等意識を無視し，「アメリカの経験をそのまま直輸入する傾向が強かった」ことによると思われる。石田光男はいう。「賃金合理化に限らず，広く労務管理施策や労使関係施策の発想それ自体が自前のものでな」く，「日本の条件それ自体に深く立ち入って，その条件に内在的な形で合理化を発想するという自立した姿勢」が欠如していた。[8]

　日経連にとっての「つまずきの石」は戦後日本の労働者に広く受け入れられていた平等意識であった。職務のランクづけに基づく賃金は，戦後の労働運動

を支えてきた平等主義を否定し，個人の生活と仕事への努力を無視して新たな
差別・格差構造を復活させ，再び専制支配を強化するものと意識されたのであ
る。技術革新の進展の中で年功制が必ずしも「平等」とはいえなくなっていた
が，それ故に組合内部でもあるべき「平等な」賃金体系をめぐって論議はあっ
たけれども，企業や経営側の恣意の介入と専制支配復活の可能性をもった職務
給は労働に報いる賃金体系ではありえず，むしろ電産型賃金を中心とした年功
賃金の方が「紛れのないルール」としてよりましだ，これが多くの労働者を捉
えていた一般的な意識であったと思われる。後述するが，この時点では日経連
はこのような平等意識（平等感）をほとんど認識していなかったようである。

　こうした事態を前にして，日経連も徐々にそのスタンスを変えざるをえなく
なる。1957年には，「職務給は歴史的必然ではあるが」，「そこまで到達させる
には相当の長年月を要し，形式よりむしろ思想変革ということに，その重要性
がある」といい，「昇給」を職務中心的な形で運用することで労働者の「思想
変換」をはかるという方針に修正し，また1960年には職務給への「漸進的移行
モデル」として初めて公式に「職能給」（＝後述するが，職務遂行力に基づく賃
金）を登場させている。さらに翌1961年にはこの職能給を「職務給化の前提条
件」を整備するまでの「やむをえざる暫定措置」という形でその有効性を主張
するようになった。[9]

　このように日経連は年功制からの脱皮と職務給導入を指向しながらも，労働
者と労働組合が容易には受け入れない現実を前にして，能率追求の人事労務管
理の「日本的な」あり方を模索し，苦悩することになった。1965年には一変し
て職能給を基本とすることになるが，これに先鞭をつけ大きな影響を与えたの
がいすゞ自動車の経験である。

　1959年10月，いすゞ自動車労働組合は賃金体系の改訂要求を提出した。い
すゞでは既に前年12月労使合同の「労務専門委員会」が，それまでの年功的な
「積み上げ昇給方式」の下では大卒の賃金が社会的にみて相対的に低いこと，
賃金形態が複雑であったこと，「職務給」が喧伝されていたこと等から改訂が
必要であると答申していた。要求提出に先立つ組合大会において70％の賛成で
次のような内容を決定したという。「①賃金形態を簡素化すること　②各人の
現行賃金は絶対に下げないこと　③不遇者を救済すること　④労働の質に応じ

117

報いられる賃金への是正を行うこと　⑤社会水準を参考にし，低い賃金層の救済を行うこと　⑥現行昇給制度を改訂し，昇給時期は年1回にとりまとめ，その際，社会情勢の発展，社会水準を考慮し，昇給金額も再検討のうえ改訂すること[10]」。要求内容はこれがすべてであり，労働組合として具体的にどのような賃金体系にせよというのか不明ではある。しかし，枢要は④と⑤にある。すなわち，技術革新と学歴の向上の中で，年功制賃金が必ずしも「労働の質」に「報いる」体系として機能しなくなってきており，また中間職制層と大卒層の賃金が「社会水準」からみて相対的に低いことを是正させようというわけである。現場の熟練労働者から「学歴間の賃金格差拡大につながる」と批判がでたのはそのためであった。

　ともあれこの組合要求を受けて直ちに「労務専門委員会」で検討され，1960年3月，作業員と事務・技術員をそれぞれの職務遂行能力でランクづけする職能給を骨子とした新賃全体系が答申された。すなわち作業員の場合は，一般職を最低のL1〜L4，管理・指導職をF1〜F3までの計7段階に職務遂行能力ランクを設定し，また事務・技術員の場合も同様に，一般職をC(E)1〜C(E)4，管理・指導職をS1，S2の計6段階に職務遂行能力ランクを設定し，それぞれ経験年数を加味して人事考課で格付けするというものであった[11]。当時の技術水準と「年功賃金からの円滑な移行」を考慮して，一定程度経験年数が考慮されているものの，基本は「能力」にある。単純な「仕事給」「業績給」ではない。賃金の決定基準を「職務」それ自体ではなく，「職務を遂行する能力」にするというのである。職務給が職場に根付かないことの反省のうえで，人間から切り離された仕事や職務そのものを賃金基準とするのではなく，個々人の「特性」に応じて賃金を決定するという原則は従来通りにしたまま，組合の要求に答える形で，その「特性」を個々人の「労働の質」・「職務遂行能力」に変更しようというのである。したがって属人給という性格はそのまま保持されている点に注目すべきであろう。いすゞ労組は既に協調的な性格を濃厚にしていたとはいえ，会社が59年末の一時金を各人の成績に応じて配分すると提案してきたのにたいして，賃金格差の不当な拡大につながり「労働の質」に報いるものではないと成績査定に強く反対した。その後に組合が実施したアンケートでも現場労働者と女性層を中心に「査定反対」が54％もあったという[12]。戦後の労働者

にとっては，やはり本人から切り離された職務や仕事量そのもので賃金を決定することにはなお強い抵抗感があったのである。賃金は本人の生活を支え，かつ本人の労働と努力に報いるものでなければならないという意識がなお強かったのであるから，そこから想定されるものはあくまでも属人給以外のものではありえなかったのである。

さてこの職能給の提案にたいして，組合執行部は，①労働の質に応じる体系であること，②相対的に低い賃金層（大卒，管理職）の賃金格差を是正できること，③職務給の反省から構想されていること，④各人の能力の伸張に応じられること，等の理由から全面的に賛成の姿勢を示した。その後の全員投票の結果，現場労働者たちの強い反対はあったものの，66％の賛成率で承認したのである。こうして1960年4月から「職能給」体系に移行した。それはあくまでも賃金体系として提起されたものであったから，今日でいう処遇全体の基準としての職能資格制度そのものではない。だが「職務遂行能力に必要な資格条件，職務遂行能力の類型化を基本とする」もので，今日の職能資格制度の先駆をなすものであった。それは本質的には各人の「労働の質に報いる」賃金ではありえないとしても，「賃金は本人の生活を支え，かつ本人の労働と努力に報いるものでなければならない」という彼らの意識と感情に答える形で，それを取り込みながらなおかつ生産性向上に資する賃金体系を「受容」させたいという経営実践の苦悩のなかで生まれたものとみなせるだろう。

第2節 「能力主義管理」の成立と提唱

1 1969年「能力主義管理」

いすゞの経験を一つの契機として職能給が社会的に広がる傾向をみせる中で，日経連は1961年に職能給を職務給化への「やむをえざる便法」として「容認」するように政策変更した。これ以降，職務給を長期目標にして，当面は過渡的暫定措置として職能給の普及をめざすようになった。「職務」概念の固執から「職務遂行能力」の積極的な評価へと傾斜したのである。1965年発行の『日本における職務評価と職務給』と題する書物では一変して次のように積極的に評価している。「職務分析・評価を基礎として人事考課（能力判定）により判定

された各人の職務遂行能力を職能等級に分類し，それにもとづいて定める」職能給は，「本質的には属人給であるにしても，独特の長所——人事管理を職務遂行能力という一本の柱で合理化しうる。すなわち，昇給，昇進，職務配置等を統一しうる——を有し，……統一性がある」と。

　ところで，石田光男が指摘するように「職務遂行能力という概念はそれを運用しようとする人間たちの価値規範によってかなり自在にふくらみうる性格を持っている」。したがってその文脈からして全く相反する意味内容であるにもかかわらず，総評主流派が志向していた賃金体系，すなわち熟練度に応じた産業別最低賃金と形式的・形態的にはそれに向かう初発の形態として類似していた。しかし注意しなければならないのは，日経連のそれは後にみるように単に賃金体系として提出されたのではなく，年功的処遇の解体後の賃金を含めた職場・労働慣行の管理体系として，つまりは企業による労働者支配の要として構想されたのである。だがここではその形態上の「類似性」と概念の曖昧性に注目したい。しかもそれは賃金体系という形で出されたこともあって，経営側のみならず企業内化された組合も「受容」する可能性をもったものであった。

　およそこのような過程を経て，日経連は，1965年の年次総会で「労働者一人一人の能力を最高に開発し，最大限に活用し，かつ学歴や年齢・勤続年数にとらわれない能力発揮に応じた真の意味における平等な処遇を行なうことによって意欲喚起を重視し，もって少数精鋭主義を目指す人事労務管理の確立」をするとの方針を採択した。翌66年には労務管理委員会の下に「能力主義管理研究会」を設置した。約2年間の討議・検討の後に発表したのが報告書『能力主義管理』である。

　そこには次のように記されている。「能力主義管理は年功制のアンチテーゼではなく，それからの脱皮，あるいは修正であることにとくに注意を喚起したい」。換言すれば「画一的年功制の打破」なのである。ここにはかつてのアメリカ的モデルの直接的適用という姿勢は払拭されている。それだけでなく，むしろ年功制の再評価のうえで，そのメリットを生かしながら「能力主義」を実現していこうという姿勢がみられる。企業主義的な企業内労働組合に支えられた協調主義的労使関係の下で芽生えた，従業員の企業帰属意識に依拠して，従業員の主体的な努力による職務遂行能力の向上をはかりつつ，その職務遂行能

力で処遇しようというのである。

　こうして，日経連は職務給導入方針の「挫折」と苦悩を経て，ようやく労働者と労働組合に広く受け入れられてきた年功的な思考に依拠しながら，そこからの脱皮を展望するという地点に到達したのである[19]。アメリカからの「直輸入」に変わって，まさしく長谷川廣がいうように「アメリカ的労務管理の『日本化』」として「能力主義管理」の導入が開始されるのである[20]。

　「能力主義管理」とは何か。そのもっとも包括的・一般的概念を次のように規定している。「能力主義管理とは，……きびしい環境条件の変化に積極的に対応して，従業員の職務遂行能力を発見し，より一層開発しさらにより一層有効に活用することによって労働効率を高めるいわゆる少数精鋭主義を追求する人事労務管理施策の総称である。……それはいわゆる画一的年功制からの脱皮である[21]」。ここからすれば「能力主義管理」について以下の諸点を指摘できる。

　第1に，「能力主義管理」は，きびしい環境条件に対応するための新しい「人事労務管理施策」である。「年功制」は戦後の労働運動の高揚の中で産まれた一種の「妥協の産物」であったが，「きびしい環境条件の変化」は「妥協の産物」を企業経営にとって桎梏化させた。「能力主義管理」は，何よりもこの「年功制」を解体し，新しい労務管理として構想されたものである。

　第2に，新しい労務管理は従来までの「年功」によるのではなく，「職務遂行能力」を基準にするものであるという。従業員を「年功」＝勤続年数という客観的基準ではなく，「職務遂行能力」というきわめて抽象的な，それゆえ自在に解釈しうる概念で処遇するわけである。ここでは「職務遂行能力」の解釈をめぐる労使の対立は予定されていない。「能力」で処遇することに組合側も異存ないとみてのことか，あるいは労使関係問題はすでに決着しているということなのか，実際，『能力主義管理』は，その膨大な叙述にもかかわらず，労使関係問題についてはわずかその実施に際して組合と話し合う必要はあるが「良識ある組合は経営側のこのような施策を組合側にとっても共通の利益と受けとるであろう」と述べているにすぎないのである[22]。予定調和的なものとして「職務遂行能力」なる概念が創出されたのである。

　第3に，問題はこの「職務遂行能力」概念の中身である。既にみたように，この概念こそ，日連が数年の苦悩の中で「発見」した，アメリカの「職務」概

念の日本的形態あった。「職務」でなく「職能」（＝職務遂行能力）なのである。それは職務意識の稀薄な日本の労働者が，経営側とは違った解釈ではあっても，「受容」する可能性を十分にもった概念である。すくなくとも労働者的に読み替え可能な概念である。まさしく石田が指摘するように「かなり自在にふくらみうる」概念なのである。

　しかし概念の曖昧性とは逆に日経連の解釈はきわめて明解である。「能力とは企業における構成員として，企業目的達成のために貢献する職務遂行能力であり，業績として顕現化されなければならない」。さらにそれを敷行して，「特定企業の特定職務に従事する従業員である以上，そこで求められるのは当然に，その企業がその職務に期待する成果をあげるための職務遂行能力である。そしてその職務遂行能力は実際に業績として形にあらわれるものでなければならない。したがって，能力評価も……必然的にその現在与えられた職務をどれだけよく遂行したか，どれだけの業績をあげたか，の業績中心主義となる[23]」という。「職務遂行能力」なる抽象的概念は，要するに，特定企業への貢献度，それも「業績として顕現化」したものでなければならないのだから，企業目的の具体的な達成度ということになる。このような「能力」把握は「能力評価」について述べている箇所でよりはっきりと次のように主張されている。「……企業の目的達成に貢献するもののみを認める」「貢献のみが問題であり，懸命の努力そのものはもし何らの成果を生まないならば何の価値もない」「新しい能力評価システムは，企業目的にプラスするような成果が上ったかどうかという業績中心主義をとり，従って業績の評価をその中心に据える[24]」。

　だがしかしこの日経連の主張がそのまま実現するのかどうかは保留しなければならない。事実その後の運用の実際をみても，少なくとも90年代までは，ここにいう「業績中心主義」が前面に出ることはなかった。少なくとも多くの企業で，勤続年数を考慮していたから，むしろ年と功（能力）による処遇といえるだろう。

　さて「能力主義管理」全体の体系であるが，その主要なものを整理すると**資料4-1**ようになる。個々の具体的な内容は省略するが，全体としては，①「職務遂行能力」を基準とした処遇を実現すべく「個別管理」に重点を置きつつ，②それを「日本人の民族性の特性である集団主義」を活用した小集団管理

資料4-1 能力主義管理体系図

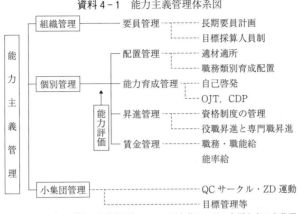

(出所) 日経連『能力主義管理』164ページを基に，その主要なものを整理
して筆者作成。

で補強するとされる。資料からもわかるように，この「個別管理」は，採用と
配置，賃金，異動（昇進），退職等のすべてが「能力評価」に基づいている。
換言すれば人事労務管理の要がこの「能力評価」でおこなわれるのである。
「個別管理」の中心に位置づけられ，「能力主義管理」の中心システムとみなし
うるのは「能力評価」とそれに基づく「職能資格制度」なのである。

（2）職能資格制度

職能資格制度は「能力主義管理」を支える屋台骨である。早くから職能資格
制度を熱心に推奨していた楠田丘によれば，「能力主義人事を導入するために
は，職能資格制度を導入・整備することが，全ての先決条件となる。職能資格
制度がない限り，能力基準人事を確実に運用することはできない」とまで言い
切っている。同じくこの制度の提唱者の一人，鍵山整充もまた「年功序列制に
ともなう不能率や不合理を除去して止揚して」いくための主柱は職能資格制度
であると力説している。[25]

職能資格制度の実際は企業によって多様であるが，多かれ少なかれ**資料4-
2**のようなイメージが基本となっている。これをモデルとしてその仕組みと特
徴をみてみよう。

第1に，まず既存の業務を大きく「一般職能」（ジュニアクラス；J職能），

資料 4 - 2 職能資格制度のイメージ

職能資格等級	定　義	対応順位	給　与
M-9	統率業務	部　長	
8	上級管理業務	次　長	
7	管理業務	課　長	
S-6	企画・監督業務	係　長	
5	判断指導業務	班長・主任	
4	判断業務		
J-3	判断定型業務		
2	熟練定型業務		
1	定型・補助業務		｝レインジ・レート

（出所）　楠田丘『改訂新版　職能資格制度』産業労働研究所，1987年，佐藤博樹・藤村博之・八代充史『新しい人事労務管理』有斐閣，1999年等を基に筆者作成。

「中間指導職能」（シニアクラス；S職能）および「管理・専門職能」（マネジメントクラス；M職能）に分類した上で，それぞれの職能ごとにいくつかの資格等級が設定される。この図表ではそれぞれ3段階の等級が設定されているが，資格等級の数は企業規模や労務構成によって変化する。いずれにしてもそれぞれの職務を遂行していくのに必要な「能力」で資格が設定される。そのうえで全従業員がいずれかの職能資格に分類・格づけされるのだが，問題はこの資格「能力」要件をどのように客観的かつ科学的に設定するかにある。だが，楠田はじめ職能資格制度の推奨者たちはこの資格等級が労働者の公正な処遇の「明確な基準」となると主張し，そしてだからこそ多くの場合その「能力基準・要件」をかなり詳しく網羅的に明示し公開している。だがその内容を具体的にみると，例えば「担当職務についての高度な実務知識と経験および関連職務全般についての知識を有する」とか，「特定分野についての高度の体系的理論的知識と経験および企業経営についての基礎的知識を有する」など，多く事例をみても概して概念的・抽象的なのである。というのも，それぞれの業務一つひと

つについて職務分析をおこなっているわけではないからである。職能資格制度の屋台骨たる「能力」基準が概念的・抽象的であるということは，その運用段階で自在な解釈が可能となる。解釈いかんで自在に変化しうるものを「基準」としているところにこの制度の一つの特徴をみることができる。

第2の特徴は，資格と職位を区別し，前者の「職能資格」を重視してそれを処遇の基準としていこうという点にある。『能力主義管理』は，役職昇進だけでなく資格昇進も「昇進と呼ぶよう概念を変えていく必要があろう」と述べている[27]。より具体的にいえば，役職への昇進の必要条件として一定職能資格を措定するようにするということである。例えば資料4-2で，M—7級のところに課長を対応させたならば，課長は7級以上の資格を有する者，つまり7，8，9級の者から選ばれるというようにされる。このことの意味は，「職能資格制度は6級以下の者がまず7級になれば課長になる資格を得られるのであって，課長になるかどうかはまた別の問題」ということである[28]。それ故に昇格は昇進のための必要条件ではあるが，十分条件ではないことになる。

ところで係長や課長という職位には定員があるが職能資格には定員を設けていない。「能力」の認定資格であるから，人事評価の結果，一定の「能力」を身につけたと認定されれば何人でも昇格させる。ここから「今後はあくまでも処遇は昇格で行い，昇進は配置の問題としてとらえていく必要があろう」として，昇格と昇進の分離，つまり配置と処遇の分離が主張される[29]。このようにすれば処遇は安定的に，配置は機能的・柔軟になるというのである。

第3に，基本給をはじめ諸手当，一時金，退職金等，賃金のすべてが職能資格と結合される。資料4-2にみられるように，職能資格毎に一定の幅（レンジ・レート）を設定し，その幅の中で評価点数によって賃金が決定される。このことについて，楠田は職能給と職務給の違いという形で次のように説明している。職務給は1職務1等級，つまり一定の難易度をもった職務がある等級に対応し，それによって決められた賃金を払うのだから，同じ職務を担当していれば同じ賃金となる。これにたいして職能給は，同じ職務を担当していても「できる度合」や「習熟の深さ」，「能力の伸び」に違いがあることを重視し，同じ職務担当者同士でも習熟や能力の度合に応じて賃金額をかえていく。「ここに職務給と職能給の本質的な違いがある」[30]。具体的には資料4-3のように，

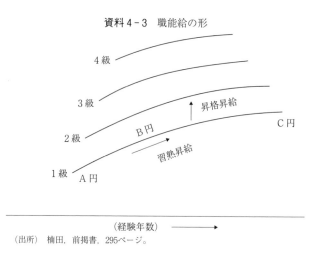

資料4-3　職能給の形

4級

3級

2級　　　　　　B円　　　　　　↑昇格昇給

　　　　　　　　　　　　　　　　　　C円

　　　　　　　　　　→

1級　A円　　　習熟昇給

（経験年数）　━━━━▶

（出所）　楠田，前掲書，295ページ。

職能資格等級別に賃金スケールを組み合わせて，例えば1級はA円から始まって習熟が高まるにつれてB円（習熟昇給）ずつC円（上限賃金）まで昇給し，「能力」が高まり2級に昇格すれば一つ上の賃金スケールで支払われる（昇格昇給）ことになる。当人の職務の遂行能力の水準が唯一の賃金決定要素というわけである。したがって理念的には，職能給のもとでは昇給は，ベースアップを除けば，成績・業績を重視した人事評価（成績評価）による習熟昇給と職務遂行能力の人事評価（能力評価）による昇格昇給の二つから構成されることになる。いずれの場合も人事評価のみが昇給の決定要因とされるのである。ただ楠田も主張しているように，先述のように導入当初は，この職能給を基本ベースにしながらもそれに「年齢給」を併存させている。そのほうが「労使の合意を得られやすい」し，「安定した労働意欲を持続させていく」ことができるからである。しかしこの生活給的部分も年を追う毎に圧縮する傾向にあった。[31]

　以上のように職位と待遇が職能資格で決定されるとすれば，豊かで意味のある生活を願う多くの労働者にとって昇格のみが「唯一」の手段となる。職能資格制度の第4の特徴はその独特な昇格の考え方とさせ方にある。昇格それ自体は各人の「職務遂行能力」に関する人事評価で決定されることになるが，その場合，「卒業方式」という考え方あるいは原則をとっている。「卒業方式」とは，上位の等級に求められる「能力」条件をもっているから昇格させるのではなく，

現在の等級の「能力」と条件が満たし終わった段階で，上の等級に昇格させることをいう。因みに「入学方式」とは，一つ上の等級に求められる「能力」が身についた段階で昇格させる方式をいう。楠田はいう。例えば「6等級の必要な知識，技能を身につけた人が6等級に昇格するのではない。5等級が必要とする能力条件を十分に満たし終った人が昇格するのである」。ある等級に格づけるのは現にその「能力」を身につけているからではなく，その等級の「能力」を身につけることを期待し要求しているからであり，「能力」発揮を期待し要求できるとすれば何人でも昇格させるという。だから，資格には定員はない。格づけられた労働者としては処遇の向上のためにはその「期待」に答えるよう行動するというわけである。いわばインセンティブ効果をねらったものである。職能資格制度の推奨者が異口同音に職能資格制度は「能力」による差別人事ではなく，「能力」を育成し開発するところに狙いがあると主張する根拠はまさにこの点にある。だがすでにみたように資格「能力」基準要件自体が抽象的であるから，「基準」の中身を厳しくすれば何年経っても昇格はできないことになるし，逆のことも可能なのである。加えて評価者の判定が果たして公平性・客観性があるのかという問題もある。いずれにしても抽象的な「期待能力」に基づく格づけと昇格というこの独特な仕組みは労働者を企業が期待する「能力」向上と発揮に向かって駆り立てる装置となる。

したがって職能資格制度は，楠田がいみじくも主張するように，企業が期待する労働者像を基準に「評価が行われ，この期待像に向かって育成が展開され，その期待像に沿った形で肩書処遇や賃金処遇など一連の処遇が行われる」トータル人事システムなのである。

③ 職務遂行能力と人事評価

職能資格制度は各人の「能力」についての人事評価（考課）で処遇のすべてをおこなうものであるのだから，その「能力」（職能）の中身とそれをどのように評価するのかがもっとも重要な課題となる。

職能資格制度で問題にされる「能力」とは能力一般ではなく，職務を遂行していく能力（＝職務遂行能力）であることはいうまでもない。すなわち職能とは職務そのものでもなければまた能力そのものでもない。この両者が結合する

ことによって生まれる概念と考えられている。「したがって本人の担当している職務によって自動的に職能が決まるとか，本人の保有している能力が直ちに職能であるわけではない」。例えば外国語を話せることは一つの能力ではあるが，それが仕事と結びつかなければ職能とはならないというわけである。島田晴雄は機械や技術（ハードウェア，ソフトウェア）と人間のかかわり合いを「ヒューマンウェア」と呼び，それは生産性や成果に決定的な影響を与えると主張したが，上にみた職能概念と一脈通ずるものがある点に注意しておきたい。

　だがこれだけでは何も明らかになってはいない。なぜなら日本ではそもそも職務範囲が「柔軟」で明瞭に規定されていないからである。もともと1950年代末頃から志向していた年功給の職務給への転換が成功しなかった一因は職務の不明瞭性にもあった。そればかりか，いわゆる「多能工化」という形で職務間の壁を低くした「職務設計」が一般的である。職務が明確になっていない以上，それを遂行する能力といっても不明瞭・不定形にならざるをえない。確定されえない「職務」の「遂行能力」を基準とするということは，石田がいうように「それを運用しようとする人間たちの価値規範によってかなり自在にふくらみうる」ことになり，事実上は処遇の明確な基準はないということになる。また処遇の基準が解釈する者によって自在に変化するのであれば，場合によってはその解釈をめぐって労使の対立や矛盾が想定されるはずである。だが職能資格制度を推進する人々は一様に職務遂行能力の解釈をめぐる労使対立と団体交渉を予定していない。職能の中身の設定もまたその解釈も経営側がおこなうことが前提にされている。ここにこそ職能資格制度の真髄がある。

　実は職能資格制度で基準となるものは抽象的な職務遂行能力一般ではなく，企業目的を遂行していく能力，あるいは企業が期待する能力に限定されているのである。楠田は次のようにいう。能力主義人事の能力とは「企業が期待する職務遂行能力にほかならない。つまり企業が期待する職能が，ここでいう能力である。それは，言葉を換えていえば，企業が期待する職能像であるといえよう。企業の期待像こそが，能力基準人事の能力ということになる」。だからそれは「人間的全人格的な能力をいうのではない。あくまでもその企業が必要とする職能に限定される」ということになる。日経連もまた「能力とは企業における構成員として，企業目的達成のために貢献する職務遂行能力であり」，「そ

の企業がその職務に期待する成果をあげるための職務遂行能力である」。さらに「貢献のみが問題であり，懸命の努力そのものはもし何らの成果を生まないならば何の価値もない」と明言している。

こうして不確定・不定形な職務遂行能力の真の姿は，企業が期待し求める能力，企業目的の遂行能力のことであり，その内容と解釈も当然に企業がおこなうことが前提にされている。報告書『能力主義管理』では，「職能＝体力×適正×知識×経験×性格×意欲」という形で定式化している。この各要素について人事評価がおこなわれることになる。それは，企業の各個人への期待度がどの程度であるのか（「能力評価」），その期待された能力発揮にどの程度行動したのか（「情意評価」），そして最終的に企業目的をどの程度達成したのか（「成績評価」），この三つのポイントで評価されることが多い。これについて，楠田の主張に沿いながら，その具体的な内容をみてみよう。

まず第1に「能力評価」として，各個人が身につけている「保有能力」の評価，すなわち知識・技能，判断力，企画力，折衝力，指導・管理力の程度が評価される。この場合，評価者は直属の上司であると主観性を避けられないからそれより上の者であるのがよいという。さらに「能力は，自分ではそのレベルを確実に把握することはできないから」自己評価は避け，育成のために使える部分は除いて本質的な部分は非公開とすべきであると楠田はいう。彼のこの主張が大きな影響を与えたのだろうか。実際，これまでは非公開のところが多かった。

第2に個人が最終的にどの程度企業に貢献したのかを仕事の質と量の両側面から判定する「成績評価」がおこなわれる。この成績評価は能力評価とは違ってある程度「客観的な」形で把握可能なこと，また各労働者が職務遂行能力の今後の一層の伸張を具体的な目標をもって努力しやすいという面もあって，上司と部下の「面接」や自己評価を取り入れることは意欲の向上や育成という観点から好ましいと楠田はいう。だが「評価が上司と部下の間で一致しなかったものについて話し合うが，結果は，いかなる場合にも修正はしない。修正を始めると，とめどもなく，修正のための交渉といった形になるおそれがあるからである」といい，しかも賞与や昇給にかかわる本質的な成績評価は非公開とすべきであるという。楠田のここでの主張は一貫性がないし，非公開の推奨に根

拠があるとは思えない。

　第3は「情意評価」である。気持ちや感情，意志などまで評価する理由を楠田は次のように説明している。「能力」とその発揮としての最終的な「成績」との間には「原則として正の相関関係」があるとしても，それは「配置のあり方，命令指示，援助の程度，与えられた仕事のレベル，そして本人の努力意思などの……中間項のあり方いかんによって能力と成績は等しくもなれば異なったものともなる」。これらの「中間項」のうち「本人の努力意思」を評価するのが「情意評価」である。つまり情意評価で本人がどれだけ意欲的かつ熱心に行動したのかを判定しようというわけであるという。しかし「組織の一員としての自覚」「責任性」「積極性」「意欲」「協調性」などをどのように評価するのか，その客観的な評価はまず絶対的に困難だといわざるを得ないだろう。その困難なものを敢えて評価項目として設定することの意味は何であろうか。楠田が根拠として挙げた「能力」と「成績」の乖離を埋めるものという意味ではなく，企業意識と忠誠心の評価に帰着するのではあるまいか。実際，その効果は大きなものがあったに違いない。

　こうして人事評価は「能力」，「成績」そして「情意」の三つから構成されるのであるが，既に多くの批判がなされているように，評価の客観性・科学性に乏しいといわねばなるまい。とりわけ能力評価と情意評価においてはその恣意性を回避することは理論的にも実践的にも困難と思われる。ましてや「非公開制」は厳しく指弾されるべきであろう。

［ 4 ］　能力主義管理

　こうして職能資格制度は能力主義管理の屋台骨として機能することになった。この制度の下では，昇給・昇格，配置や昇進など人事処遇のすべてが各人への人事評価で決定されることになる。それ故，それぞれの労働者はより高い処遇を求めて相互に競争しあうことが予定されており，そこにこの制度の本質的な狙いがある。

　さてその後の職能資格制度の普及過程について日経連の「人事・労務管理諸制度調査」を参考に概観してみよう。資格制度そのものは「能力主義管理」以前からあるが，その資格の基準がかつては学歴であったり，勤続年数であった

りした。1958年（第1回調査）では資格制度の導入率47％であったものが、63年（第2回調査）時点では68.8％に上昇している。この63年調査では、年功的資格制度の実施率が38.8％であったのにたいして、能力的資格制度は30％の採用率だった。この63年時点ではなお年功的秩序の企業の方が職能資格制度を採用している企業よりも9％も上回っていたのである。ところが68年（第3回調査）では、この年功的な資格制度は33.1％と約6％下がったのにたいして、能力的資格制度の採用率は45.1％となり、前回調査より15％も上昇したばかりか、数の上では年功的資格制度を圧倒してしまったのである。この68年調査報告書は次のようにコメントしている。「従業員秩序体系は、欧米的な職階制は今回も引きつづき減少し（18％→16％）日本的な資格制が増加した。資格制の中でも、年功的資格制の減少（38％→33％）、能力的資格制の増加（30％→45％）が注目される。能力的資格制度は今日では、日本的能力主義管理の一つの制度的柱として重視されるようになったが、それは（昭和——黒田）43年末にほぼその地位を確定していたことをこの調査は示している」。この傾向はその後もますます顕著になり、1974年（第4回調査）では能力的資格制度の採用度が46.1％に上昇し、年功的資格制度は25.6％にまで激減したのである。こうして職能資格制度は大企業を中心に職場の秩序を制する中心的な制度となったのである。

　ところで資料4-1にみられるように、能力主義管理にはもう一つ「小集団管理」が用意されている。これはどのような意義をもつのであろうか。以下、この点を若干補足する。

　報告書『能力主義管理』はこれについて次のようにいう。「わが国は世界でも希な同質的社会であり、個人の集団に対する忠誠・帰属心の高さは世界に類をみないことに留意しなければならない」。それ故「能力主義管理」は「個別管理を基本とするとはいえ」、「それを急ぐあまりともすれば看過されがちな日本人の民族性の特性である集団主義についてはこれを再認識し、むしろ小集団による能力発揮をはかるべきである」。このような観点から、「目標管理、ZD運動、QCグループ活動など」は「自主的意欲、モラール昂揚の上からも効果ある制度として成功を収めつつあり、今後とも一つでも多くの企業がそれらの導入をはかるよう望みたい」。こうして日経連はその普及を推奨するのである。

このようにみると「能力主義管理」の中で小集団管理は個別管理を補完し，またそれを強化するために位置づけられているとみなすことができる。小集団管理については既に多くの研究がなされているが，「能力主義管理」との関連からみれば，次の渡辺治の指摘に注目したい。「この小集団管理は……（「個別管理」が──黒田）もたらす労働者相互の過度の孤立化を防止し能力主義競争に乗れない部分の“落ちこぼれ”を共同責任という形でカバーするという，前二者（「個別管理」のこと──黒田）の競争メカニズムにはない独自の機能をも果たした。さらにこの活動の普遍化は，この集団競争に入らない者，熱心でない者を集団の名において糾弾するという形で，労働者を，あげて生産性向上運動にひきずり込むという重要な役割を果たすこととなったのである。そして逆に，この小集団活動は，それへの参加を認めないという形で，職場の階級的少数派を“村八分”にしたり，能力に劣る者を集団のじゃま者として排除する挺子としても機能している」。小集団活動の普及はこのような側面からだけではないだろうが，その実際の機能からみると正鵠を射た指摘である。周知のように，小集団活動は，70年代初頭以降，鉄鋼業，電機，自動車等をはじめ燎原の火の如く全産業に広まった。かつて木元進一郎が「能力主義管理」は「個別管理」と「小集団管理」との「二つの柱から構成されている」と主張したとき，津田眞澂は「能力主義管理」では必ずしも「小集団管理」を絶対的要件とされていないと批判した。だが労働者をまるごと「能力主義」的競争に動員するには「個別管理」のみでは不可能であったし，その意味でそれは不可欠なものであった。そもそも ZD 運動も QC サークルもまた目標管理もその技法はアメリカで開発されたものでありそれを日本に応用したものだった。ここにまさに日本的「アメリカ式労務管理」導入の典型をみることができる。集団主義が企業に利用され，従業員丸ごと企業主義的な相互競争に動員していく補完装置となったのである。

　さて「能力主義管理」の全体の特徴を簡単にまとめておこう。

　その第1の特徴は，その目的が何よりも年功的労使関係を克服することにあったということである。なお「終身雇用」について一言しておけば，「能力主義管理」は「能力主義管理は流動的な雇用体制を基礎としてはじめて」効力を発揮できるのだから「やめる自由とやめさせる自由とを前提とした新しい形の

長期勤続奨励にもっていく必要があろう」と主張し，そのためにも画一的な年功制の解体が必要であるとしている。年功的労使関係が，とりわけ年功賃金が時代の流れとともに企業にとってばかりか，労働者と労働組合にとってもかならずしも合理的なものでなくなってきた。このことは，総評を中心にこの頃，新しい賃金体系をめぐって「横断賃金論」に関する論議が活発であったことからもうかがえる。立場の如何を問わず，年功制のあり方が問われていたのである。

第2に，それは「年功」による労働者の処遇に変えて「能力」を処遇の基準とするものであった。これは，日経連が苦悩の後に，アメリカ流の「職務」中心主義を日本の実状に適用したものであった。「職務」というアメリカ的な形態をまとった「日本的・属人的」な処遇基準こそが「職能」なのである。「能力」はその概念の曖昧性から，どのようにも解釈可能であり，それゆえに日経連が「能力主義管理の理念は企業における経済合理性と人間尊重の調和にある」とし，その「人間尊重」とは「職務遂行能力」を発見し，開発し，発揮する場所と機会を平等に与えることだと説明するとき，一面では長期雇用という日本の労働市場と雇用慣行の特質に合致し，またもう一面では，後述する日本の労働者が抱く「平等意識」と，それに基づいてそれらを労働者的に読み替えて「受容」するのはきわめて「自然」なことでもあった。しかしその「能力」は企業への「業績・貢献度」および「努力度」であることは既述の通りである。

第3に，「能力主義管理」の原理とは従業員相互の競争の原理に他ならない。その中軸としての「職能資格制度」は採用から退職に至るまで労働者を「企業貢献度」で処遇するシステムであり，しかもそれが「集団主義」でヨコからも補強されるとすれば，労働者は正当な「評価」を求めて個人的努力と相互競争にまるごと動員されることになっていく。こうして職場は「年功的秩序」に変わって「競争的秩序」が支配することになった。

第3節 能力主義管理と労使関係：競争的職場秩序

1 「能力主義管理」と労働組合

日経連「能力主義管理」にたいして日本の労働組合はどのように対応したの

であろうか。この設問については，本来は個々の労働組合レベルの実証的研究が必要ではあるが，ここでは全体としてナショナルセンター・レベルで，それをどのように受けとめたのか，またどのように対応したかを素描したい。

　個々の労働者が自己の労働条件をめぐって互いに競争することをやめ，逆に労働者集団として競争を制限・統制することによって労働条件を社会的・集団的に決定させようとするものが労働組合運動であるとすれば，「能力主義管理」はおよそそれとは真逆の関係にあるといわねばなるまい。もちろん「能力主義管理」も労働組合を否定してはいない。だがそこで予定されているのは，「良識ある組合は，経営側のこのような施策を組合にとっても共通の利益とうけとるであろう」という叙述にみられるように，[45]企業の掲げる目標を自己の目標として受けとめ協力する組合，つまり企業主義的な組合である。前章までに明らかにしたように，このような意味においては「能力主義管理」が提唱された時点において，組合問題としては，既に決着がついていたといえる。企業別組合の企業主義化は「能力主義管理」の必要条件だったのである。後はそれをいかに労働者が受け入れやすい形に体系化・具体化するだけであったといってよい。

　ただし，急いで付け加えておかねばならないことがある。それは，日経連は職能給を柱とする能力主義に到達する前，総評を中心として「職務給」には鋭く批判し，反対運動を展開したことである。総評の『職務給』と題する書物をみると次のように主張されている。「職務給は，賃金管理の範囲にとどまらず，人事管理をともなった労務管理の一貫として，労務管理の目的達成に役立つように企画し，実施し，統制する役割をもっているのである。……私たちが職務給に反対し，その反対闘争を重視するのは，この点にあるのである」。さらに「職務給は賃金問題であるばかりでなく，労働者と労働組合にたいする組織攻撃であるといわなければならない」ともいう。このように「職務給」の本質をとらえはしたが，経営側の人事労務管理にたいしてどのような生産と労働のあり方を対峙していくかの方針は明確に呈示されていない。「職務給」は一般労働者の「同一労働同一賃金」の実現願望の資本側からの回答であったが，技術革新に伴う熟練の解体・変容傾向の中で，労働側は労働をいかに区分・格づけするのか明確な方針をもっていなかった。そして何よりも意見がまとまらず「積極的な方針としては，現在の力関係のもとで，労働組合内部がもっともま

とまりやすいように，現実的な，部分的な改善闘争を行うべきだ」として，「年功制」に変わる新たな労働組合的な対応策と展望をもたないまま闘わざるをえなかったのである。こうして経営側が用意した職場秩序にたいして賃金の面で不利にならないように「改善闘争」し，職場の変容を賃金の量でカバーするのが精一杯であったと思われる。

　このように日経連が『能力主義管理』を出す段階でははっきりと決着がついてしまっていたし，1969年の秋，日本労働協会主催の「能力主義管理」に関するフォーラムで総評の大木正吾は次のようにいわざるをえなかった。総評としては「能力主義管理」には反対ではあるが，「日本の労働者の賃金をアメリカ並みとはいいませんが，アメリカの次に高いレベルまでもっていっていただきたい，これがまず第1の問題です。そういったなかでこそ能力主義あるいは省力化の問題についても考えてもらっていい」。大木は「能力主義管理」とはいっても「現場労働者の多くは面従腹背だ」というが，ここにはそのような面従腹背の労働者に依拠しながらあくまでも「働く人びとがその仕事に誇りをもちながら共生しうるような」職場秩序形成を模索するという姿勢はみられない。この総評の姿勢よりは，日経連の能力主義管理はムードに終わっているからもっと真面目に推進せよ（「能力主義管理」を徹底せよ）との立場からではあるが，いちはやく賛同した労使協調主義的組合の次のような発言の方がかえって問題の本質を指摘しているように思われるのは何とも皮肉である。「労働者の求めているもの，例えば正しい処遇をしてほしい，……もっと技能を高めたい，あるいは賃金や昇進制度についても，正しい満足できるものをもっと公平にきめてくれ――これに対して（日経連は――黒田）なんら答えを出していない」。「そういう意味で……正しい能力主義管理は，労働者にはむしろ素朴に歓迎する気分が十分にある」のだから「労働組合がただ反対であるとか，抵抗闘争をする」といってもはじまらないのであって，従来の年功主義にたいする「能力主義という位置づけを考えることが一番いいのではないだろうか」。こうして，企業主義的・労使協調的組合が「能力主義管理」導入の「呼び水」となったのである。まさに悲劇である。

②「能力主義管理」と労働者

　日本の労働者が「能力主義管理」に抵抗することなく，むしろ積極的に「受容」したのはなぜか。この課題は，序章で提起した課題，すなわち特定の時代の労働者（集団）の特性を経営の側がどのようにとらえたのか，それに基づいて経営側がどのような「合意」形成システムを構築したのか，この解明と深く関わっている。

　石田光男はこの問題の解明を日本人が抱く公平観や平等観に求めた。

　石田はそれぞれの国の労使関係の内容はそこの国の労働者が抱く「フェアネス」・「公平観」，欲求や価値観との関係において決まってくるのだから，労働者の抱く公平観を中心に据えて，職場秩序，労使関係，人事労務管理を分析すべきであると主張する。能力主義的労務管理を「受容」した原因を人事労務管理の強さや労働組合の弱さに求めるのは誤りで，むしろ「"能力主義的秩序"が日本の勤労者の公平観に内在的」であったとみるべきであるという[48]。「受容」の論理を，経営側の一方的な押しつけではなく，労働者が抱く「公平観」から解明しようという視角について，栗田健は「問題設定そのものを変更するパラダイムの転換を果たす」ものとして注目する[49]。

　それでは石田が主張する日本の労働者の公平観とは何か。「昭和20年代のそれ自体紆余曲折を経た戦後10年間の結果としての日本の勤労者の公平観は二つの内容をもっていたと考えられる。㋑勤続年数もしくは年齢の差異に基づく処遇の格差を是とするものの考え方。㋺一種の『能力』差による処遇の格差を是とするものの考え方」。前者はともかく，問題は後者である。それは一面では「学歴」差で表象されるものであるが，他面では「学歴」や「熟練」では割り切れない「あるもの」としての「能力」であるという。「あるもの」とはいかにも曖昧ではあるが，これを次のように説明している。「この公平観の具体的内容は，なかなか筆舌に尽くしがたいが，日本的『能力』概念による処遇の格差を是とする思想とでも表現するしかない内容である。それは単に『ある職務ができる』といった capability としての『能力』だけでなく，勤労者一人一人の職務に対する態度姿勢のありようをも含んだ，もはや『能力』というよりは『人柄』『人格』と言った方がふさわしいものである[50]」。

　石田自身もこの「能力」概念は客観化しえない不明瞭なものであると認めて

いるが，ともかくこの「能力」概念を基軸に据えて，「能力主義管理」の「受容」の理由を次のように説明する。すなわち，1950年代から60年前後までの経営者側が構想する賃金制度や労務管理施策の思想は職務給にみられるようにアメリカの直輸入の傾向が強く，上にみた日本の労働者の「公平観」を包摂し，それを内在的にとらえたものではなかった。それ故に職務給は労働者の「公平観」と対抗することになった。ところが60年代に入って，職務給へのやむをえざる暫定措置として「職能給」をうちだし，日経連が「能力主義管理」を確定する頃には「職能給」は中心に位置づけられるようになった。職務給が包摂できなかった「能力」概念を「職務遂行能力」として自己の原理の中心に措定したのである。「能力主義管理」は，日本の労働者が培ってきた二つの「公平観」のうち，「日本的能力概念」に多くの比重を，年功に少ない比重をかけて体系化したものである。それは日本の労働者が抱く「能力」に基づいた「公平観」を徹底したものであるから，労働者と労働組合がそれに抵抗する可能性は少ないし，抵抗の必要性そのものが疑わしいとさえ石田はいう。

　石田のキーワードは「日本的能力概念」である。内容は不確定とはいえ，それに基づく「公平観」が論理の中心であった。「能力主義管理」の展開とその浸透は企業側の強制のみではなく労働者側にそれを受け入れるなんらかの契機があったからだという視点は重要である。特定の管理制度や施策は真空状態の中で作られ機能するわけではなく，労使の対抗関係の中で存在しているのだから，その限りでは現に機能している制度や施策は管理される側の利害や関心と意志をなんらかの形で内部に取り込んでいるとみなすことができるはずだからである。

　石田のこうした主張は，栗田がいうように，ある種の「パラダイム転換」に匹敵する斬新さがあるのかもしれない。しかし，その新しさは課題を逆読みして，日本の労働者の「公平観」こそ「能力主義管理」を作り出したのだということになるのだろうか。こうなると「能力主義の受容」ではなくむしろ「能力主義管理の要求」だということになりはしないか。「むしろ，まだまやかしの“能力主義”を真の“能力主義”にせよという主張の方が正しいかもしれない」，あるいはまた（能力主義管理への）「抵抗運動の現実的可能性が極端に低いというだけでなく，抵抗の必要性そのものが疑わしい」という石田の言葉がそれを

よくあらわしている。

　問題は石田が日本の労働者の「公平観」ととらえた「能力概念」そのものにある。ここには少なくとも次の二つの重大な問題がある。

　第1に，栗田健が適切に批判しているように，公平さと「能力」をめぐる労使の対抗関係が考慮に入れられてないことである。栗田はいう。「労働者が能力に対する評価を期待していることと，経営が労働者の能力に対する評価の用意を整えていることが明らかになったとして，その能力の内容が同じであるという保障はどこにも与えられてはいない」。「ここで展開されている論理は，日本の労働者の能力観は曖昧である，経営者の能力評価も曖昧である。故に両者は等しいという，稚拙な論法をほとんどでていない」のである。確かに石田も言葉では「『能力』をめぐる公平観については，労使の間で微妙な違いはあるかもしれない。この微妙な違い抜きには個別企業の労使関係史の襞をえがくことはできないだろう」と述べてはいるが，それ以上の展開はない。主張の根幹をなすだけに致命的であるといわざるをえない。

　もう一つの問題は，労働者が抱く感情や価値観を固定的に把握し，その変化・変容の側面を考慮にいれていない点である。仮に石田のように「公平観」をとらえたとしても，そのような「能力」で処遇することが「公平」であると感ずるようになった歴史的条件なり状況が考慮されていないのである。繰り返しになるが，労働者が抱く感情や価値観は真空状態の中にあるわけではなく，それがおかれている社会的状況，技術的環境等に影響を受けながら，労使の生きた対抗関係の中で形成され，変化・変容していくものである。石田は「昭和20年代のそれ自体紆余曲折を経た戦後10年間の結果としての日本の労働者の公平観は二つの内容をもっていた」と主張しているのだから，その10年間の紆余曲折の中身をこそ問わねばならない。だが石田は「昭和40年代に直接つながる30年代を中心にフォローすることで十分だ」といい，戦後10年間の「紆余曲折」の検討を回避してしまった。この時期こそが労使関係と労働組合の質的変化があっただけに，重要な側面を欠落させてしまった。

　それでは「公平観」と「能力主義管理」をどうみたらよいのだろうか。

　石田と同じように，しかし石田とは違った視角から，「能力主義管理」の「受容」の根拠を分析した一人に，渡辺治がいる。

　渡辺は，現代日本の労働者支配の構造は，戦前の天皇制のような外的強制というよりは「同意」の契機が重視されてきたという。能力主義管理の定着は「たんに企業側の労務管理政策の成功という主体的要因のみでは説明できない」。何よりも「同意」・「受容」という側面を重視する立場から，渡辺は「専制的支配」ではなく「権威的支配」という用語を使っている。[53]

　だが，石田とは違って，「受容」の根拠を単一要因に求めることはしない。渡辺があげている主要なものは，①高度成長によって企業成長＝賃金上昇という企業が示した等式が部分的にせよ現実化したこと，②組合員でもある下級職制が企業秩序のカナメの役割を果たしたこと，③企業内の階級的労組や組合員をあらゆる機会を使って排除していったこと，これに関連して，④組合の分裂・右傾化のヘゲモニーを握ったホワイトカラー層の組合幹部は反競争意識や仲間意識がきわめて希薄であったこと，⑤企業内福利厚生施設の充実，⑥日本の労働組合のもつ特殊な平等＝反差別観，等である。

　渡辺が指摘する要因で，①〜④については前章までにみてきたところであり，本書と基本的な主張は一致している。一方，最後にあげられている「特殊な平等＝反差別観」は石田と同じような「受容」した側の要因である。これについて渡辺は次のように説明している。

　日本の労働者が組合を組織していった梃子となったのは経済要求とともに差別撤廃要求であった。この反差別要求はイギリス的な階級意識に基づく対等処遇要求とは異なって，「“オレたちだって仕事の上では能力があるのに差別されるのはおかしい”という」感情から工・職の同一処遇を求めるものであった。既述したように，多くの場合，一部職制層をも含んだ工・職混合組合を結成し，工・職一体となって「工・職の身分撤廃」の要求を掲げて闘った。この事実をみれば，渡辺の指摘に異論はない。同一処遇要求は，例えば電産型賃金の確立の事実をみても，その後の年功賃金の普及をみても首肯できる。

　渡辺は続いてこれを敷行して次のように主張する。

　日本の労働者がもつ平等観は「“能力にふさわしい処遇”というべき特殊な内容を持った平等観であった。その場合，重要なのはその平等観は“実際に”能力あるものが上位に昇ることを認めその意味で能力主義的競争とは矛盾しない類のものであったという点である」。[54]後半で述べられていることには俄には

賛同し難いが，これ以上詳しくは述べられていない。敗戦直後の組合が，はたして「能力」の高いものが高い地位と高い賃金を受け取ることを当然視するような感情であったのかどうか，大いに議論のあるところではある。そもそも「能力」をめぐる労使のとらえ方の違いの可能性を指摘しておくべきであろう。このことはさておき，「仕事上では能力があるのに差別されるのはおかしい」という感情は，同時に，能力の正当な評価に基づいて平等に処遇して欲しいという感情を内包していたと捉えることに無理はない。また「能力を考慮しない同一処遇」だけでは割り切れない感情があったのも事実であろう。かの電産型賃金獲得過程で，組合の賃金専門委員会で「能力差」に基づく賃金格差をどのように公平に体系化していくのか悩んでいたというが，この悩みと葛藤の事実[55]がそのことの証左である。その悩みと葛藤がある中で渡辺が指摘した①から⑤のような要因がつけ加わるとき，「受容」は「容易」である。

　こうして渡辺の議論は能力主義管理の「受容」の分析の際の重要な視角を示唆している。それは「能力主義管理」の導入を経営側の一方的な押しつけとみるのではなく，また石田のように労働者の「公平観」や「平等観」のみから強引にむすびつけることでもなく，労使の対抗的展開過程の中にこのような労働者の感情を位置づけることが重要であるということである。

　そもそも価値観・平等親は不変的・固定的なものではないのであって，取り巻く状況の中で変化することは論をまたない。ここで注意すべきは，戦後の労働者が抱いた平等観は，文字通りの素朴な平等主義，そしてその下での上記の悩みと葛藤，および経営側からの圧力と労使関係の質的変化から「能力に応じた平等処遇」，そして「能力発揮競争への平等な参加」へと変化していったのではないかという点である。この最後の姿は，実は，高度成長が終焉し，その後の「低成長」とバブル経済の中で浸透していくことになるのだが，ここでは「素朴な平等主義」から「能力に基づいた平等な処遇」への変化をもたらせたものこそが石田が考察を回避した「戦後10年間」の労使の対抗的展開過程そのものなのであり，渡辺が「受容」の根拠としてあげた企業側の「主体的」な要因でもあることを強調しておきたい。このような人事労務管理の実践をとおして労働組合が階級的・戦闘的なものから協調的・企業主義的なものに変化し，その結果として労使関係は組合主導型から労務管理主導型のそれに変化したこ

と，これが「能力主義管理」の「受容」の前提条件であると考えられる。

③ 競争的職場秩序

こうして職務遂行「能力」で従業員一人一人の処遇が決まるシステムが確立された。それは，各人がもつ職務遂行能力の人事評価に基づいて社内資格（＝職能資格制度）が付与され，それによって処遇が決められるというものであるから，この「評価」が決定的な意味をもつことになる。しかも，この「人事評価」は経営側の「人事権」とされ，組合との交渉対象から外されてきたし，一部を除いて，多くの組合もそのことに異を唱えることはなかった。

このような中に個々の従業員が囲われてしまうことになるわけだから，一人一人の従業員としては高い評価を求めて懸命の努力する以外に道はないことになる。その評価は，業績をあげること（業績評価），能力を高めること（能力評価），そして努力を重ねること（情意評価）が求められるわけだから，従業員同士が自己の生活を賭けて相互に競い合うことになる。このような人事労務管理システムは，目に見える露骨な管理ではなく，職場を支配しているある種の秩序といってもよい。いわば相互競争を醸し出すシステムである。

このような競争的な職場秩序を「底なしの競争民主主義」と呼んだのは金子勝氏である。「企業社会には，生産性向上という企業目標を至上命令とする“底なしの競争民主主義”が形成されていったのである」。確かに「仕事」のあり方や序列・昇進，賃金を含めた処遇のほとんどが従業員同士の相互競争のなかに体系化され，しかもそれに対して労働組合から規制を受けることがないばかりか，協力を得ることさえあるわけだから，職場内にその過度な競争を制限する「防波堤」を発見することは困難にみえる。まさしく「底なし」である。

この競争秩序の特徴は，第1に，およそ従業員であればすべての人に競争する機会が開放されている。敗戦直後の労働組合運動によって「職員」と「工員」の身分的差別は一掃され，少なくともたてまえの上では，この競争レースに参加する機会は正規の従業員であればすべての者に「平等に」開かれている。ただし急いでつけ加えなければならないが，幸か不幸か，非正規従業員，そして1985年の男女雇用機会均等法成立まで女性従業員も，この相互競争に参加する機会から排除されていた。また競争を制限しようとしたり拒否しようとする

個人やグループも容赦なく排除されてきた。これらの最初からの「敗北者」の犠牲の上ではあるが，競争レースへの参加機会はすべての労働者に「平等に」開放されているのだから，脱落して敗北者にならないためには相互競争レースに積極的に参加する他の道はないと観念されることになる。

　第2に，この競争＝選抜のたびごとに同じランクに位置づけられたもの同士は「対等・平等」な人間関係を取り結びつつ，新たな競争関係が継続される。だから遅れて後から昇進してきた者も同一階層内では対等・平等に競争に参加し，場合によっては追い抜いていくことも可能なのである。いわば「敗者復活制度」を用意しているほどこの競争レースは「民主的＝公平」なのである。

　第3に，このように競争は「民主的に」開かれており，また働きに応じて違った処遇を受けることも一種の民主主義であるから，競争参加を忌避する者や競争に敗れた者が相対的に低い処遇を受けるのはいわば当然であるという規範が形成される。そればかりか結果としての「不平等な」処遇は個人の問題なのであって，この「不平等」こそが競争秩序の「公平さ」の証であると観念される。そこでは制度や競争秩序のあり方が問われることはない。

　このような特徴をもつ「能力主義管理」について，熊沢誠は，日本の労働者は「強制と自発がないまぜになった心性」によってそれを「受容」し，「強制された自発性」を発揮することになったと主張する。鈴木良始もまた「自発」と「強制」の結合によって「能力主義管理」は労働者を動員することになったと主張している。[57]労働者支配の「民主的」形態，「民主的」労働者支配，奇妙な表現ではあるが，戦後民主主義に規定されながら展開せざるを得なかった戦後日本の人事労務管理は，労働組合の要求と労働者の感情を圧殺するような力による支配は不可能であった。それ故に，そのような要求や感情を企業内の管理体系のなかに取り込んでいく新しい人事労務管理システムを構想することになったのである。こうして確立された「能力主義管理」という名の新しい人事労務管理システムは，戦後経済の第Ⅲ期に誕生し，第2次高度成長期を通して広く浸透していくことになった。各企業とも導入当初は「年功」的要素を多分に多めに残しながら，やがて徐々にそれを縮めていく形をとった。60年代中葉からのこの第2次高度成長はこうした「能力主義管理」に基づく人事労務管理に支えられたものだった。それはバブル崩壊の1990年代初頭まで日本の人事労

務管理の屋台骨として機能することになったのである。

注

(1) J. C. アベグレン（占部都美監訳）『日本の経営』ダイヤモンド社，1958年。

(2) 津田眞澂「日本的経営論の基礎視角」『経済評論』1981年7月号，29ページ。

(3) 安藤喜久雄・石川晃弘編著『日本的経営の転機』有斐閣，1980年，61ページ。

(4) 山田雄一「経営労務と人事」明治大学企業経営研究会編『戦後企業経営の変遷と課題』勁草書房，1983年，195ページ。

(5) 日経連『職務給の研究』1955年，13ページ。

(6) 日経連『現下の賃金政策と賃金問題』1957年，215ページ。もっともこの時期の日経連も確たる自信をもって職務給をうちだしたとは思えない。一方では能率給も有力な方針として掲げており，「職務給と能率給との二つをふくんだ新造語」として，今日的な意味とはまったく異なる「職能給」を提唱していたほどであった。総評調査部編『職務給の現状と闘争の指針』労働経済社，1967年，11ページ。

(7) 総評・中立労連春闘共闘委賃金専門委員会編『職務給──その理論と闘争』労働旬報社，1966年，16，59ページ。

(8) 石田光男「賃金体系と労使関係（上）」『日本労働協会雑誌』No. 315，7ページ。

(9) 日経連『現下の賃金政策と賃金問題』1957年，『日本経済の安定成長と賃金問題』1960年，『新段階の日本経済と賃金問題』1961年，を参照。

(10) いすゞ自動車労働組合『いすゞ週報』No. 72，1959年10月27日。

(11) いすゞ労組『いすゞ労報』No. 261，1960年7月27日。なお日本生産本部『現代経営史』1969年，567〜570ページも参照。

(12) 『いすゞ労報』No. 246，251，1959年11月，1960年2月。

(13) いすゞ労組『1960年度運動方針（案）』1960年4月。

(14) 日本生産性本部，前掲書，569ページ。

(15) 日経連『新段階の日本経済と賃金問題』1961年，305〜306ページ。

(16) 日経連『日本における職務評価と職務給』1965年，15ページ。

(17) 石田光男，前掲稿，14ページ。

(18) ただし，日経連のそれは人事考課・査定の上での個別賃金決定であり，総評のそれは産業別の熟練度に応じた統一の最低賃金なのだから，質的には全く異なっている。にもかかわらず，表面的には類似していたことに注意すべきであろう。

(19) 堤矩之は能力主義管理を「年功制の現代的再編成」ととらえている。堤矩之「日本的人事管理の基本的構造と現代的再編成」角谷登志雄・堤矩之・山下高之編『現代日本の企業・経営』有斐閣，1986年，165〜168ページ。

(20) 長谷川廣「日本的労使慣行のアメリカ化」中央大学企業研究所『日本的経営論』中央大学出版部，1982年，318ページ。

⑵　日経連『能力主義管理——その理論と実戦』1969年，17ページ。

⑵　同上書，102～103ページ。

⑵　同上書，55～56ページ。

⑵　同上書，363～364ページ。

⑵　楠田丘『改訂新版　職能資格制度』産業労働調査所，1987年，22ページ。鍵山整充『職能資格
　　制度』白桃書房，1989年，96～97ページ。

⑵　N社の事例。村田多喜治『人事・賃金トータル処遇事例集』産業労働調査所，1988年，参照。

⑵　日経連『能力主義管理』38ページ。

⑵　楠田，前掲書，79～82ページ。

⑵　同上書，230ページ。

⑶　同上書，158～161ページ。

⑶　同上書，296～298ページ。

⑶　同上書，212ページ。

⑶　同上書，20～21ページ。

⑶　竹内裕『職能資格人事制度』同文館，1989年，33ページ。

⑶　島田晴雄『ヒューマンウェアの経済学』岩波書店，1988年，を参照。

⑶　楠田，前掲書，20ページ。同『職能資格制度と昇格，昇給そして昇進』産業労働調査所，1988
　　年，47ページ。

⑶　日経連『能力主義管理』55～56，363～364ページ。

⑶　以下，特に断わりのない限り，楠田丘『改訂新版　職能資格制度』第7章，および『職能資格
　　制度と昇格，昇進そして昇給』第5章による。

⑶　日経連『わが国労務管理現勢——第3回労務管理制度調査』1971年，11ページ。

⑽　以上，日経連『わが国労務管理の現勢』1965年，1971年，1976年，を参照。

⑷　日経連『能力主義管理』68～71ページ。

⑷　渡辺治「現代日本社会の権威的構造と国家」藤田勇編『権威的秩序と国家』東京大学出版会，
　　1987年，193ページ。

⑷　『日本労働協会雑誌』No.134，1970年5月，22ページ。なお『能力主義管理』は小集団管理に
　　能力主義管理のヨコ線の役割を与えるべきだと主張している（80～81ページ）。

⑷　総評調査研究所『これからの賃金体系闘争』総評調査研究所シリーズ第20集，1961年。

⑷　日経連『能力主義管理』101ページ。

⑷　総評・中立労連春闘共闘委賃金専門委員会編『職務給——その理論と闘争』労働旬報社，1966
　　年，19～25，65ページ。

⑷　「労務管理の現代的課題」『日本労働協会雑誌』No.128，1969年11月，37～40ページ。

⑷　石田光男「賃金体系と労使関係（下）」『日本労働協会雑誌』No.316，1985年9月，49ページ。

⑷　栗田健「日本における労働者の価値観と行動様式」『明治大学社会科学研究所紀要』第27巻第
　　1号，1988年，6ページ。

⑸　石田光男「賃金体系と労使関係（上）」『日本労働協会雑誌』No.315，1985年8月，4～5，

9 ページ。

⑸⑴ 石田，前掲論文（下），49ページ。

⑸⑵ 栗田，前掲論文，6 ～ 7 ページ。

⑸⑶ 渡辺治「現代日本社会の権威的構造と国家」藤田勇編『権威的秩序と国家』東京大学出版会，1987年，188～201ページ。

⑸⑷ 同上書，205ページ。

⑸⑸ 河西宏祐「電産型賃金の形成過程——田中正夫氏（元電産協賃金専門委員）聞き取り記録（Ⅰ）（Ⅱ）」『日本労働協会雑誌』267，268号を参照。

⑸⑹ 金子勝「『高度成長』と国民生活」『講座 日本歴史』第12巻，東京大学出版会，1985年，70ページ。

⑸⑺ 熊沢誠『日本的経営の明暗』筑摩書房，1989年，76ページ。同『能力主義管理と企業社会』岩波書店，1997年，58ページ。鈴木良始『日本的生産システムと企業社会』北海道大学図書刊行会，1994年，231～240ページ。

<table>
<tr><td>第5章</td><td>低成長期の人事労務管理</td></tr>
</table>

　序章で述べたように，1973年のオイル・ショックからバブル経済までの第Ⅳ期は，「能力主義管理」のより一層の普及と制度や運用の精練化の時期である。

　このオイル・ショックからバブル経済の崩壊にいたるおよそ20年近くをひとまとめにすることに問題がないわけではない。それは次のような事情があるからである。

　オイル・ショックは，それまでの「順調な」経済成長を止めたわけだから，企業経営にとっては大きな痛手であった。事実，企業規模が拡大しなくなったのであるから，「終身雇用」のあり方の根本が揺らぐことになったのである。また，その後，1985年の「プラザ合意」は急速な円高を進めることになり，各企業にそれまでの輸出を中心とした企業経営を見直すことに迫られた。つまり日本で生産したものを海外に輸出するというやり方ではなく，海外で現地生産することが強制されたことになる。こうして，オイル・ショックと「プラザ合意」は企業経営をめぐる環境を激変させたのである。

　本書の分析視点からすれば，企業経営の環境の変化は人事労務管理の変化を呼び起こすということになるが，しかし，それでもこの時期の人事労務管理は，事実として，「能力主義管理」の精練化と徹底，そして浸透であった。この点については，本章の最後でもう一度振り返って検討する。

　なお1985年に男女雇用機会均等法が成立し，施行されることになるが，「能力主義管理」が広く拡散し，運用が厳密になるにつれて，企業の内部で「能力主義管理」が抱えていた矛盾が表出することになる。そもそも「能力主義管理」は女性を想定していなかったからである。能力発揮競争のレースに参加する機会はすべての従業員に「公平に」開かれているというこの原理が女性にたいしては公平ではなかった。後に重大問題となるこの「能力主義管理」に内包していた矛盾が現れ始めたのがこの時期であった。労働者の動員システム，

「合意」形成システムとしての人事労務管理にとって重大な問題である。このような事情について本章の第2節で詳しく論じる。

第1節　能力主義管理の浸透と精練化

〔1〕従業員相互競争と職能資格制度

　第Ⅳ期のこの時期は，日本の人事労務管理の基軸として「職能資格制度」や「職能給」が広く深く浸透し，定着し，そして能力主義として精練化されていった。

　1973年に勃発するオイル・ショックは「減量経営」という名で中高年を中心にリストラ＝人員削減を進めただけでなく，雇用の弾力化のかけ声で「選択定年制」「早期退職優遇制度」など定年制のあり方に修正を加え，終身雇用も事実上は能力主義的な運用に変化させることになった。「終身雇用」のあり方を揺るがしたのである。こうして「職務遂行能力」はより厳格に雇用と処遇の両面において機能することになり，能力主義がより純化した形で従業員の仕事への動員と統合のシステムとして機能することになったのである。「24時間　戦えますか」なる栄養ドリンクのキャッチコピーが流行ったのもこの時期であった。この期をとおして，従業員は「会社人間」として仕事に専念し，競争に打ち勝っていく行動に駆り立てられることになったのである。

　こうして，「職務遂行能力」の質的な内容がより厳格に雇用と処遇の両面において機能することになり，能力主義が従業員の仕事への動員と統合のシステムとして機能することになったのである。このことを企業の現場の実態からみれば，処遇が「能力」基準におこなわれることが一層強まることであるから，従業員相互の「能力」発揮競争が激しくなることを意味する。

　これを示す貴重な調査報告がある。花田光世による調査である[1]（**資料5-1**）。それは1955年にある企業に入社した大卒男性269名のその後の昇進状況を追跡したものである。調査時点は1983年であるから，勤続28年間の追跡調査ということになる。

　これによると同期入社の中でもっとも早く部長になった者は全体の6.1％にすぎない。また，調査時点（勤続28年）で部長昇進できている者は23.8％，同

資料5-1　メーカーA社における昇進競争実態

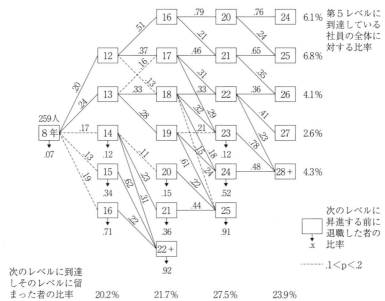

1955年大卒　第1レベル　第2レベル　第3レベル　第4レベル　第5レベル
男子　　　　係　　長　　課　　長　　部長代理　　次　　長　　部　　長

（注）　1：各枠内の数値は昇進にかかった年数を意味する。
　　　　2：各線上の数値は次のレベルに昇進した者の割合。
（出所）　花田，1987，46ページ。

じく次長レベルに到達できた者も27.5％にすぎないことになる。

　さらに，16年かかってやっと課長に昇進した者のうちの実に71％が次のレベルに昇進する以前に退職してしまっていることに注目したい。同じく部長代理レベルに22年かかって昇進してきた者，次長レベルに25年以上かかった者はその90％以上が次のレベルに昇進する以前に退職してしまっているのである。いま一つ注目しておきたいのは，部長というエリート管理職に昇進できた者は第2次選抜（13年）までに課長に昇進できた者に限定されており，事実上，ここがエリート管理職への分岐点になっていることである。この1955年入社組といえばまさしく高度成長を背負ってきた世代であり，企業は拡大に次ぐ拡大を重ねていたはずである。それ故に，ポストも急増した時期であり，その意味では，終身雇用と年功昇進を誰もが信じて凝っていなかったし，また現実にその可能

資料 5 - 2　資格制度の大幅改訂の有無の改訂時期別企業数の割合

企業規模	導入後大幅改訂はない	1954年以前	1955～64年	1965～69年	1970～74年	1975～79年	1980年以降	不　明
5,000人以上	33.3	0.0	3.7	3.7	9.9	23.5	13.6	12.3
1,000～4,999人	43.4	0.3	0.6	2.7	8.1	11.4	16.5	17.1
300～999人	52.8	0.3	0.7	1.4	2.8	8.3	10.8	22.9

(注)　雇用促進事業団雇用職業総合研究所「資格制度に関する調査結果報告書」1984年, 19ページ。

資料 5 - 3　資格制度の有無

(単位：%)

企業規模	ある	ない
計	25.3 (27.0)	74.7 (73.0)
5,000人以上	88.1 (87.8)	11.9 (12.2)
1,000～4,999人	81.1 (76.7)	18.9 (23.3)
300～999人	61.3 (58.9)	38.7 (41.1)
100～299人	38.2 (31.9)	61.8 (68.1)
30～99人	16.6 (21.1)	83.4 (78.9)

(注)　1987年（1981年）の数値。
(出所)　労働省『雇用管理調査』1987年版。

性を確保できていた時代であったはずである。にもかかわらず, こうした厳しい相互競争と選抜が職場を支配していた事実にわれわれはあらためて驚かされる。花田はこの分析を通して次のように主張している。「昇進レースにおいて勝者を選別しているのではなく, むしろ敗者を選別している」。言い得て妙である。上昇のための競争ではなく, 脱落しないための競争だというのだから, 誰もがこの競争レースに参加しないわけにはいかないことになる。

　この昇進競争を支えているのが前章で考察した「職能資格制度」である。以下, この期の資格制度の実態をみてみよう。

　資料 5 - 2 は, 雇用職業総合研究所がおこなった「資格制度の大幅改訂の有無および大幅改訂時期」に関する調査結果である。1984年に公表されたものであるから, 第 2 次オイル・ショック以降の企業の対応策が反映されているものとなすことができる。これによると, 比較的早期の段階で導入したと思われる大企業ほど大幅改訂をおこなっており, しかもオイル・ショック以降に大幅改訂を実施した企業が多いことがわかる。

　オイル・ショックとその後の低成長・減量経営の進展の中で, それまでの「年功」的要素を多分に含んだ資格制度を「職務遂行能力」に「純化」することをねらって改訂したのだと思われる。

　これを裏づける資料として, 当時, 労働省が実施していた雇用管理調査をみてみよう。

資料5-4　階層別資格制度の序列を定める基準

(単位：%)

区　　　分	年齢・勤続・学歴	一般的な能力の伸張の程度	職務遂行能力の程度	職務の難しさつらさの程度	不　　　明
役 職 者					
規 模 計	14.4	6.0	65.6	7.3	6.8
	(13.4)	(17.5)	(58.9)	(5.5)	(4.7)
5,000人以上	6.8	5.1	81.3	4.1	2.7
	(7.9)	(18.1)	(69.3)	(1.9)	(2.8)
1,000～4,999人	7.4	4.6	76.3	6.0	5.7
	(8.0)	(19.2)	(68.6)	(2.6)	(1.5)
一 般 職					
規 模 計	37.2	19.1	34.7	0.8	8.1
	(23.5)	(22.9)	(38.4)	(4.9)	(10.3)
5,000人以上	24.8	17.0	56.1		2.0
	(19.3)	(20.8)	(50.5)	(4.2)	(5.3)
1,000～4,999人	33.9	15.8	43.3	1.2	5.8
	(27.5)	(24.9)	(40.0)	(3.2)	(4.4)

(注)　1：1987年（1981年）の数値。
　　　2：いずれも資格制度がある企業に対する割合。
　　　3：1981年の役職者欄は課長職相当以上の数値。
(出所)　労働省「雇用管理調査」1987年版より。

　資料5-3から，なんらかの形で資格制度を採用している企業の割合は1987（1981）年段階で全体として25.3（27.0）％であるが，従業員規模5000人以上の大企業では88.1（87.8）％，1000～4999大規模で81.1（76.7）％であり，100～299人規模の中小企業の38.2（31.9）％と比べてきわめて高くなっている。

　その資格の序列を定める基準をみた資料5-4をみると，「職務遂行能力」を資格の基準とする職能資格制度を採用していると思われる企業が多く，役職者でみると全体で65.6（58.9）％，大企業では7～8割ときわめて高い。しかもこの大企業レベルでは一般職でも半数以上が［職務遂行能力］で処遇していることがわかる。

　こうして職能資格制度が従業員の処遇するツールとして用いられていることがわかる。さらにその運用実態について同じ労働省の「雇用管理調査」でみてみると，昇進・昇格基準の「定めがある」ないし「慣行がある」企業のうち，従業員1000人以上の場合，昇進について係長，課長，部長とも「能力評価」（79.7～95.2％）を基準とする企業がもっとも多く，次いで「業績評価」

（69.3〜89.4%）となっている。昇格についても同じ傾向を確認できるが「能力評価」の比重がより高くなっている（91.4〜95.9%）。

　こうして，この期に職能資格制度に基づいた「能力」で処遇する制度を採用する企業が広がっていったこと，また具体的な昇進と昇格の実態をみても「年功」（＝在籍年限）ではなく，「能力」と「業績」を基準としていることが確認できる。

　このように「職能資格制度」は，オイル・ショックに伴う「減量経営」下で，「年功」処遇を削減しながら，しかも従業員の意欲を削ぐことなく仕事に専念させる装置として広く採用されていった。労働省の「今後の処遇方法」に関する調査（1988年『雇用管理調査』）でも「能力による処遇」および「職能資格制度による処遇」をしていこうとする企業が圧倒的であった。こうして職能資格制度は70年代と80年代を通して，人事労務管理の要として「不動」の地位を占めることになったのである。

（2）「能力主義管理」の徹底：日産自動車の場合

　前節でみたように，二度にわたるオイル・ショックとその後の「減量経営」の下での人事労務管理は「能力主義管理」を徹底し，一人一人の従業員は「企業が掲げる目標を自己の目標として受け止め，かつその目標の達成めざして仕事に専念し，相互競争に邁進する」ようになった。それは年功的要素を考慮することを極力狭くして，60年代後半に作られた「能力主義管理」の原理を純化させる時期であったのである。

　以下，ここでは日産自動車を事例にしてその実態を考察する。

　1987年，日産はそれまでの賃金体系を全面改訂した。しかしそのねらいはたんに賃金配分の方法の変更にあるのではない。この改訂の動機について次のように述べられている。制度の導入から長年経過して「組織の拡大に加え，仕事の質が変化し，多様化するなかで多くの仕事の絶対性を維持していくことが困難となり」，「実際の運用面では当初の狙いからはなれ，『仕事』ではなく，どうしても属人的要素を中心に評価されがちになってきていた」。また「上位ランクへの見直し（昇給）は行われるが，下位ランクへの見直し（降級）はほとんど行われなかったというのが実態であった[(2)]」。これを賃金についてみると，

従来までは「毎年毎年各人の能
力や業績により昇給額を決め，
これを毎年つみ上げ，その結果
として各人の持分の絶対額が決
まる」という「積み上げ方式」
であった。この方式は「過去の
昇給によって現在の賃金が決っ
てくるため，どうしても昇給回
数（勤続年数）が強く反映さ
れ」，結果として当初の意図と
はまったく反対の年功賃金が実
現されてしまうという「欠陥」
があったという。制度上の枠組
みとしても，「職級」への格づ

資料 5-5　日産自動車の仕事ランク体系（1987年）

事務技術職		技能職	
—	—	G8	上級係長職
			上級安全衛生管理主任職
J7	課長補佐職	G7	係長職
			安全衛生管理主任職
J6	上級総括職	G6	工長職
		(H6)	高度専門技能職
J5	総括職	G5	工長補佐職
J4	総括補佐職	G4	上級指導職
J3	実務職	G3	指導職
J2	上級担当職	G2	中級技能職
J1	担当職	G1	初級技能職

（出所）　『新人事・賃金制度事例集』産業労働調査所，
1989年，388ページ。

けの際に年齢や経験年数などの年功的要素が加味されるという「欠陥」があっ
た。しかし，企業環境の激変の中で「激しい競争に企業が生き残っていくため
には——目標を掲げ，これを確実に達成していく，そしてこれが達成できた時
にはじめて企業も個人も報われるという考え方を従業員一人一人に定着させて
いくことが必要で」あるというのである。こうしてこの改訂は，制度を支える
思想や原理を全面的に改変するわけではなく，その運用において「能力主義」
に純化させようというのである。賃金体系はあくまでもその受け皿にすぎない。
この改訂のねらいは時代状況に対応した「能力義管理」の徹底，人事労務管理
の強化なのである。

　さて改訂の具体的な内容であるが，従来までは「職務評価」による「職級段
階」と「能力評価」による「能力段階」とをそれぞれ別に設定して「職能段
階」としていたのだが，これを統合して，名称も「仕事評価制度」に改めた。
具体的には資料5-5にみられるように事務・技術職は「J1」～「J7」の７段
階の「仕事ランク」に，同じく技能職も「G1」～「G8」の８段階の「仕事ラ
ンク」に区分し，本人の「能力，業績」に基づいて格づけされる。「能力段階」
を廃止したのは，「能力評価」をやめたのではなく，「職級段階」と一体化して

「職級による仕事の質の格付けを実態にあわせる」ためであるとされている。つまり，これまでの「能力段階」は，各級ごとに3ないし4段階の「職能段階」に設定していたが，それぞれの段階に定員を定めていなかったので，実際の運営ではそれが年功的な処遇の「道具」になっていたという。例えば，ある「能力段階」に就いたばかりの者は「職能段階C」，慣れてきた者は「職能段階B」，充分に習熟した者は「職能段階A」とされてきたが，これが特定の職務に就いている年数で運用されてしまうことになったというのである。そこで両者を統一することで，年功処遇の余地を排除したのである。

会社は各「仕事ランク別」の定員枠を各部門に提示するにとどめ，各従業員の格づけの実際は，その枠内で各部門で決定するとしているが，定員が決まっている以上，それに向かっての従業員の相互競争の中で「相対評価」で決めることになる。それだけではない。会社によればその相対評価で「仕事ランク間の入れ替え戦も行い，仕事の実力序列による評価が実現されることを狙っている」というのであるから，相互競争はいよいよ激しさを増すことになる。⁽⁵⁾

さてこの改訂のもう一つの大きな特徴は管理職にたいする管理を強化したことである。従来，この管理職の管理制度は「役職制度」と「資格制度」から構成されていたのだが，「絶えず現在の能力が十分であるか否かを見直す」必要から，「現在の業務遂行能力を計る尺度として」，新たに**資料5-6**にみられるような「管理職等級制度」を設けた（中央にあるピラミッド）。これは管理職としての評価ランキングである。それは一般職の「仕事ランク」に相当し，「職務遂行能力」と「実績」に応じてⅠ～Ⅴの5段階に格づけされる。また一般職と同じように降格もおこなうものとされている。したがって役職への任免の実際は一定の「資格」（資料の左端にある「主査」～「理事」）と「管理職等級」とをもった者のなかからおこなわれることになる。例えば，部長への昇進は，「参事」以上の資格と管理職等級Ⅳ以上の者の中から決められることになる。この場合，「資格」は降格することはないとされているが，「管理職等級」では仕事の実力によって降格がありうるとされているので，成績によっては管理職等級Ⅲに降格される可能性があり，そうなると部長職も解かれることになるはずである。管理職等級制度の最大の狙いはここにある。

このような人事制度の改変の上で賃金体系も大幅に改訂された。改訂賃金体

資料5-6　管理職の評価制度

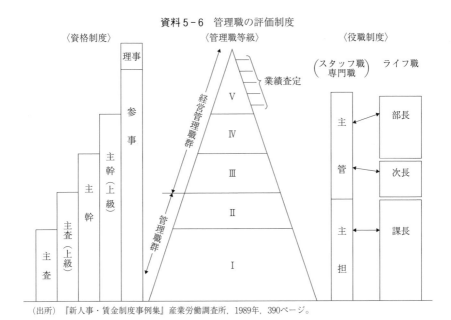

〈資格制度〉　　　　　　　〈管理職等級〉　　　　　〈役職制度〉

理事

参事

主幹（上級）

主幹

主査（上級）

主査

経営管理職群

管理職群

業績査定

V

IV

III

II

I

(スタッフ職)
専門職　　ライフ職

主管

主担

部長

次長

課長

（出所）　『新人事・賃金制度事例集』産業労働調査所，1989年，390ページ。

系の基本的な考え方は「能力に見合った仕事，仕事に見合った賃金の公正な配分」であるというが，具体的には「能力」・「成績」査定の結果を賃金にストレートに反映させるために「仕事給」と「成績給」が新設された。かつて基準内賃金の70％以上も占めていた「特別手当」を廃止して，これを「本給」「仕事給」「成績給」「年齢給」に配分したのである。[6]

　その全体の構造は資料5-7の通りであるが，純粋に年功で決まるのは「年齢給」のみである。「本給」と「資格手当」は多少とも勤続年数を加味されるものの，「成績」と「能力」の評価を基本とするという。また，「仕事給」および「成績給」については純粋に評価のみで決定されることになった。とりわけ「仕事給」と「成績給」は「年齢や勤続にかかわらず，現在担当している仕事の難しさや実績をみて正しく反映させる仕組みになっているので，成績が上がって昇給する人もあれば，成績が下がってダウンする人もある」という。「仕事基準」の配分率は名目上4割とされているが，成績評価による配分は実質的には6割以上になると思われる。それ故，新体系は「仕事ランクが上がったとか，成績が上がったということで昇給額が決まってくるというメリハリのつい

資料5-7 日産の1987年実施の賃金体系

旧	新	賃 金 決 定 基 準			決 定 方 法
基本給	本給	毎年毎年の成績査定の積み上げ	査定 勤続 (積上回数)	総合決定〔30%〕	査定点別昇級額表による積み上げ方式
資格手当	資格手当	能力と勤続による社内序列	資格		
特別手当	仕事給	遂行する仕事の複雑困難度	仕事ランク	仕事基準〔40%〕	(仕事給) ・仕事ランク別にテーブル方式で定める。 (成績給) ・査定段階別にテーブル方式で定める。 ・1年ごとに更新していく。
役付手当	成績給	職務遂行能力の発揮度業績	査定		
作業手当	作業手当	仕事のつらさ	作業等級		
	年齢給	年 齢 別生計費負担	年齢	生計費基準〔30%〕	(年齢給) ・年齢別にテーブル方式で定める。
家族手当	家族手当	扶養家族数別生計費負担	扶養家族数		

(出所) 『新人事・賃金制度事例集』産業労働調査所, 1989年, 400ページ。

た仕組みになっている。……年齢にかかわらず, 努力して成果を上げれば確実に賃金に反映され, 各人の成果が報われるという意味において, 努力しがいのある体系になった」と自賛している。

　管理職の賃金については別の体系を設定しているが, 基本的には一般職と同じである。ただし, 「年齢給」は廃止し, 総合決定の「本給」と「資格手当」, 仕事基準の「仕事給」と「成績給」のみとしている。仕事基準部分の配分のウエイトは前者を4割, 後者を6割として, 「職務遂行能力」と「成績」がストレートに反映されることになっている。[7]

　このように日産の新人事体系の下では, 賃金, 配置, 昇進・昇格, 昇給など処遇のほとんどが従来に増して「職務遂行能力」と「実績」・「成績」の「査定」で決定されることになった。「年齢給」項目を除いて, 従来までのように年功や年齢を考慮に入れることはいよいよ困難となる。「能力主義」への純化といえる。仕事ぶりの評価を求めての労働者間競争がますます強まることになる。その「年齢給」や降格しないとされる「資格制度」なども全体が首尾よく

機能するための潤滑油の役割でしかない。

第2節　「能力主義管理」と女性労働者：性差別の構造

⬚1⬚「能力主義管理」の矛盾

　前節でみた「能力主義管理」の「能力」の精錬化と徹底は大企業のほとんど
でみられた。しかし企業毎にその運用の内部に分け入ってみると，すべての階
層で一律ではない。多くの場合，勤続年数と職位レベルが上がるにつれて厳し
い運用になる傾向にあった。これは，入社仕立ての若いうちは能力育成という
面を考慮して，比較的，年功的に運用する必要があったからである。つまり，
あくまでも相対的にではあるが，入社したての若年層にたいしては，企業への
定着と能力育成を目的に，賃金も職位も年功要素を加味した運用がおこなわれ
るケースが多かった。前節で具体事例をみたように，職位が上がるほどに厳し
い運用になっていく傾向にあった。

　ところが，こうした傾向も女性に関しては例外である。年功を重ねても賃金
も職位も上昇しない。そもそも女性は「能力発揮競争」のレースから除外され
ていたのである。この性差別性が白日の下にさらされるようになったのは，
1985年の男女雇用機会均等法の成立が1つの契機となった。

　「均等法」の趣旨に照らせば，「能力発揮競争」のレースへの参加が性に均等
に開かれていないのは明らかにおかしいのだが，「均等法」成立以降も，女子
学生の就職難，コース別管理をめぐる問題，賃金や昇進差別など女性雇用問題
がマスコミを賑わした。法律で禁止されていたにもかかわらず公然たる性によ
る雇用と処遇差別が横行したのである。女性差別が横行したのはなぜであろう
か。この差別は，熊沢誠にいわせれば，「いわれなき差別」ではない。この差
別は「いわれある格差」なのである。[8] この「いわれある格差」とはどういう意
味か。

　第3章で詳述したように，「能力主義管理」と「職能資格制度」は，「能力」
を基準に，昇進や昇格，昇給，教育，そのほかすべての処遇をおこなう制度に
ほかならない。そこでは個々人の「能力」に見合った形で「平等」に処遇する
ことになっていた。「能力主義管理」は「能力」発揮競争レースへの参加はす

べての従業員に「民主的」に解放されていたはずである。このことを「理念」として，従業員の「合意」形成と動員システムとして機能していたのが「能力主義管理」であったからである。しかし，この競争レースへの参加は女性には開かれていなかった。これは明らかに「能力主義管理」の「理念」と合わない。「能力主義管理」に内包された矛盾である。しかし，結論から先にいうと，女性の多くが差別を受ける「根拠」とされたものは，企業が期待し要求する「能力」を女性たちがもっていないからであった。「24時間戦える能力」や「会社人間になる能力」を女性たちの多くがもっていない（もたない）とされたので，期待しない，「合意」を得なければならない対象としなかったのである。だからこそ熊沢は「いわれある格差」と主張したのである。

　今から振り返るときわめて不当で歪な現象がこの時期に横行した。この当時の歪さは，本質的には，バブル崩壊を経た今日に至るも解決していない。長時間労働，ワーク・ライフ・バランスの欠如，過労死・過労自殺問題として，形を変えて企業社会を覆っている。だが，「能力主義管理」の精錬化と徹底のこの時期においては，「均等法」の成立にもかかわらず，「矛盾」はまだ動員システムを機能不全にするまでにはなっていなかった。この「矛盾」が表面化し，動員システムとしての人事労務管理の原理の見直し迫られるのはバブル経済の崩壊以降のことであった。

　この時期のこの「矛盾」の解決策としてとられたものは，二つあった。一つは「合意形成」の対象としない，別の言葉でいえば，「能力発揮」を期待しない別のコースを設定することであった。この「能力主義管理」を適用しない「働かせ方」を新設し，いわゆる「コース別雇用管理」という手法を用いたのである。それは，「能力発揮」競争に積極的に参加してもらう「総合職」コースと，もっぱらそれをサポートする仕事に従事する「一般職」コースを設け，入社時に労働者自ら自主的にそれを選択させ得るというやり方であった。このコース別管理の研究は渡辺峻に詳しいが，彼の研究によれば，「均等法」が成立した直後の1986年，87年にコース別管理の導入が集中しているという。[9]「均等法」対策であったことは明らかである。「能力主義管理」に内包されていた「矛盾」を別枠で解決する手法であった。

　もう一つの解決策は，「能力主義管理」の内部に矛盾をいわば「隠蔽」する

手法であった。それは職能資格制度と職能給を支える人事評価（人事考課・査定）を通した差別の隠蔽手法である。すなわち，形式的には男女ともに「人事評価」を通して「能力」を判定して，それに基づいて昇進・昇格と昇給を決定する手法を維持しながら，実質的には「能力発揮」を期待しない女性たちの評価点を不当に低くするやり方である。しかもその当時の人事評価は本人に評価結果を告示しないのが通常であったから，差別は隠蔽され，「矛盾」は制度内部に包み込まれてしまったのである。形式的には「平等性」は維持されていたのである。

　こうしたやり方の差別性・不当性が指摘されるようになったのは，「均等法」成立直後，女性たちの抗議と裁判闘争を通してであった。この人事評価をめぐる問題はけして古い問題ではない。その後の，成果主義・業績主義の現在に通じる問題である。以下では，当時熱く議論された女性差別解消への論争に関連した議論を振り返りながら，「能力主義管理」の精錬化と徹底の時代の「矛盾」を論じよう。

　なお，以下で「コンパラブル・ワース」という用語は今日では「ペイ・イクィティ」と呼ぶことが多いようである。それは賃金格差問題の際に使用される「同一価値労働同一賃金」という概念と深く結びついている。

［2］　賃金の性別格差とその解消をめぐる論争

　女性の賃金が低いのは世界的な傾向ではあるが，日本ではこの格差が特に大きい。**資料 5 - 8** は，バブル経済崩壊直前90年代初期の主要国の非農林部門（ただしアメリカだけは農林漁業を含んでいる）の男女賃金格差の実情をみたものである。いくつかの国の数値はパートタイム労働者が除外されているし，またフルタイマーとパートタイマーの区別も一様ではなく，統計の取り方や定義も多様であるから単純な比較はできない。だが，このなかでは日本は韓国と並んでもっとも格差が大きいことがわかる。

　さらに，**資料 5 - 9** は労働省の「賃金構造基本統計」と「毎月勤労統計調査」によって日本の男女賃金格差の1980年代から90年代初頭にかけての傾向をみたものであるが，1992年の女性の平均賃金は「構造統計」では男性の58.9％，「毎勤統計」では51.1％，93年ではそれぞれ59.4％，50.9％となっている。こ

国	韓国	ベルギー	デンマーク	フランス	西ドイツ	オランダ	イギリス	アメリカ	オーストラリア	日本
年	1992	1991	1991	1990	1992	1991	1992	1992	1992	1992
	55.9	64.2	83.3	80.8	73.9	78.0	71.3	76.8	90.9	51.1 (58.9)

(注)　1：男性の賃金を100としたときの女性の賃金の割合を示す。
　　　2：イギリス，アメリカ，日本を除く各国は ILO, Yearbook of Labour Statistics による。
　　　3：イギリスは Employment Gazette，アメリカは労働省 Monthly Labor Review による。
　　　4：日本は労働省「毎月勤労統計調査」と「賃金構造基本統計調査」(括弧内)による。
　　　5：イギリス，アメリカ，オーストラリアはフルタイム労働者の数値。
　　　6：デンマーク，オランダ，イギリス，オーストラリアは成人労働者の数値。

資料5-9　男女賃金格差
(男性：100)

年	賃金構造基本統計調査	毎月勤労統計調査
1985	56.1	51.8
1986	56.6	52.1
1987	57.6	52.3
1988	57.2	50.7
1989	57.0	50.3
1990	57.1	49.6
1991	57.5	50.7
1992	58.9	51.1
1993	59.4	50.9

(注)　1：「賃金構造基本統計調査」は，従業員規模10
　　　　人以上の民間の事業所における男性の「きま
　　　　って支給する現金支給総額」(月額)を100と
　　　　したときの女性の割合を示し，またパートタ
　　　　イマーは除外されている。
　　　2：「毎月勤労統計調査」は，常用のパートタイ
　　　　マーを含む従業員規模30人以上の事業所での，
　　　　男性の「現金給与総額」(月額)を100とした
　　　　ときの女性の割合を示す。
(出所)　労働省「賃金構造基本統計調査」「毎月勤労統
　　　計調査」各年版より。

の２種類の統計調査の間の違いは調査の時期や対象の違いもあるが，主要な原因は前者では女性が多いパートタイマーが除外されているのにたいして，後者は常用のパートタイマーも含まれていることによる。その「毎勤統計」によって少し長期的な変化の推移をみたのが資料5-10である。1960年時点では女性の賃金は男性の約43％という低さであった。その後の高度成長とともに，徐々にではあるが，格差は縮小し，1970年にはようやく50％台に到達した。だが，1978年の56.2％を最高にその後は再び拡大に転じた。1986年に均等法が成立してもなおこの傾向は止まらず，90年にはついに半分以下にまでなってしまったことに驚かされる。以後数年は縮小する兆しがみえるかのようであるが，それでもまだ平均でみて男性の半分で，20年前に逆戻りしている。事実，越堂静子ら「商社に働く女性の会」の調査によると，均等法直後までは45歳の女性と26.5歳の男性が同じ賃金だったが，1992年の調査をみると１歳年齢が下がって，25.5歳の男性と同じに

資料5-10 日本の男女賃金格差の推移

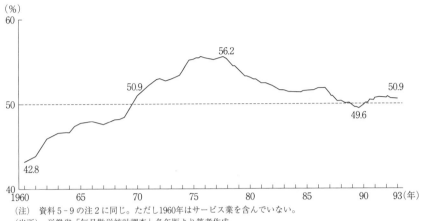

(注) 資料5-9の注2に同じ。ただし1960年はサービス業を含んでいない。
(出所) 労働省「毎月勤労統計調査」各年版より筆者作成。

なり,男女格差は逆に拡大してしまった。女性後進国といわれるゆえんである。[10]

均等法以降自覚的な女性たちや弁護士,そして一部の労働組合を中心にして,こうした状況をなんとか打破しようと様々な努力がなされてきた。日ソ図書という会社で野村美登氏が「自分の賃金は男女同一賃金の原則を規定した労働基準法第四条に違反する違法な差別である」として提訴し,勝訴したことはその代表的な事例である。[11]また後に詳述するように住友グループの女性たちが昇給・昇格差別是正を求めて訴え,それまで「開かずの扉」といわれてきた均等法に基づく「調停」が1994年9月にやっと開始になった。「女性後進国」もようやくその重い腰を上げて格差是正に向かって歩み始めたのだろうか。

ところがこの90年代の初頭,この男女の賃金格差是正方法をめぐって熱い議論が闘わされた。長い間にわたって賃金差別を受けてきた女性たちとそれを支援する弁護士・研究者たちが,欧米で展開されているコンパラブル・ワース運動の一定の成果に触発される形で,日本でもこれを導入すべきだと,それに熱い期待を寄せた。[12]これにたいして労働問題研究者や組合活動家たちが,「それは,1960年代に反対してきた職務給を再現する,あるいは容認することになる」と批判した。[13]そして1993年8月に開催された女性労働問題研究会主催の第8回「女性労働セミナー」で当事者間の熱い議論が闘わされた。[14]さらに翌1994年8月の第9回セミナーでも夜を徹して議論されたという。

この論争がおこなわれた時期は，バブル経済崩壊前後であった。それは「能力主義管理」が精錬化され，徹底され，従業員が競って「能力発揮競争」に勤しんでいた時期である。その「会社人間」への批判と女性への内包された「矛盾」が表出し始めた時期であった。「能力主義管理」の限界と，その後の人事労務管理の方向性を見定める意味でも，以下，少しこの論争を詳述する。

　論争は必ずしも噛み合っているとはいい難かった。それは，論争の両当事者とも差別の解消を求めるという点では基本的に一致しながら，双方に重大で無視しえない誤解と無理解があったためである。コンパラブル・ワースを推奨する人々は，日本の賃金と人事管理制度の理解が適切であるとはいいがたかった。他方の側には，それを批判するあまり，コンパラブル・ワースの中にある思想や発想に学ぶという姿勢に欠けていた。もとより論争は，コンパラブル・ワースをどう理解するかにとどまらず，なぜ日本の賃金は先進国の中でも格段に男女間賃金格差が大きいのか，日本の賃金体系と人事・労務管理をどのように把握するのかなど，大きな問題を含んでいた。また同時にそれは女性の賃金格差是正問題だけでなく，長時間労働，「過労死」をも生む「日本型企業社会」，「競争的な職場秩序」を克服する問題でもあった。木下武男は「日本における労働運動とフェミニズムの最初の出会いは，まず女性の涙で終わった」と評した。「女性の涙」で終わらせずに「論争」が積極的なものになるためには，何を問題にすべきだったのか，男女の賃金格差の原因はどこにあるのかを考える必要がある。

③ コンパラブル・ワースの推奨

　コンパラブル・ワース（comparable worth）とは「同一価値労働同一賃金」と日本語訳がつけられているアメリカでの呼称であった。その後，ペイ・イクィティ（pay equity）といわれるようになったが，その内容について，先学の研究成果を参考にしながら概観することからはじめよう。

　労使の対抗の多様な事情のなかで欧米諸国で一般化した賃金形態は「同一労働同一賃金」（equal pay for equal job）の原則であった。つまり同じ職種の中の同等の熟練を必要とする仕事を担当する労働者には，企業や年齢，性別にかかわらず同じ賃金が支払われるべきだとする原則である。それは経営側の恣意に

よる差別と分断に抗して「公正」な賃金を求める労働者と労働組合の闘いの成果でもあった。イギリスのある組合活動家が石田光男に「"俺はお前と同じ仕事をしているのに，お前は 8 ポンド多くとっている" というのはフェアーではない」と答えたというが，ここに「同一労働同一賃金」の考え方の典型をみることができる。

　もしそれがその通りなら男女の賃金格差が生まれるはずがない。同一の職務を担当する男女には同じ賃金が支払われるはずだからである。それにもかかわらず，例えば職種・職務別賃金の典型国であるイギリスでも女性の平均賃金は男性の 7 割にすぎない（1992年10月現在）。日本より小さいとはいえ，いったいこの格差はどこからくるのだろうか。

　高島道枝の研究に依拠すれば，それは次のようにまとめることができる。第 1 に，就業分野で男女の職業に関する棲み分け Job Segregation by Sex がみられ，高給の熟練職，技能職から女性は排除されていること，しかも第 2 に女性が多く就いている職務＝「女性職」の社会的評価が相対的に低く位置づけられていること，第 3 に，「家族賃金」の「幻想」から，男性と同じ職種・職務についていても女性は低い熟練等級に位置づけられていることである。

　このように考えられるとすると，男女の賃金格差の是正のためにはこの三つの格差要因を除去することが必要である。後述するように，いま日本の女性たちが問題にしているものは，実質的な内容は同じではないとはいえ，この第 3 の要因による格差に類似しているように思われる。日本に比べて「同一労働同一賃金」の考え方が格段に浸透している欧米の社会的文脈から考えてみると，この第 3 の要因は理論的にはその「同一労働同一賃金」原則からの逸脱と考えられる。だがしかし「同一労働同一賃金」原則を遵守してもなお男女の賃金格差が実際にはある。それは第 1 と第 2 の要因のためである。すなわち職種・職務別賃金下で男女格差が生まれる原因は，多くの女性たちが「女性職」といわれる職種に就業せざるをえない状況にあること，そしてそれが低い賃率に押え込まれていることにあり，こうした問題は明らかに「同一労働同一賃金」の適用では解決できないものであるというわけだ。したがって必要なことは女性の就業職種・職務の範囲を拡大し「女性職」構造を解体すること，また「女性職」を再評価してより公正なものに引き上げていくことにあると認識される。

この前者の解決を目的とした運動はアファーマティブ・アクション（affirmative action＝積極的差別是正策）と呼ばれ，後者の「女性職」の低賃金構造の是正をめざすものがコンパラブル・ワースである。つまりコンパラブル・ワースは，いまの就業構造の改善が叫ばれながらも遅々として前進しない現実を直視し，それならその就業構造を前提にしながらも，その枠内であっても男女賃金格差を可能な限り縮小していこう，おそらくこうした対応の中から生まれた発想であろう。コンパラブル・ワース運動が必要だと主張される根拠はまさにここにある。

　その具体的制度的なあり方は各国によって異なる。そもそも呼び名も，先述のように，アメリカではコンパラブル・ワース，イギリスではイクォール・ヴァリュー（equal value），カナダの場合はペイ・イクィティと異なった用語が使用されている。また森ます美によると，最近はアメリカでもコンパラブル・ワースよりペイ・イクィティの方が多用されるようになっているという。[18]しかしほぼ共通していることは，それぞれの具体的な職種や職務について「職務評価」をやり直して「同一価値労働」を測定するという点である。そのやり直し作業を経営者に任せるのではなく，組合や女性団体，あるいは第三者機関が介入するのが特徴となっている。この「職務評価」を通じて同じ点数の職務は，その担当者が男性であろうと女性であろうと，同じ賃金を支払うべきであり，またその点数に公正にリンクした賃金を支払うべきであるというのが欧米諸国でおこなわれているコンパラブル・ワース原則である。これを通して「女性職」の低賃金を解決していこうというわけである。居城舞子によれば，アメリカのいくつかの州政府がこの方式を適用した結果，「たとえばアイオア州の場合には，男性100として，実施前74の女性賃金が，実施後には82と格差が縮まっていますし，同じくミシガン州でも79から88へ，ワシントン州は77から90へと，賃金の男女間格差が縮小していることが報告され」ているという。[19]

　さてこうした欧米諸国の運動に触発される形で，コンパラブル・ワースが日本でもにわかに注目されるようになり，男女の賃金格差解消への有効な理論的・実践的方式として推奨されている。

　その熱心な推奨者の一人，森ます美は日本でもそれを実施すべき根拠として次の2点を指摘している。第1に，日本もILOの100号条約（同一価値につい

ての男女労働者に対する同一報酬に関する条約；equal remuneration for work of equal value）を1967年にすでに批准しており，日本政府と国はこの同一価値労働同一賃金の原則を実現する義務を負っている。第2に，最近のコース別管理制度の導入のなかで賃金体系が変化し，年功的なものから職務給や仕事給，職能給のウエイトが高まってきているのだから，「このあたりを，なんとか逆手にとって具体化していくことが」可能だし，必要でもある。(20) また弁護士の中下裕子氏も次のようにいう。同一価値労働を判定するための「職務評価制度」は，「他の賃金制度と比べて，その客観性と明確性においても，また公平さにおいても，優位な制度」であり，「賃金の男女差別の是正のためにたいへん有効な制度なのです」。したがって「その導入を積極的に進めるべきで」あり，そのためには，法制度の整備と賃金制度の改革が必要であるという。この後者に関しては次のように説明されている。日本は「労働の質や量に応じた賃金制度ではなく，年功や生活給という要素に重点を置いた賃金制度がとられ」「職務評価制度の導入はあまり進んで」いなかったのだが，「近年，日本でも技術革新の進展に伴って労働力が流動化し，……年功賃金制度はいまや抜本的な見直しを求められている」。したがって日本でも，「同一価値労働同一賃金を基本とする新たな賃金制度の創出が求められている」(21) と。

　世界のフェミニズム運動は単なる「機会の均等」から「結果の平等」に力点を移行させている。その「結果の平等」が遅々として前進しない現実のなかで，コンパラブル・ワースは何よりもこの「結果の平等」をいかに実現するかという欧米諸国の苦悩に満ちた運動のなかから生まれたものと考えられる。欧米諸国よりも格段に厳しい日本の職場で苦悩している女性たちを前に，今こそ「結果の平等」を実現するためにこうした思想に学ぶべきだとする限りで両氏の姿勢は高く評価されてよい。

　しかし問題はその先にある。手法とそれを支える思想に学ぶということと，それを社会的文脈が異なる国に「適用」することとは自ずと別の問題である。何よりも賃金の決まり方が違う国では，男女の賃金格差の仕組みも同一ではありえないのだから，「結果」としての平等な賃金を実現する方法も同じではない。確かに森も「アメリカやイギリスの制度を引っ張ってきて，この日本の現実にそのまま導入するということ」を考えているわけではないと明言されては

いる。しかし以下に検討するように，事実上，日本の現実を軽視もしくは誤解した議論になっているという批判を生むことになった。

〔4〕 コンパラブル・ワースへの批判

　1993年4月から9月まで雑誌『労働運動』にコンパラブル・ワースを全面的に批判する論文が相次いで掲載された。これらの批判論文にほぼ共通なのは，「同一価値労働」を要求することは職務評価を要求することになるのだから，それは「日本の階級的労働組合が一貫して反対してきた職務給の導入を労働者の側から要求せよと主張する」ことになり，差別の解消にならないという主張である。したがって必要なことは「同一価値労働同一賃金」なのではなく，すべての労働者が結集し団結できる「同一労働同一賃金」なのだという。批判点は多岐にわたるが，ポイントは職務評価と職務給容認論にたいする批判にある。

　しかし，このように「同一価値労働」と職務評価を直結させ，その後者を否定することによって「結果としての平等」をめざす「同一価値労働同一賃金」の思想そのものを一喝してしまうような批判の仕方はいかがなものか。もっともコンパラブル・ワースの推奨者たち自身が職務評価を「絶賛」する向きもあるのだから，それを批判したまでともいえるかもしれない。

　この職務評価は労務管理手法の一環として開発され運用されてきたものであるから，企業側の恣意性・主観性の混入を排除することは困難である。この点に異論はない。しかしこのことが「同一価値労働」の考え方を退けることになるのだろうか。コンパラブル・ワースの運動は性的バイアスと結び付いた職務評価の恣意性・主観性が職種別・職務別賃金の不当な格差となっていることを問題にしているのである。下山房雄がいうように職務評価が「主観的な」ものだからこそ，労働者と労働組合に有利に変更させることも不可能ではない。労務管理としての職務評価を突破できるかどうかは，それこそ「労使の力関係」に左右される。問題は職務評価それ自体にあるのではなく，その内容とやり方にある。こうした欧米の男女賃金格差の根源に迫る運動を正当に評価し，そこに流れる考え方をもっと積極的にみる必要があるのではないだろうか。経済学の原理論的批判で片付けて，すべてを一喝してしまうやり方では「産湯を捨てて赤子を流す」ことになりかねない。しかも後に述べるように日本の現在の賃

金の決まり方をみれば職務評価批判が格差是正問題にとって有効なわけではない。従ってまた，日本のコンパラブル・ワースの推奨者たちへの有効な批判とはいえない。欧米での運動を日本に生かしていく積極的な批判こそが望まれる。

　また職務給導入・容認論批判も有効な批判であるとは思えない。多くの論者が指摘するように，欧米の職務給は，労働者と労働組合の運動の中で，「労働者間競争を組織する搾取強化の手段」＝人事労務管理としてうまく機能しえなくなってしまった。だからこそ90年代に入ってから欧米の経営者は，フレキシビリゼーションとかジャパナイゼーションのかけ声のもとで，そこからの脱皮を志向し，「日本的な」人事評価に基づく賃金体系を導入しつつある。[24]つまり，きわめてフレキシブルな新しい「職務」を基礎にして，日本の職能給に似たやり方を導入しようとしている。そのような時に，財界がそれを捨てて，かつて60年代に日経連が追求した「職務給」の再現を望んでいるとは思えない。批判者たちの本意が「労働者の側から職務評価を求めると，逆手にとられて，労働者間競争をあおる職能給を強化する口実を与えることになる」という意味なら，それはそれとして理解はできる。

　しかし女性の賃金の低さの原因に立ち返った問題提起をすべきであった。その原因に迫っていけるように，職務給導入論批判ではない，もっと別の視角からおこなわれるべきであった。つまり「みずからの労働が正当に評価されていないと感じている労働者の要求に応える」ために，欧米の「同一価値労働」運動に学び，その思想を日本に応用する方策を提起する批判であるべきであった。そのためには日本の賃金体系の特徴はどこにあり，その下での男女賃金格差はどこからくるのか，それを是正するには何が論じられるべきかを検討すべきなのである。それをせずに「男女差別賃金が是正されないのは，資本主義社会の階級的本質によるものです」などと「本質還元論」的主張を繰り返してもほとんど意味はない。

　こうしてみると，批判論文の中では山田郁子の「『同一価値労働同一賃金』の主張を見た場合，（日本の——黒田）『賃金はどのようにきめられるか』についての誤解があるのではと感じさせられます」という主張は積極的に受け止められるべきである。山田は，日本の賃金は人事評価に基づく職能給であり，欧米の職務評価に基づくものとはまったく異質なものであることをコンパラブ

ル・ワース推奨者は理解していないのではないかという主旨の批判を展開している。この批判は正鵠を射ている。この重要な指摘からコンパラブル・ワース推奨者たちの主張をみると次のような問題点が考えられる。

　まず何よりも第1に，「同一価値労働同一賃金」として欧米で実践されているものは職種別あるいは職務別に賃金が決定されている現状の中での運動であることに注意すべきである。推奨者たちの最大の弱点はここにある。欧米の賃金は人の属性とは無関係に仕事の種類で決められており，いわばそれぞれの仕事に「値札」がついているようなものである。だからこそ「女性職」の「値札」を公正なものにせよという運動が効力を発揮するのである。これに対して日本の賃金は，仕事ではなく，人の属性で決められている。これを無視（軽視）したから「職務評価制度は賃金の男女差別の是正のためにたいへん有効な制度です」と誤って一般化してしまった。賃金が職種・職務ではない別の要素で決定されている国では，したがって男女の賃金格差の原因が別のところにある国では，それは「有効な制度」であるとはいえないことになる。「同一価値労働」の思想の具体化も別の違ったやり方が考えられるべきだろう。ただ高島道枝が指摘しているように職務範囲が明確な若干の職種（例えば同じ学歴のレントゲン技師，臨床検査技師，歯科技工士，看護婦，保母など）の間では可能かもしれないが，それは限定されている。

　第2に，これに関連して日本の賃金形態についての理解が正確ではない。例えば「年功賃金制は，終身雇用を前提にすれば，基準が明確で平等に適用されるという意味で，労使双方にとって合理性があり，そのために現在まで多くの職場で維持されてきた」という理解は，あまりにも「常識的」な年功賃金像にとらわれすぎている。年功賃金とは，木下武男が正確に述べているように，年齢や勤続だけでなく，企業への貢献度や「能力」・「意欲」などの評価（人事考課＝査定）に基づいて昇給する制度で，「客観的基準の不明確な賃金」なのである。この上司による部下の人事評価の点数で賃金が決められるところにこそ過労死に至るまでの「勤勉性」と労働者相互の「底なしの競争主義」を生み出すものとなっている。

　さかんにいわれている「年功賃金の廃止」とは，賃金を具体的に決める際に，人事評価＝査定で「能力」要素の評価を強化することを意味している。名前が

職務給であったり，仕事給であっても，内容的には欧米の職務給ではない。職務毎に決められた賃金を担当者の属性とは無関係に受けとるという欧米の原則と違って，あくまでも人にたいする賃金（属人給）であり，同じ「仕事」を担当していても各人の人事評価の点数によって上下する性格をもっている。だから女性の賃金がその下で働いている男性よりも低いという奇妙な現象すらおこるのである。このことはコース別管理や職能資格制度においてもなんら変わることはない。同じ「資格」であっても査定結果次第では同一賃金ではないのである。「同一価値労働同一賃金」原則の適用の仕方が，「職務評価」のやり直しではない別の方式が考えられるべきであるというのはここに根拠がある。

　第3に，コンパラブル・ワースの推奨者たちは「職務評価」と「人事評価」の区別と関連の理解において混乱がみられる。森ます美は，「日本の職務給，仕事給，職能給」とコンパラブル・ワースとは「共通項」があるとして，こう述べている。「職務給，仕事給というなかには，その職務を評価する基準というのがあるわけです。そこでは，たとえば基礎知識，実務知識，企画力，判断力，環境条件といった一応の指標が作成されています。ただ，その評価をするのが，アメリカのコンパラブル・ワースのように，客観的第三者機関がするのではなくて，日本の場合は上司が，考課とか査定という形でしているところに，ひじょうに恣意的なものが入っている」。前半でいわれているのは「職務評価」であって，それは具体的な担当者を想定せずに純粋に「仕事」の質的な評価をおこない，「仕事」のランク付けをおこなうのである。その手続きの結果は，日本の場合は例えば職能資格制度やコース別管理に利用され，アメリカやイギリスの場合は賃率に反映される。この手続きは個々の人間に対する評価ではなく，あくまでも「仕事」の評価なのである。もっとも日本の場合は「職務範囲」が曖昧でフレキシブルなのだから，「職務」一つひとつを厳格かつ詳細に「評価」するのではなく，きわめて大雑把におこなわれているに過ぎない。

　ところが後半でいっている「考課とか査定」つまり人事評価は「職務評価」とは別物である。後半の日本の評価のやり方で述べていることは職務評価ではなく，人事評価なのである。人事評価は具体的担当者がどの程度「職務」を遂行する「能力」を保持しているか，あるいは決められた通りに遂行したかどうかを評価する，いわば人間に対する評価の手続きなのである。これが混同され

てあたかも「評価」が客観的か恣意的かの違いに日米の違いをみてしまい，労使双方がきちんと入って職務評価することが格差是正に有効であるかのように主張されている。両者の区別は重要である。現代日本で広く普及している職能給，職能資格制度では，「職務評価」できわめて大雑把に分類され「評価」されたものを基準にしながら，必要とされる「能力」が評価されランクづけられているのであって，「職務」がランクづけされているのではない。その上で各人への人事評価で各個別労働者の「能力」ランクが決まり，それに応じて賃金が決められるのである。この場合，人事評価の恣意性・主観性はいうにおよばず，女性ははじめからその点数が低くされるようになっている。ここが問題の核心なのである。

⑤ 賃金格差と人事評価

労働基準法の第4条で「使用者は，労働者が女子であることを理由として，賃金について，男子と差別的取扱をしてはならない」と明確に男女差別を禁じているにもかかわらず，既にみたように格差は歴然としてある。

現代日本に支配的な賃金体系の中で女性差別として問題にされているものは，上にみた人事評価の過程で女性を差別的に取り扱うか，もしくは不利な評価・査定システムに原因がある。それは，この低成長期に広く深く浸透した「能力主義管理」，能力発揮競争レースへの参加機会が民主的に解放されているはずの「能力主義管理」の中に隠蔽された「矛盾」であった。

そこで一つの実例をあげてみよう。

住友金属工業に勤める北川清子氏は勤続34年（1994年現在）の女性で，当時，大阪の本社で自主管理活動の事務局責任者として女性の「能力」開発のための教育・研修に携わっていた。彼女は同期同学歴の男性と比較して昇給・昇格，配置，賃金で著しい差別を受けているとして，他の同じ住友系の二つのメーカー（住友電工と住友化学）に勤める女性たち11名とともに，1994年3月23日に大阪婦人少年室と大阪簡易裁判所にたいして調停申請をした。そして同年9月13日，大阪婦人少年室は住友金属のケースのみについて均等法15条に基づく調停開始を通知した。他の二つのメーカーについては調停不開始となったとはいえ，機会均等法成立施行9年目にして初めての調停開始である。ところが1995

資料 5 - 11　住友金属工業の高卒男女職分等級分布（事務職）

●男性　○女性

		~30	35	40	45	50 歳
管理職					●●●	●
管理職補佐				●●●●● ●●●●●	●●	●
企補職	1 級					●
	2 級					
	3 級					
専門職	1 級				○	
	2 級		○○○○○	○○○		
	3 級		○○○			
一般職	1 級					
	2 級					
	3 級					

（注）　この図は北川清子氏らが知りうる限りの情報で作成したもの。
（出所）　北川清子氏からの提供による。

　年 2 月20日，大阪機会均等調停委員会が出した調停案は，女性たちが受けた差別を具体的にどう救済するかという肝心な点には何も答えないきわめて不当なものであった。日本を代表する巨大企業のしかも基幹産業で「発生」したものであるだけに，特殊ケースではなく，日本の男女賃金格差の一つの典型である。
　この住友の三つのメーカーはどこも職能給制度をとっている。住友金属ではそれを「職分制度」と呼び，資料 5 - 11 の左端のような11段階の「資格」（「職分職級」）に格づけされている。毎年 1 回，上司が「能力評価」をおこない，その評価で昇格・昇給が決まるようになっている。評価項目は大きくいって「技能度」「勤怠」「人的特性」という 3 項目，このうち「技能度」にはさらに「熟練」「実績」「応用力」のサブファクターが，同じく「人的特性」には「積極性」と「協同性」のサブファクターが設けられており，この全部で 6 項目のそれぞれを 5 段階評価し，各評価要素の各段階に設定されている点数を合計した「能力評価点数」をもとにして「OA」を最高に「A」「B」「C」「OC」の 5 段階の「能力区分」が決められる。実際の具体的な職級，職位，賃金はかなり複雑な算定式と手続きでおこなわれるが，要するに各評価要素の点数と「能

力区分」がすべての基礎になっている。

この一見，科学的で明瞭な「能力評価」も，実は，例えば「仕事の応用力」
のｂ評価は「状況の変化に応じ，普通程度に処理し得る」，また「協同性」の
ａ評価は「積極的に他とよく協力して仕事を行う」などときわめて抽象的にし
か定義されていない。考課者の主観でゴムのように自在に伸縮可能なこのよう
な定義では評価の基準はないに等しいといわねばならない。ある種のバイアス
が入るとａにもなるし，ｃにもなりうるのであり，これに女性への偏見が加わ
るとどうなるかは自ずと明らかである。具体的には複雑な算定式と手続きでお
こなわれるが，どの場合も要するに各評価要素の点数と「能力区分」が基礎に
なっているのである。結果として，資料５‐11にみられるように男性は全員上
級職級であるのに，女性は最高でも最年長者の「専門職１級」という格差構造
が常態化することになった

北川さんは結婚する前まではＢ評価だったが，結婚以降はほとんどＣ評価で
あったという。そのため同期同学歴の男性に比べて昇格は遅れ賃金も50％もの
格差がある。それだけではない。実質的に彼女の仕事の補助をしている勤続年
数の短い男性よりも大幅に低かったという。彼女の訴えに組合は「男女差別は
ありません」というが，「女性はほとんどＣ」という当時の人事責任者の言葉
にみられるように，この人事評価の過程のバイアス，主観性，恣意性が賃金格
差を生じさせる原因となっていたのである。しかもそれが「能力差」という形
式で表現されるから，女性差別をみえにくくしている。これが第１。第２に，
住友金属の場合はたまたま「苦情処理機関」があって，北川さんは自分の評価
点の実際を知ることができたのだが，他の２社は各人の評価表は公開していな
い。これは例外ではなく，当時，通常は公開されていないところが多かった。
人事評価が隠されたままになっていて，自分の評価点すら知ることができない
のである。したがってなんとなく差別されていることは感じても，それを確認
することができない仕組みになっていたのである。第３に，もし処遇に不満な
場合，訴えて是正させていく機関や制度が必要なのだが，そうしたものをもっ
ているところは例外的であった。しかも何よりも第４に，人事評価の不当性を
追求し是正させるべき労働組合すらが「差別なんてない。要するに能力差だ
よ」と「断言」し，それを規制する姿勢をもっていなかったのである。職能給

と職能資格制度の下では，事実上，団体交渉ではなく，上司による評価で決まってしまう。そのことに異を唱えない労働組合は，差別を温存させ，労務管理主導型の職場状況を許してしまっているといわねばならないだろう。

　こうしてこの第Ⅳ期における「能力主義管理」の下での人事評価システムが，上でみたように人格や「人的特性」までをも含んだ「能力」が基本になっていることの非合理性は明かであろう。まさしく，能力発揮競争レースへの参加機会が民主的に解放されているはずの「能力主義管理」の中に隠蔽された「矛盾」なのであった。同じ仕事をしながら，あるいは自分の補助業務の男性と比べても，自分の方が低い賃金しかもらっていないことを知った女性たち，ましてやそれが「能力差」であると説明されたときの女性たち，彼女たちの憤りは大きい。本多淳亮がいうように「まさにこれは人権論」である[32]。

⑥ 人事評価にたいする規制と改革の必要性

　こうしてみると「同一価値労働同一賃金」の思想を日本に応用することを考えると，何よりもこの人事評価への規制や改革を考えるべきである。比較するのは「職務」と「職務」ではなく，人事評価の点数である。男女間で公正・公平なものになるように，人事評価の過程と結果に労働者や労働組合が積極的に関与し，是正させるのである。欧米のコンパラブル・ワースが「女性職」構造を解体するものでなく，その就業構造の枠内での賃金格差縮小をめざすものであったのと同様に，人事評価への規制と関与それ自体は，職能給や職能資格制度，さらには就業構造そのものを解体するものではなく，その枠内での男女の処遇と賃金格差の縮小をめざすものでしかない。とはいえ，それは男女格差是正のみならず，長時間労働，「日本型企業社会」，「競争的な職場秩序」を克服していく出発点になるだろうし，公正・公平な賃金制度の確立への一歩となるに違いない。

　この人事評価への規制と介入を考えるとき，1990年代イギリスの労働組合の運動に注目すべきである。イギリスでも1980年代後半から「日本的な」人事評価による賃金が導入され，普及してきた。そうなるとたとえ「同一労働」でも「同一価値労働」でも同一賃金が保障されるとは限らなくなる。例えばIMS（労働力研究所）がEOC（機会均等委員会）にあてた調査報告書によると，「経

営者は従業員の性別によって異なる特性を重視して査定し」「女性たちは男性たちよりも業績評価基準により多く不満を示していた」という。そこで多くの組合では人事評価による賃金決定を拒否する運動を展開しつつ，導入されてしまったところでは人事評価への規制，介入の姿勢を強めているのである[34]。

　人事評価への規制・介入の第1は考課項目への規制である。評価項目を職務関連的なものに限定させ，個人資質や性別，民族，年齢による差別の可能性のある項目を排除するための交渉を重視している。「女性にたいする差別が入り込まないよう評価基準を明確にさせ，残業や組合活動，病欠，産休などは考課から外す」ことが主張され，ある調査では「明瞭で測定可能な責任度」や「職務明細書」で評価している企業が80％以上であったという。また第2は考課の客観性，公平性を高めるための規制である。考課の客観性を確保するためのクロス・チェック制度（これはときにはグランド・ペアレント制度とも呼ばれる）や第三者による考課，また偏向がないかを点検できるようにすべての評価結果の情報を本人と組合に公開させることなどがおこなわれている。また「評価が個人への圧力として使われないよう」留意しながら，評価者と被評価者との面談が重視されている。特に評価結果に不満な場合，そのことを報告書に明記して，報告書への署名をしない権利の保障が要求されている。評価者と被評価者の双方の署名がないものは有効とされないからである。第3に，このことから多くの企業では救済機関（アピール・システム）が設置されている。評価結果の是正を訴えるこの機関，両者の主張が一致しなかった場合はさらに上訴でき，通常は2段階か3段階になっている。そしてそのすべての段階に自分の同僚や組合役員を同伴させる権利があるという[35]。

　本節との関わりでいえば，職務評価による「同一価値労働」の限界性を認識して，人事評価に潜む女性差別を排除するために，評価の客観性，公平性，納得性と公開を重視して，人事評価そのものを団体交渉の対象にしていこうという姿勢を堅持している。この新たな努力と実践に私たちは多くを学ばなければならない。実際，90年代初頭にはイギリスの地方自治体の56％が人事評価に基づく賃金制度（業績考課給）を導入されたといわれているが，現在ではほとんどの自治体で廃止されたという[36]。

　社会的な状況が異なるし，何より組合自身が「差別なんてない」と主張して

はばからない状況だから，このイギリスの経験を直ちに日本に生かせるわけではない。しかし「同一価値労働同一賃金」思想の日本への応用は，労働者，労働組合による人事評価への規制を実現することから始められるべきだろう。

第3節　「能力主義管理」の限界と自己責任へ

　低成長期の人事労務管理を考察してきたが，全体を振り返ってまとめてみよう。

　オイル・ショックは，「減量経営」という名で中高年を中心にリストラ＝人員削減を進めただけでなく，雇用の弾力化のかけ声で「選択定年制」「早期退職優遇制度」など定年制のあり方に修正を加え，終身雇用も事実上は能力主義的な運用に変化させることになった。また「プラザ合意」による円高は，企業の海外進出を強制させることになったが，そのことが同時に日本の人事労務管理が海外から注目を浴びることになり，空前の「日本的経営ブーム」を呼び起こしたのである。既述の通り「24時間　戦えますか」なる栄養ドリンクのキャッチコピーが流行ったのはこの時期であった。それはこうした国際化の流れを背景にしたものであったということができる。

　この二つの重大な経営環境の変化は明らかにこれまでとは違う異質なものである。しかし，それでもなおこの期におこなわれた人事労務管理＝「労働者の動員システム」・「労働者の統合のメカニズム」，人々の「働かせ方」の原理という点からみると，その前の第Ⅲ期で成立し，定着していった「能力主義管理」の精練化と徹底ととらえることができる。より厳密にいえば，運用の厳格化，「能力」要素の重視の深化の過程であった。この期をとおして，従業員は「会社人間」として仕事に専念し，競争に打ち勝っていく行動に駆り立てられることになったのである。

　具体的にいえば，可能な限り年功要素を圧縮して，「職務遂行能力」一本で処遇していく，このような意味での「能力主義管理」の徹底，あるいは精練化である。低成長とその後のバブル期を通して各社とも競って制度を改定して「能力主義」を強めていった。

　労働省の「雇用管理調査」に依拠すれば，職能資格制度は，80年代後期，大

企業では80％強の導入率であったが，その後拡大し，バブル崩壊寸前には90％前後にまで普及した。制度の導入ばかりか，その運用において年功的運用を避けるための様々な対策が講じられた。その一つが「滞留年数〈経験年数〉」を廃止することである。この「滞留年数」とは，一つの職能資格に留まる年数を設定し，その年数を超えるとほぼ自動的に昇格させるというものである。例えば，最短3年，標準5年，最長8年などと設定しておき，成績優良者には3年で昇格，平均的な者は5年で昇格させ，5年以上滞留している者は6〜8年目には昇格させるという運用である。従業員の「受容」を考慮して設定している企業が多かったが，その後，年功的な運用に流れるとの批判から廃止する傾向が強まってきた。労務行政研究所の調査では，バブル崩壊直前の1990年段階では「標準年数」を設定していない企業〈規模計〉は54.5％，「最長年数」を設定していない企業は60％にもなっていた。つまり滞留年数自体を廃止する企業が年々増えていったのである。[37]

　精練化のもう一つの方法は，昇格の方法の「改善」であった。前章で述べたように，資格昇格には「卒業方式」と「入学方式」がある。「卒業方式」とは現在の資格段階に求められる「能力」要件を満たせば昇格させる方式であり，後者の「入学方式」とは一つ上の資格の要件を満たしたときに初めて昇格させる方式をいう。年功的な運用の廃止という視点に立てば「卒業方式」を廃止することになる。これについての調査は少ない。上記の労務行政研究所の調査はあるが，残念ながら1997年調査である。それによれば，「入学方式」を採用している企業の割合が，上位等級では76.4％，中位等級では67.9％，下位等級でも46.1％であった。その3年前，社会経済生産性本部が同様の調査をしているが，上位等級51.0％，下位等級40％であった。時期が少しずれてはいるが，全体として徐々にではあるが運用の面で「能力主義」の徹底を確認できる。

　こうして，低成長期，バブル期全体を通して，「能力主義管理」は精練化されていった。この職能資格制度は企業が期待し要求する能力発揮を外的強制ではなく自発的・自主的目標とさせ，自己の意志と責任で互いに競争しあうことになる。こうして，会社の業績を上げていくことに従業員自ら勤しむことが日常的な風景になってしまった。冒頭に記した「24時間戦えますか」，「会社人間」の言葉が流行ったのは，こうしたことの反映であった。

　ところでこの「能力主義管理」は，外的強制ではなく民主主義という概観を呈しているから，競争に参加するもしないも個人の責任とされる。さらに競争秩序にたいする批判と拒否は民主主義への挑戦と映るから，そのことによる不利益もまた個人の責任として当然視されることになる。この人事労務管理に関わる「自己責任」がより鮮明により前面に強調されるようになるのは，バブル経済の崩壊とグローバル化が浸透する90年代中期以降のことである。このバブル崩壊以前は，まだ「会社人間」として「能力発揮競争」に動員させる原理として「能力主義管理」が機能していた。もちろん「矛盾」がなかったわけではない。その矛盾の一端は1985年に成立した「男女雇用機会均等法」の成立で表出する。「能力主義管理」の原理は，女性を「能力発揮競争への平等な参加」の外側においていたのであるが，「均等法」はそれを禁止したのである。この点で，「均等」ではなかったのであるが，企業は「能力主義管理」の下で二つのやり方で「矛盾」を回避した。一つは「能力発揮」を期待しない別のコースを設定する「コース別雇用管理」という手法であり，もう一つは「能力主義管理」の内側の「人事評価制度」を用いて「矛盾」を内部化（隠蔽）するやり方であった。

　しかし，このことは経済環境と社会のあり方がさらに変化するにつれて，労働者の動員システム，「合意」形成システム，統合のメカニズムの原理としての「能力主義管理」が限界に突き当たり，矛盾が露呈する過程でもあった。一方では，労働者の「合意」と「統合」の前提であった企業と経済の成長がみられなくなり，長期雇用と年功処遇の余地がなくなったこと，他方ではグローバル化と少子高齢化に伴う経済環境の激変によって「能力主義管理」に内包された「矛盾」が一気に爆発することになったのである。バブル崩壊とグローバリゼーションの進展は，新しい「統合」のメカニズム，動員システムを必要とするようになったのである。

注

(1)　花田光世「人事制度における競争原理の実態」『組織科学』Vol. 21No. 2，1987年，44〜46ページ。
(2)　『新人事・賃金制度事例集』産業労働調査所，1989年，386，389ページ。

(3) 同上書，392ページ。

(4) 同上書，393ページ。

(5) 同上書，389ページ。

(6) この特別手当について詳しくは，山本潔『自動車産業の労資関係』東京大学出版会，1981年，91〜93ページ。

(7) 以上，前掲，『新人事・賃金制度事例集』403ページ。

(8) 熊沢誠『格差社会ニッポンで働くということ』岩波書店，2007年，28〜30ページ。

(9) 渡辺峻『コース別雇用管理と女性労働』中央経済社，1995年，17ページ。

(10) 女性労働問題研究会編『女性労働問題研究』第26号（『賃金と社会保障』No.1132），労働旬報社，1994年，29ページ。

(11) この件について詳しくは，中島通子・中下裕子・野村美登『賃金の男女差別の是正をめざして』岩波ブックレット No.338，1994年，を参照されたい。

(12) 同上書および女性労働問題研究会編『雇用平等の最前線』岩波ブックレット No.277，1992年，を参照。

(13) 米沢幸悦「女性の差別賃金是正のたたかい」『労働運動』新日本出版社，1993年4月。斉藤秀吉「『職務評価』＝職務給導入論の害悪」同上誌，1993年6月。山田郁子「差別賃金是正の闘いと要求原則」同上誌，1993年7月。庄司博一「職務・職能給反対闘争の教訓」同上誌，1993年9月。

(14) 女性労働問題研究会編『女性労働問題研究』第25，26号（『賃金と社会保障』No.1122，1132），労働旬報社，1994年1月，6月，を参照。

(15) 石田光男「イギリスの賃金制度の現状」『日本労働協会雑誌』No.344，1988年4月，27ページ。

(16) Department of Employment, *Employment Gazette*, February 1993.

(17) 高島道枝「男女の賃金格差と『同一価値労働同一賃金』運動」『現代の女性労働と社会政策』（『社会政策学会年報』第37集），御茶の水書房，1993年，60，64〜65ページ。なお高島は，さらに続けて，一般的には上記の要因以外に，勤続年数や年齢・学歴など賃金支払形態が女性に不利になっていることや女性が零細企業に集中していることなどが考えられると指摘しているが，イギリスでは第1から第3の要因が重要であるという。

(18) 『女性労働問題研究』第27号，43ページ。

(19) 『女性労働問題研究』第26号，43，56〜59ページ。以上の詳細は，この他，前掲の2冊の岩波ブックレット，前掲，高島論文などを参照。

(20) 岩波ブックレット No.277，29〜30ページ。『女性労働問題研究』第26号，27ページ。

(21) 岩波ブックレット No.338，50〜51，59〜61ページ。

(22) 前掲『女性労働問題研究』第26号，48ページ。

(23) なお，これらの論文にたいして，下山房雄と木下武男，本多淳亮，中川スミはそれぞれの立場から批判的見解を述べている。『女性労働問題研究』第26，27号。

(24) 稲上毅『現代英国労働事情』東京大学出版会，1990年。木元進一郎「人事考課＝査定の日・英比較」『経営論集』（明治大学）第41巻第3・4合併号，1994年3月。黒田兼一「英国における業

績考課給と労働組合」『経済経営論集』（桃山学院大学）第36巻第 2 号，1994年12月。

⑵　山田，前掲論文，139〜143ページ。ただ山田の場合も「同一労働同一賃金」の独特な解釈に基づいてそれに固執する傾向がみられ，後述するような人事評価に対する規制や介入という肝心な視点に曖昧さが残っている。

⑵　高島，前掲論文，『現代の女性労働と社会政策』61ページ。

⑵　木下武男「企業社会と労働組合」田沼肇編『労働運動と企業社会』大月書店，1993年，36〜39ページ参照。

⑵　岩波ブックレット No. 277，29〜30ページ。

⑵　職務評価と人事評価の内容と意義そして区別と関連については，さしあたり，長谷川廣『現代の労務管理』中央経済社，1989年，第 8 章が参考になる。

⑶　もちろんこれのみが原因ではない。いわゆる「生活給」部分や「家族手当」の問題も検討しなければならない。さらに労働時間の長短，就業構造と形態もあるだろう。ここでは同一学歴，同一年齢，同期入社にもかかわらず，家族手当などの諸手当を除いてもなお格差が生じる問題を念頭においている。

⑶　詳しくは北川清子氏執筆の次の論文を参照。北川清子「男女雇用機会均等法の限界」基礎経済科学研究所編『日本型企業社会と女性』第 7 章，青木書店，1995年。

⑶　本多淳亮，前掲『女性労働問題研究』第26号，38ページ。

⑶　Bevan & Thompson, *Merit Pay, Performance Appraisal and Attitudes to Women's Work*, IMS Report, No. 234, 1992, pp. 33-34, p. 78.

⑶　詳しくは注⑵の木元論文，および黒田論文を参照されたい。

⑶　IPM, *Performance Management in the UK*, 1992. M. Thompson, *Pay and Performance*, IMS Report, No. 218, 1992. I. Linn, *NALGO Guide to Performance Related Pay*, 1990. Labour Research Department, *Performance Appraisal and Merit Pay*, 1990. Income Data Services, *IDS Study*, No. 390 (1987), No. 411 (1988), No. 442 (1989), No. 509, (1992), No. 518 (1992).

⑶　黒田兼一「英国における業績考課給と労働組合」『経済経営論集』（桃山学院大学），1994年。黒田兼一・小越洋之助編著『公務員改革と自治体職員』自治体研究社，2014年，第 1 章，第 5 章参照。

⑶　労務行政研究所編「職能資格制度に関する実態調査報告書」『労政時報』第3286号，1997年 1 月。

第6章 グローバリゼーション下の人事労務管理
── 人事労務のフレキシブル化と自己責任化──

第1節　グローバリゼーションと情報通信技術（ITC）革新

　今日，日本の人事労務管理はフレキシビリティと自己責任が過度に強調されるものとなっている。

　それが強調されるようになったのは1990年代初頭以降であるが，それまでは日本は「自信」に満ちていた。1970年代，80年代，日本を除く先進諸国がスタグフレーションに苦しむなか，日本は比較的順調に「危機」を乗り越えた。1985年のG5（先進5か国蔵相・中央銀行総裁会議）の「プラザ合意」で円高を強制されても，先進国での現地生産を大幅に増やし，アメリカでもヨーロッパでも「ジャパナイゼーション」ブームが湧き起こり，ヴォーゲルがいうようにまさしく「ジャパン・アズ・ナンバーワン」であるかのようであった。

　ところが，日本のこの「有頂天」状態は1992年のバブル崩壊で見事に消えることになる。

　そもそも1985年のニューヨーク・プラザホテルでのG5先進国蔵相会議は，アメリカの「双子の赤字」解消に向けたものであったから，日本には「円高」と超低金利政策をもたらし，それまでの集中豪雨的輸出で得た膨大な資金が，土地と株式投資に向かうことになった。資金が実体経済にではなく，金融市場に流れ込み，この膨大な投資は空前の投機（バブル）を招くことになったのである。こうして「政府の失敗」と「市場の失敗」がバブルを招き，その相乗がすさまじい「バブル崩壊」を生んだ。

　バブル経済の崩壊は企業にとってはまさしく突然の「大恐慌」であった。経営状態は急速に悪化し，ホワイトカラー層を中心としたリストラが断行され，失業率が急増した。それだけではない。新規採用を手控えたことによって就職氷河期といわれる時代となったのである。残った従業員たちの賃金はといえば，

それまでも低位に止まっていたとはいえ，僅かながらも賃金上昇があったが，以降は賃上げどころか賃下げをも覚悟しなければならない状況となった。

働くことをめぐるこの困難さは，バブル崩壊と不況による一時的なものではなかった。たとえ景気が回復したとしても，以前のような「働かせ方」では立ち行かない何かが企業と社会を取り巻いていたからである。80年代半ばからの経済の乱高下現象の深奥で，社会と経済の地殻変動が起きていたのである。バブル崩壊と「平成不況」はそのことを企業に強制的に自覚させる契機となった。

その地殻変動とは何か。端的にいえば，グローバリゼーションと情報通信技術（ICT）革新にほかならない。日本経済全体を問題にしてのことであるが，田端博邦は「石油危機前後を，高度成長以来の第一の転換点だったとすれば，今日までのグローバリゼーションとネオ・リベラリズムに向かう1990年前後が第二の転換点だった」と主張している。(1) 日本の人事労務「改革」の面に焦点を当てれば，グローバリゼーションとICTという二つの波を迎えて，いよいよ本格的な「転換点」を迎えたのである。

まず前者のグローバリゼーションについてであるが，それが世界の経済と市場に影響を与えるようになった二つの契機がある。一つはいわゆる「社会主義」国の崩壊であり，もう一つは新自由主義的政策が浸透していくことになったことである。

1989年にベルリンの壁が崩壊した。これを皮切りに「社会主義圏」とされてきた国々が相次いで崩壊し，1991年には最大の「社会主義国」であったソビエト社会主義共和国連邦が解体した。これで旧社会主義圏の崩壊は決定的になった。また中国が計画経済から市場経済への移行を宣言したのが1992年である。これら一連の大変化は，それまで「資本主義圏」と「社会主義圏」に二分されていた経済と市場の分野が一瞬にして一つになったことを意味する。わずか4〜5年で自由市場がとてつもなく拡大したことになったのである。90年代初頭のこの地球的な規模での自由市場の拡大は，より安い労働力，新しい大規模な市場を求めて，企業と資金が一気に国境を越え地球的な規模で駆け巡ることになった。

このような中で，ピーターソン国際経済研究所主任研究員のジョン・ウィリアムソンが，IMF（国際通貨基金），世界銀行，アメリカ政府，このワシントン

DC に本拠を置く三つの機関によるある種の約束が交わされたとの論文を発表した。1989年に発表されたこの論文は，開発途上国への経済支援の前提条件として次のような10項目を付すことが「合意」（意見の一致，コンセンサス）されたというのである。「ワシントン・コンセンサス」と呼ばれるこの「合意」とは，①財政赤字の是正，②補助金カット等財政支出変更，③税制改革，④金利の自由化，⑤競争力ある為替レート，⑥貿易の自由化，⑦直接投資の受け入れ促進，⑧国営企業の民営化，⑨規制緩和，⑩所有権法の確立等であった。つまり，貿易の自由化と資本市場の自由化（市場原理），小さな政府と規制緩和，迅速な自由化・民営化などを重視した政策を低開発国への融資の際の条件とするとしたのである。この市場原理主義を基本としたアメリカ主導の条件（政策）は，その後，グローバル・スタンダードとして各国が追随することになった。これが世界の資本主義国の格差を拡大させた主因だとみなされている[(2)]。

　こうして「社会主義国」の崩壊と市場経済化，ワシントン・コンセンサスによる市場原理主義（新自由主義）の世界的な強制と浸透，この二つが相まってグローバリゼーションが世界を支配することになった。

　グローバリゼーションとは何か。それは「市場」が国民経済という「国境」を越えて広がっていくことをいう。「国民国家は残ってはいるが，その土台となっている経済としてはその枠を超えてしまっているのである[(3)]」。個別企業としてはこの「市場」争奪戦に勝利することなしに存立が危ぶまれることになるから，より有利な市場に進出し，また優良企業を自己の傘下に収めることによって，より多くの利益を上げていこうとする。こうしたグローバルな競争に打ち勝っていくためには，利益を上げ，株価を上げることで更なる資金を獲得し，それをさらに有利な市場に投資し，有利な企業を買収して新たな利益を得る，このような経営行動をとるようになってくる。こうしてグローバリゼーションは，競争が競争を呼び起こし，競争が地球的な規模で激しくなっていった。

　この真っ只中で日本のバブル経済が弾けたのである。いよいよ市場競争が国際的に熾烈に展開されることが誰の目にも明らかであったから，たんにバブル崩壊と不況からの脱出というだけでなく，本格的な対応策が必要であった。上述したアメリカを震源とした新自由主義に基づく再建である。

　日本は当初このワシントン・コンセンサスには批判的だったとされてはいる。

例えば，当時のトヨタ自動車の会長で初代の経団連の会長となった奥田碩は「おかしな風潮がある」と嘆いていた。「従業員のクビを切れば株価が上がる。しかも辞めさせる社員の人数が多ければ多いほど株価も高くなる」と。[4]

　この当時の奥田は新自由主義的な傾向に批判的であったようだが，実は財界内で激烈なバトルが展開されていた。[5]後の注(14)で述べる「舞浜会議」(1994年2月下旬) での議論である。新日鉄社長・今井敬 (当時) とオリックス社長・宮内義彦との間で，「会社は誰のためにあるか」をめぐって大激論が交わされた。「会社は従業員を重視すべきだ」と主張する今井と，「株主の利益を重視しないとグローバル競争に勝てない」としてアメリカ流の株主重視を主張する宮内，出席者十数人がそれに加わって大激論になったというのである。こうした過程を経て出来上がったのが，本章第4節でとりあげる日経連がまとめた「新時代の日本的経営」であった。

　こうした経緯を経て，「市場原理こそが社会を救う」「規制が社会をダメにする」「あらゆる領域での規制緩和で市場原理を有効に利かせるように変えていかねばならない」，こうした掛け声が世を席巻していくことになった。そこに旧社会主義圏の市場化が加わったのであるから，市場競争力の強化が唯一無二の「至上命令」となったのである。たとえ景気が回復したとしても，以前のような「働かせ方」では立ち行かなくなると判断されたのである。バブル崩壊と「平成不況」はそのことを企業に強制的に自覚させる契機となったのである。

　90年代以降の人事労務「改革」への地殻変動として，グローバリゼーションの他にもう一つの要因として，ICT (情報通信技術) の発展を無視するわけにはいかない。

　ウィリアム・ブリッジは「仕事の終焉」という論文のなかで「組織化された労働としての仕事jobはもはや寿命の尽きた社会的産物」と化していると主張している。つまり企業によって細分化され断片化された作業としての「職務」はもはや不要となっているというのである。

　「仕事 (job) は社会的な産物である。それは19世紀の初期に工場の成長と共に生まれ，資本主義の成長とともに，つまり大量生産と巨大組織の成長と共に拡大していった。だがいま再び労働の世界は変化している。200年前に仕事を作り上げた情

況はみえなくなっている。技術は，これまで作業員の反復作業だった生産ラインを自動化させている。繰り返し繰り返し同じことをしてきた長い生産ラインに替えて，徐々に，内外の状況に合わせてフレキシブルに働かせるようになってきている。これまでのような断片化された労働の束（仕事）ではなくなってきているのである。こうして仕事は無用の長物と化し，脱仕事の世界（post-job world）が広がってきた。」[6]

　この主張には誇張も多いし，科学的な論証に裏付けられたものではない。しかし，断片化され固定化された反復労働としての仕事（職務）が職場の支配的な労働ではなくなりつつあること，内外の状況に合わせてフレキシブルに働かせることが求められていること，このように読むとすれば，変化の一側面を鋭く描いているといってよい。事実，今日，ICT を活用したウーバー（Uber）というタクシー（乗用車）配車会社が話題を集めている。そこにはウーバーの従業員のドライバーだけではなく，一般の個人請負のドライバーもおり，この雇用によらない個人請負がブリッジの指摘することに酷似している。

　こうしてブリッジの指摘は，仕事それ自体の変化と仕事をとりまく社会経済的環境の変化を描いているとみなせる。前者に関しては ICT 革新による変化を，後者に関しては既述したグローバリゼーションを指摘できるだろう。

　ICT 革新の進展は社会と企業が必要とする仕事の質を大きく二極化した。すなわち，一方では膨大な情報を入力・処理する作業にかかわる労働を大量に必要とし，他方ではそこで処理された情報を駆使して，問題を発見し，分析し，交渉し，解決するための労働が必要となる。前者の情報入力・情報処理はそれほどの熟練を必要としない単純労働である。後者の職種は，研究者，技術者，ソフトウエア技術者，各種コンサルタント，システム・アナリストなどを典型とみなすことができ，そして彼らこそが企業において重要な役割を果たすことになる。[7]ブリッジが「仕事の終焉」として論じたのはこの側面である。だが変化はこれに止まらない。

　ICT に関わってミルコビッチらは次のようにいう。「自動車組み立て現場ではハイテク機械の操作の訓練を受け，チームの中で皆とうまく働ける人に取り替えられる」。「フォードのインドにある組み立て工場とミシガンにあるデザイ

ン部門は，ともに本社が提供するコンピュータ上で，新しい訓練やアイデアの交換ができるし，いつでもどこでもチームの会合すらもてるのである[8]」。

　ここでは，従来の断片化され孤立した作業を担当するのではなく，機械の制御装置の制御へと変わることがいわれ，人間の判断を排除した機械的操作作業から，状況の変化にフレキシブルに対応できる判断中心の制御作業への変化が強調されている。行程前後の状況を把握しながら判断する能力が要請される。また情報を交換しあい，チームのメンバーと議論を交わしながら新しいアイデアを創造する，そのようなことが重要となってくる。こうして仕事の質が変化すれば従業員に求める能力も変わるし，また働き方も変化する。

　ICTはさらに仕事を国際化＝グローバル化させる。インドの工場とミシガンの設計部門がネットで結合され，生産が国境を越えておこなわれる。例えば，日本のコンピュータ会社のソリューションセンターは賃金の安い中国に置かれ，ユーザーはまったく無自覚に「日本語を話す」中国人と交信し，パソコンのトラブル対処のアドヴァイスをうけている。ここにみられるものは，国を越えて労働力を調達し，生産が国を超えて展開され，第三国に向けて輸出する，そのような構図が浮かび上がってくる。

　こうして80年代半ばからの経済の乱高下現象の深奥で，ICTは生産と販売が国境を越えて地球的（＝グローバル）に展開することを促進し，またグローバル化した生産と販売がさらなるICTの高度化を求めるようになる。ICTとグローバリゼーションという二つの大きな波があらゆる産業に押し寄せ，この二つの大波は互いに影響し合いながらさらなる大波（熾烈な市場競争）を呼び起こすことになる。グローバリゼーションとICT革新によって，あらゆる国の企業と資本は，国の枠を突破して，より有利な市場を求めて動き回ることになった。すべてが自由な市場競争とその激烈な競争に打ち勝つことが至上命令と化すことになったのである。新自由主義はそれを支える政策的思想であった。

第2節　フレキシビリティ

　こうしてICTとグローバリゼーションという二つの波があらゆる国と企業に「改革」を求めることになった。その「改革」とは，一言でいえば，フレキ

シビリティの確保である。

　フレキシビリティ（flexibil-ity）とは何か。日本語では弾力性とか柔軟性と訳されるが，市場の変化，市場の動向に「柔軟」に対応していくこと⁽⁹⁾という含意がある。市場の変化に柔軟に対応していくことなしには企業経営の存続が危ういという認識のもとで「改革」が進められている。すべてがフレキシビリティに向けた「改革」なのである。

　企業経営のフレキシビリティについて，かなり早い段階に概念化し，議論の枠組みを

資料6-1　「フレキシブルな企業」モデル

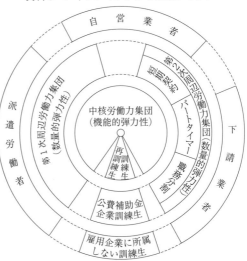

（出所）　J. Atkinson, "Flexibility, Uncertainty and Manpower Management," *IMS Report*, No. 89, 1985, p. 16.
　坂本清・櫻井幸男編著『現代企業経営とフレキシビリティ』八千代出版，1997年，239ページ。

提起したのはイギリスのアトキンソン（J. Atokinson）であった。⁽¹⁰⁾彼の主張を簡単にみておこう。

　アトキンソンが「フレキシブルな企業」と呼ぶモデルでは，フレキシビリティを，機能的（functional）フレキシビリティ，数量的（numerical）フレキシビリティ，財務的（financial）フレキシビリティの三つの視点から捉えられる。

　機能的フレキシビリティとは，市場環境や生産技術・方法の変化に応じて，個々の従業員の仕事内容や配置などを柔軟に調整できるようにすることをいう。従って，従業員が担当する職務を自由に変えることができるのかどうか，あるいは従業員の配属を柔軟に変えることができるのかどうか，これが求められる。資料6-1では中核的労働力集団（正規雇用グループ）によって担われるべきだとされている。

　次の数量的なフレキシビリティとは，市場動向に対応した労働力需給に応じて従業員の数を柔軟に調整できるようにすることである。つまり「雇用調整」を容易にできるかどうかの問題である。雇用調整はどの国も簡単ではないが，

これをアトキンソンは「周辺的労働力集団」を利用することで対応できるとしている。いわば雇用形態の多様化である。さらに「派遣労働」「下請け業者」「自営業」など外注化することも想定されている。また，アトキンソンは触れていないが，投入労働量の柔軟化という意味では，労働時間制度の柔軟化も有効な手段となる。裁量労働制やホワイトカラー・エグゼンプション制度などがそれである。

最後の財務的フレキシビリティとは市場の状況に合わせて人件費を自由に調整できるようにすることをいう。賃金の改変は簡単ではないが，彼は業績査定給や利潤分配制などが考えられるとしている。

こうしてフレキシビリティは「改革」のキーワードとなった。このフレキシビリティは企業経営のあらゆる領域とあらゆる局面で要請されるが，人事労務に限定すれば，フレキシブルな雇用，フレキシブルな労働，フレキシブルな処遇，これである。換言すれば，市場動向に柔軟に対応できる「働かせ方」＝人事労務管理のあり方が求められるようになったのである。

第3節　人的資源管理という考え方

前掲の資料6-1で，数量的フレキシビリティは多様な雇用，いわゆる「多様な働き方」をいかに創出するのかということが課題になる。それでは機能的フレキシビリティはどのように確保するのだろうか。アトキンソン・モデルでは「中核的労働力集団」（日本でいう正規雇用労働者）が担うとされているが，それ以上の言及はない。ここで登場するのが人的資源管理という考え方である。

アメリカを中心に，かつて労務管理（Personnel Management）と呼ばれていたものが，人的資源管理（Human Resources Management　以下，HRM と略す）という言葉に変化し，それが頻繁に使われるようになった。産業レベルで一般化したのはおよそ1980年代以降のことである。実はこの HRM という考え方が普及してくる時期と人事労務管理の「フレキシブル化」が叫ばれるようになってくる時期とはまさに符合している。HRM は人事労務管理のフレキシブル化の道具であった。

HRM とは何か。一般的には「人間を，いつでも取り換え可能な単なる労働

力とみるのではなく，成長し発展する能力をもった貴重な資源とみなし，その有効な活用を図る管理」と理解されている。結構なことではないか。しかしこれでは何ともわかりにくい。

先行する研究をまとめてみると以下のような特徴が浮かび上がってくる。[11]

第1に，それは管理の対象をブルーカラー層からホワイトカラー層までに広げている。これまでの人事労務の主たる対象であったいわゆるブルーカラー層のみならずホワイトカラー層にまで対象を広げたのである。しかもたんに広げただけでなく，管理施策の軸足をホワイトカラーに移していることが重要なのである。なぜなら彼らホワイトカラー労働者の生産性が企業の生産性の大半を規定するようになっているからである。フォードシステムに代表されるような流れ作業を担う作業員ではなく，「考え，分析し，整理し，交渉し，行動する」，このような仕事を担当する労働者を管理することを想定している。ライシュがいう「シンボリック・アナリティック・サービス」を担う労働者である。[12] HRMはホワイトカラー労働者の意思や感情を企業にひきつけていくための新しいやり方なのである。

第2に指摘されるべきは，人間モデルである。知的・創造的な労働，ホワイトカラー層を主たる対象とするのだから，人間を身体的な技能やエネルギーだけではなく，「創造力や責任ある行動，自己規制的で自己管理的な行動ができる能力」が重視されることになる。それ故，人間を「知的生産を担う未開発な資源」とみなそうとしている。「未開発な資源」とみなすということは，「開発できる」と考えているわけで，人材開発や能力開発に力を注ぐことが強調される。

第3の新しさは，「人的資源」を前面に出す以上，またホワイトカラー層を主対象とするのであるから当然のことだろうが，管理施策の取り上げ方は集団ではなく，個人に力点が置かれることである。個人という人的側面が前面に出ていることが大きな特徴なのである。「特定の仕事（職務）を担当する従業員」ではなく，「特定の従業員がいかに仕事を担当しているか」，ここに力点が置かれる。「人材（man power）」から「人的資源（human resource）」へ変化することとは，管理の力点が集団から個人としての人的側面に比重が移行することを意味しているのである。それ故に，従業員一人一人の人事評価（査定）が重視

されることになる。

　第4に，上述した特徴をふまえれば，労使関係もまた集団的労使関係よりも
個別的労使関係が重要となってくる。ホワイトカラーの仕事の特性それ自体が
「流れ作業」のような画一的なものでないし，「資源」の開発程度は各人で多様
であるから，企業や職場との関係も各人で多様になる。その場合足枷になるの
が，各人の多様性を認めない，それ故に，仕事を基軸とした同一性を前提とす
るニューディール型労使関係である。このニューディール型の労使関係に代え
て，多様性をもった個人ベースの協調性が強調される。要するに労働組合を問
題にするのではなく，個々の従業員の仕事と会社への姿勢を重視しようとして
いる。

　こうして HRM は，「経営者・管理者の思い通りにはならない意志や感情を
もつ労働者にたいしておこなう計画・指揮・統制の活動」という人事労務管理
の基本的性格にはいささかも変化がない。いや，それどころか，「人間」に照
準を合わせているという意味では，ますますその性格を濃くしているといって
よい。その管理活動の内容を時代状況にあわせて発展させたものなのである。

　HRM はこのような特徴をもっているので，それはフレキシビリティ「改
革」の一つの重要な「武器」になる。なぜなら企業競争力の強化に向けて，中
核労働者としてのホワイトカラー労働者に「特定の仕事を担当する従業員」で
はなく「いかに仕事を担当しているか」を求め，それ故，各従業員個人の「創
造力，責任ある行動，自己管理的行動ができる能力」を発揮させることで，
「経営環境の変化に適切に対応して行動できる」（＝機能的フレキシビリティ）こ
とになるからである。このような役割と能力を引き出していくために，まさに
人的資源管理のような発想が活用されてきたのである。実際，アメリカのある
有名企業の人事担当重役の話では，この HRM の考え方に基づいて，かつての
ような「職務」中心（task oriented job）ではなくタレント（能力）中心（talent
oriented job）の人事労務管理をおこなっているという。この場合のタレントと
は，「才能」という意味もあるが，むしろ「才能や能力ある人材」を意味して
いる。能力開発，ジョブローテーション（異動），業績給，これらをワンセッ
トにした管理が重視されているというのである。機能的フレキシビリティ確保
で競争力強化に向かおうとしているのである。

　ところで，ここまでの論述で気がつくかもしれないが，HRMという発想それ自体は，日本企業にとってはそれほど新しいものではない。新規学卒一括採用で長期間雇用し，人事異動と企業内教育を通して能力を開発し，従業員一人一人の人事評価で処遇していくことが一般的だからである。事実，HRMの発想はMIT研究プロジェクトが主張するリーン生産システム（＝トヨタ生産システム）の人事労務施策に近似しているとの指摘もある。「職務」で処遇するのではなく「ヒト」の特徴で処遇するという点では共通している。しかし「ヒト」の年功で処遇するとなるとフレキシビリティに欠ける。それ故，年功ではない別の「ヒト」要素にしなければならない。

　こうしてHRMの隆盛は，洋の東西を問わず，人事労務管理のフレキシブル化という流れでもあった。そのフレキシブル化人事戦略の中で，中核労働者としてのホワイトカラー労働者にたいする人事労務管理こそがHRMなのである。こうした考えを基本にして，その新しいビジョンとして日経連が打ち出したものが「新時代の日本的経営」であった。

第4節　「新時代の日本的経営」の人事労務管理

１　労働ビッグバン

　2006年，政府の「経済財政諮問会議」でこれからの重要課題の一つとして「労働ビッグバン」が取りあげられた。それは，日本経済の全体の発展のためには，古い労働慣行を打ち壊して，時代に合った人事労務管理を展開するために，労働市場改革を思い切って一気に大転換をしなければならないとするものであった。この主導者の一人が八代尚宏であったが，このビッグバンとは，人事労務のフレキシブル化を進めるための国家ぐるみの取り組みをいう。ここから今日の「働き方改革」の議論が始まったのである。

　人事労務「改革」はフレキシブルな管理制度を作ることであったが，それを裏返して読めば，フレキシビリティに欠けリジッドなあり方や慣行をなくすことである。「改革」とはリジッドな領域にメスを入れ，その解体と再編を意味することになる。邪魔な法的規制は撤廃されなければならない。およそこのように認識されるようになった。80年代半ばより，様々な分野で「例外なき」法

資料6-2 労働関連法の規制緩和の推移

年　月	内　容
1986年6月	労働者派遣法の施行
1987年9月	労基法改正（変形労働時間制拡大，フレックスタイム制　専門業務型裁量労働制）
1993年6月	労基法改正（1年単位の変形労働時間制，週40時間労働制）
1996年6月	労働者派遣法改正（対象業務16から26業務に拡大）
1997年6月	労基法改正（女子保護規定の撤廃，専門裁量制の対象業務拡大）
1998年9月	労基法改正（企画業務型裁量制，1年単位の変形労働時間制要件緩和，有期雇用期間の上限を3年へ）
1999年6月	労働者派遣法改正（原則自由化ネガティブリスト方式へ）
2003年6月	労基法改正（企画業務型裁量制の要件緩和）　派遣法改正（製造業派遣解禁，3年ルールへ）
2006年12月	労働政策審議会，ホワイトカラー・エグゼンプション制度導入を答申
2018年6月	高度プロフェショナル制度導入

（注）　筆者作成。

的規制緩和が一気に進められたのである。**資料6-2**は，フレキシブル化に向けて規制緩和された労働関連法の推移を示したものである。

　1986年の労働者派遣法，1987年にはフレックスタイム制や裁量労働制を含む労働基準法の改正など，フレキシブルな働かせ方を容認する法改正が矢継ぎ早におこなわれたのである。しかも，こうした法改正は，最初は比較的厳しいいくつかの要件を付して法制化され，それがある程度普及した数年後に，その要件自体を緩和し，よりフレキシブルに運用できるようにした。これら一つひとつは戦後の労働分野の規制を根底から揺り動かすものであった。

　以下に考察する「新時代の日本的経営」は，それを積極的にかつ有効に活用して，フレキシブルな働かせ方をさせるための政策提言書であり，かつ「改革」宣言書でもあった。

(2) 『新時代の「日本的経営」』

　1995年5月，日経連（日本経営者団体連盟，現「日本経済団体連合会」）は『新時代の「日本的経営」』という文書を公表した（以下，『新日本的経営』と略記）[14]。この文書は，バブル崩壊直後の1993年に発足させた「新・日本的経営システム

等研究プロジェクト」の最終報告書である。94年に「中間報告」が出されており，基本的な内容は最終報告に受け継がれている。それは，ICT とグローバリゼーションの「新時代」における日本の人事労務改革のあり方をまとめたものである。

『新日本的経営』はその冒頭でこれからの人事労務の基本的な考え方が簡潔に述べられている。次の4点である。

①経営環境が変わっても，これまでと同様に，「人間中心の経営」「長期的視点に立った経営」を基本理念として堅持すべきである。

②この長所を生かしつつ，変化に柔軟に対応できる企業経営に挑戦する。

③能力・成果重視の人事処遇を確立しつつ，能力発揮が十分でない者を社会全体で活用するために，横断的労働市場を育成して，人材の流動化を図るべきである。

④自己責任の下で自由競争原理を徹底し，高コスト体制を是正すべきである。

「人間中心」と「長期的視野」を基本理念とするということと後段の内容がどのように結びつくのか，必ずしもわかりやすいとはいえない。しかしながら，変化に柔軟に対応すること，それに向けて人事労務を自己責任と競争原理を組み込んだ雇用と処遇に「改革」すべきである，このように解釈できるとすれば，これは日本の人事労務のフレキシビリゼーション「改革」への本格的な「宣言書」である。日本の人事労務の本格的な「改革」はここから始まった。

このフレキシビリゼーション「改革」の具体的な課題は何か。

日本の人事労務の基本はいわば「ヒト」に「仕事」をあてがうやり方であった。新人のうちは比較的簡単な「仕事」に就かせ，経験を重ねるにつれて高度な「仕事」に「昇進」させていくやり方である。

このような「ヒト」基準の日本は，したがって，「仕事」の変化への対応は比較的容易であった。何故なら，処遇が「ヒト」基準であるから，処遇を考慮することなく新しい仕事をあてがうことができるからである。「応援」や異動，配置転換で「仕事」の変化にフレキシブルに対応することができた。この面ではきわめてフレキシビリティが高かったといえる。特に正社員の場合，採用した従業員の学歴や年齢（勤続年数），キャリアをみきわめ，その「ヒト」に適合する職場に配置する。新規の学卒者を春期に一括採用し，最初は簡単な仕事

193

をあてがい，その後は定期的に人事異動を繰り返すことで，仕事をさせながら仕事を覚えさせ，能力向上をはかる。こうして能力を育成し，その「ヒト」がもっとも効率よく働ける（能力発揮できる）より高度で複雑な仕事をあてがう。これはまさしく「能力主義管理」の下での働かせ方そのものである。「ヒト基準」であることは「合理的」であったのである。

　ところが，いまこのやり方が機能不全に陥ったというのである。「ヒト」に「仕事」をあてがうやり方では，市場の変化にフレキシブルに対応できなくなってきたというのである。どういうことか。

　機能不全になった主因は，詳述してきたICTとグローバリゼーションである。これまでは，勤続年数を重ねれば能力が向上し，職務遂行が各人の個性に大きくは依存しないような，あるいはまた，一定の経験とそれに付随した「能力」をもっていれば皆がほぼ同じような成果を上げられる「仕事」が中心であった。このような「仕事」が中心であったから，仕事に専念させることが肝要であった。そのため企業は，従業員を丸ごと抱え込んで，相互に競わせながら，全員一丸となって企業目的達成にむけて働かせる仕組みを作った。1970年代から広く普及した「能力主義管理」である。だが，ICTとグローバリゼーションは，このような前提条件を失わせてしまった。各人のもつ「能力」と個性が職務遂行の質と量に大きな影響を与えるような仕事が増大し，真面目に仕事に取り組み，経験を積み重ねるだけでは成果を期待できないような仕事が増えてきたのである。また長期雇用とOJTを通じた企業内教育では能力育成できないような仕事が増大しているのである。勤続年数と経験が「能力」と比例しないとすれば，しかも経済成長が見込めない状況では，これまでの年功賃金や職能給というヒト基準では高コストとなり，桎梏と化す。

　したがって求められる「改革」のターゲットは「ヒト」基準の処遇原則のあり方である。雇用と処遇がリジッドに「ヒト」基準であったが，これでは市場動向にフレキシブルに対応できない。この雇用と処遇に市場メカニズムを利かせること，リジッドな「ヒト」基準から市場の動向にフレキシブルに対応可能な雇用と処遇に切り換えること，これが90年代半ばに日本の経営者たちが求めた人事労務のフレキシビリゼーションであった。

　さてこのように改革への課題がリジッドな「ヒト」基準の雇用・人事処遇制

度にメスを入れ，市場動向にフレキシブルに対応する人事労務システムの構築であるとするなら，これまでの「ヒト基準」から欧米的な「仕事基準」の雇用・処遇制度に移行することになるのであろうか。「職務給」の世界のアメリカの後を追っているのだろうか。

この点について『新日本的経営』はきっぱりと否定して次のように言明する。

「その方向は，欧米型の諸制度を最終目標とするのではなく，日本的雇用，処遇制度に欧米の合理性やマーケットメカニズムの要素も加味していくこと」である。つまり「仕事基準」への移行をめざしているのではない。そうではなく，これまでと同様に，「人間中心」と「長期的視点」を堅持しながら，「ヒト基準」の雇用と処遇の中に市場原理（マーケットメカニズム）を組み込もうというのである。

具体的にはどういうことか。この点は，かつての『能力主義管理』と対比してみるとわかりやすい。69年『能力主義管理』と95年『新日本的経営』を対比してみると，以下の二つの点に気づかされる。

第1に，「年功制」にたいする対応である。「能力主義管理」は，年功制の全面否定ではなく，「画一的年功制からの脱皮」，つまり二面評価であった。これに対して『新日本的経営』では，その全面的な排除が志向されている。終身雇用と年功制とが足枷になって，「日本的経営」の「優れた」側面が機能不全に陥っている。「運営面の制度や仕組みは環境の変化に応じて変える必要がある」というのである。だから年功制は一掃しなければならないというのである。

第2に，集団主義を否定し個別化を志向していることである。「能力主義管理」では「日本人の民族性の特性である集団主義」を積極的に利用するという姿勢であったが，今回は"個"を重視して「個性と創造力」を積極的に引き出していくとしている。

年功制の排除と個の重視というこの主張は，「ヒト基準」の処遇に市場メカニズムを機能させること，一律雇用と一律処遇を排除して，各従業員の「個性と創造力」を重視して雇用の面でも処遇の面でも個人の能力を積極的に活用していくことが提起されていると解釈できる。つまり各人の意志と能力という"個"の重視，自己責任が全面に出てくることになる。市場メカニズムを機能させることに狙いがあるのだから，この場合の「個性と創造力」は市場競争力

に資するものに限定されることはいうまでもない。このように年功制を否定した「人間中心」は「集団主義」から「個性と創造力」重視の自己責任に変えられることになったのである。

これに「長期的視点」が加わる。「内外経済環境の激変に、より一層柔軟に対処しうる発想が求められ」るとして、そのためには「高コスト体質の改善」が必要だという。激しい市場競争に打ち勝つためには、「長期的視野に立って」創造性豊かな企業経営を必要とするが、雇用と処遇に市場メカニズムを利かせ「高コスト構造」を打破する必要があるということのようである。

このような方向での「改革」具体策は、雇用、人事、処遇、能力開発、福利厚生、労使関係など、人事労務管理のほぼ全領域を網羅している。以下では、その提言内容の特徴を明らかにするために雇用と人事・処遇についてのみ簡単にみておこう。

まず「雇用」である。すでによく知られているように「雇用ポートフォリオ」が提案されている。(17)もともとポートフォリオ（portfolio）とは書類を入れる「紙ばさみ」「折りカバン」のことをいい、これに様々な有価証券等を保管しておき、その時々にもっとも有利な金融資産の組み合わせを運用するという意味になった。この雇用ポートフォリオでは様々な形態の雇用を用意し、市場状況の変化の中でもっとも有利な組み合わせを考えようということ、つまり雇用形態の多様化戦略のことを意味している。具体的にいえば、これまでは雇用といえば正規雇用を中心に考え、非正規雇用はその正規雇用の補完と考えてきたが、これからはむしろ多様な形での非正規雇用を重視し、拡大し、積極的に活用していこうというのである。従来の画一的な終身雇用をやめて、長期雇用を前提とした「長期蓄積能力活用型」雇用、中期的な雇用の「高度専門能力活用型」雇用、そして採用と解雇の調整がより容易な「雇用柔軟型」雇用、このような多様な雇用形態を市場の動向をみながら適切に組み合わせた「雇用ポートフォリオ」を提唱したのである（**資料6-3**）。

実は、この雇用ポートフォリオ論は決して日経連のオリジナルではない。既述したアトキンソンモデル（＝「フレキシブルな企業」）が提起していたことを、日本流にアレンジしたものである。人事労務のフレキシビリゼーションをアトキンソンのいう「機能」「数量」「財務」の三つのフレキシビリティで考えてみ

資料6-3　雇用形態による従業員の分類

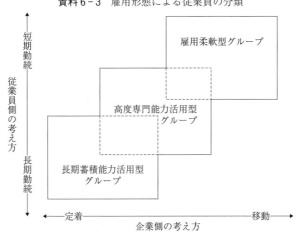

（注）　1：雇用形態の典型的な分類。
　　　　2：各グループ間の移動は可。
（出所）「図表7　企業・従業員の雇用・勤続に対する関係」日経連『新時代の「日本的経営」』1995年，32ページ。

れば，「ヒトに仕事をあてがう」日本では，「長期蓄積能力活用型雇用」つまり正規雇用従業員は，能力開発，配置転換を通して，これまでも十分に「機能的フレキシビリティ」が高い。だが，長期雇用であるが故に「数量的フレキシビリティ」と「財務的フレキシビリティ」に欠ける。ここに日本的雇用としての改革課題が浮かび上がってくるのである。長期雇用そのものを全面排除しようというのではなく，日本の労働慣行（長期雇用）の中に市場原理を組み込み，長期雇用を絞り込み，市場の動向をみながら「数量」（雇用量）と「財務」（人件費）のフレキシビリティを如何に強化するか，これが雇用形態の多様化戦略として展望されたのである。

　ここで注意すべきことは，この三つのタイプの雇用形態，すなわち「長期蓄積能力活用型」か，「高度専門能力活用型」か，「雇用柔軟型」か，このどれになるのかは，長期勤続か短期勤続かの「従業員側の考え方」と，「定着してもらいたいか，移動しても構わないか」の「企業側の考え方」のミックスとされているが，こうした建前を前面に出すことで従業員側の自己責任が強調されているといってよい。

　次に人事・処遇の面では，年功賃金，年功処遇の廃止が前面に打ち出され，

「職能・業績」基準の人事賃金制度が提案される。しかしこの報告書段階では，「成果主義」という用語それ自体はみられない。わずかに「能力・成果重視の人事処遇」「能力，成果を中心とした処遇制度」「能力や業績反映型の賃金」「職能・職務・業績（成果）をベースにした賃金管理」という文言がみられるに過ぎない。処遇に業績を反映させるという意味で，後にブームとなる「成果主義」は，内容的には盛り込まれてはいるが，しかしきわめて控えめである。後にやり玉にあげられる「能力主義」すら入っている。この段階の日経連は，もっぱら「定期昇給制度」の廃止，「ベースアップ方式」の再検討など，一律の年功的ヒト基準による処遇決定を断ち切ることに力を注いでいたとみるべきだろう。「人間中心主義」を重視する日経連は，人事と処遇を「ヒト基準」から「仕事基準」へ移行させるのではなく，「ヒト基準」の内容から年功要素を一掃することが市場動向にフレキシブルに対応できる道であり，また能力・成果・業績を前面に出すことで自己責任を貫き，それがコスト削減になると考えていたのである。この人事・処遇管理の実際の動向とそのことの意味については次章で詳しく検討する。

　『新日本的経営』では，この他，「裁量労働制の導入」，自助努力によるエンプロイヤビリティの推奨など，あらゆる領域で画一性からの脱皮，フレキシビリティ強化が打ち出している。画一的・硬直的（リジッドな）制度を一掃し，人事労務システムを多様化・個別化することで，雇用と人事処遇に「市場メカニズム」を機能させることが強く打ち出されたのである。

［3］ フレキシブル化と自己責任の人事労務管理

　前章でみた「能力主義管理」は，「能力発揮競争」レースに従業員を民主的・平等に参加する機会を提供し，与えられた仕事に専念させ，「能力」発揮の度合いに応じて処遇していくものであったが，この『新日本的経営』の人事労務管理は，雇用と処遇のすべての局面で自己責任とフレキシブル化の原理で管理していくものである。

　人事労務管理とは，序章で述べておいたように「労働者の動員」，「合意形成」そして「労働者統合」のシステムある。この視点からみると『新日本的経営』の人事労務管理をどのように考えればいいのだろうか。

　『新日本的経営』の人事労務管理の実相は次章で検討するが，ここでは3点指摘しておきたい。

　第1は，企業成長に向かって「能力発揮競争」レースに全従業員が「民主的」に参加することで支配（＝管理）するというシステムから，働かせ方（雇用，処遇）を柔軟に編成し直し，「能力発揮」ではなく「成果と業績」を基準とした相互競争に従業員を「動員」し組織しようとするものである。

　第2に，上の原理の下で，雇用に関しては，自らの企業に抱え込む者と，その周辺に放逐して利用していくという使い分けしていくシステムに変化させた。「能力主義管理」の下では，「差別」が隠蔽されていたが，均等法でそれが許容できなくなった時代背景の下で，コース別雇用管理，さらにはそもそも正規従業員ではない形で雇用の多様化（雇用ポートフォリオ）することで，その隠蔽された「差別」と「格差」の社会的批判を免れつつ雇用のフレキシブル化を進めたのである。前章でみた人事評価に基づく「差別」の隠蔽は全面的には解決されてはいないのだが，ともあれ雇用の多様化戦略で多くの女性たちを周辺化することで表からの批判を回避したのである。ここに，「民主的支配」から「自己責任とフレキシブル化の支配」に変化させ，「矛盾」を解決する道を拓いたのである。それがまた新たな矛盾を招くことになる。

　第3に，多くの労働者（従業員）にとって，正規従業員から落ちこぼれないための競争が職場を支配することになった。ある就職サポートサービス会社のキャッチコピーに「お父さん，お母さん。今までありがとう。正社員になったよ」がある。この奇妙な表現がリアリティをもつような人事労務管理システムは果たして安定した形で機能するのだろうか。正規従業員の過労死・過労自殺は，「新時代の日本的経営」の人事労務管理が少なくとも「合意形成」の面で大きな問題を抱えていることを示すものであろう。

　ここで指摘しておいたことは，「理念」としての『新日本的経営』の人事労務管理についてである。その実相はどうか。章を改めて考察する。

注

(1)　田端博邦『グローバリゼーションと労働世界の変容』旬報社，2007年，300ページ。
(2)　ジョセフ・E. スティグリッツ（楡井浩一訳）『世界に格差をバラ撒いたグローバリズムを正

す』徳間書店，2006年。

(3) 田端博邦『幸せになる資本主義』朝日新聞出版，2010年，278ページ。

(4) 奥田碩「経営者よ，クビ切りするなら切腹せよ」『文藝春秋』1999年10月，152ページ。

(5) 「さらば日本型経営。『舞浜会議』で始まった」『朝日新聞』2007年5月19日参照。

(6) W. Bridge, "The End of the Job," *Fortune*, Sep 19, 1994, Vol. 130, pp. 62-68.

(7) 以上の点については，多少主張は違うが，R. ライシュ（中谷巌訳）『ザ・ワーク・オブ・ネーションズ』ダイヤモンド社，1991年，が参考になる。

(8) G. T. Milkovich & J. M. Newman, *Compensation, 7th ed.*, McGraw-Hill, 2002, p. 88.

(9) リチャード・セネットによれば，フレキシビリティという言葉が英語になったのは15世紀だった。その語源は「木々は風を受けてたわんでもすぐ元の位置に戻る」という自然現象に由来しているという。フレキシビリティとは，一度たわんでも元通りになるということ，試練に耐えること，そして形を復元すること，この両面の能力をいうのだというのである。だが現在いわれているフレキシビリティはもっぱら人をたわめる力としてのみ働いている。リチャード・セネット（齋藤秀正訳）『それでも新資本主義についていくのか』ダイヤモンド社，1999年，51ページ。

(10) J. Atokinson, "Flexibility, Uncertainty and Manpower Management", *IMS Report*, No. 89, 1985. このアトキンソン・モデルについて，詳しくは以下を参照。坂本清・桜井幸男編著『現代企業経営とフレキシビリティ』八千代出版，1997年。

(11) 以下，R. E. Miles, N. Beech, 岩出博，伊藤健市，長谷川廣らの研究を参照した。

(12) ライシュ，前掲書，241〜246ページ。

(13) 稲村毅・仲田正機編『転換期の経営学』中央経済社，1992年，117，124〜127ページ。

(14) 『新時代の「日本的経営」』日本経営者団体連盟，1995年5月。実はこの報告書が作成される過程で，財界内では激烈な論争があったといわれている。1994年2月，千葉県浦安市の舞浜にあるホテルで経済同友会の研究会が開かれた。その研究会では，新日鉄社長の今井敬はアメリカ流の株主重視型の短期的指向では産業を駄目にすると批判し，他方のオリックス社長の宮内義彦は株主重視をしなければ競争に勝てないと反論したとされている。この「舞浜会議」と呼ばれる論争を経て報告書がまとまった。『朝日新聞』2007年5月19日参照。

(15) 日経連，前掲書，63ページ。

(16) 別の箇所ではもっと明確に次のようにいっている。「欧米の企業は，ベースに機能組織があり，人間を組織・ポストにあてはめていく。わが国では組織に人間をあてはめるのではなく，構成員個々人の能力を最大限に引き出すために，組織を動かす」。同上書，23ページ。

(17) この雇用ポートフォリオについての詳しくは以下を参照されたい。原田實・安井恒則・黒田兼一編著『新・日本的経営と労務管理』ミネルヴァ書房，2000年。黒田兼一・守屋貴司・今村寛治編著『人間らしい「働き方」・「働かせ方」』ミネルヴァ書房，2009年。

<table>
<tr><td>第7章</td><td>現代日本の人事労務管理の実相</td></tr>
</table>

　1995年に発表された日経連（現・経団連）の新しい人事労務管理戦略＝「新時代の日本的経営」，それを前章では「フレキシブル化と自己責任化の人事労務管理」と表現した。

　21世紀直前に出された日経連のこの「改革」戦略の実態はどうなのであろうか。まだ進行中のこの「改革」，可能な限り公表されている資料を利用しながら，その実相に迫ってみよう。これらを通して，グローバル時代の日本の人事労務管理の「日本的」な特徴を考察する。

第1節　雇用管理の現況

　「新日本的経営」で提言された雇用のフレキシブル化の戦略の柱・雇用ポートフォリオ＝「雇用の多様化」，つまり非正規雇用の積極的活用戦略の実態について，総務省の「労働力調査」を使って確かめてみよう。

　資料7-1は，1985年から2015年まで，ほぼ5年毎の数値を時系列的にみたものである。1985年の非正規雇用率は16.4％だったが，以降，一貫として上昇し続け，30年後の2015年には37.5％までになっている。約20ポイントも上昇したのである。

　厚生労働省の「就業形態の多様化に関する実態調査」（2014年，以下，厚労省2014調査と略）においては，いわゆる「出向社員」を「正社員」から除いて調べているが，そのため総務省調査よりも非正規雇用の割合が高く出ている。それによれば2014年の非正規雇用率は39.8％となっており，4割を突破するのは時間の問題である。「出向社員」の運用の実際は，中高年のリストラの際に利用されてきた事実があるから，こちらの数値が現実を反映しているといえる。

　これらを男女別でみてみると（**資料7-2，資料7-3**），2000年以降，女性は

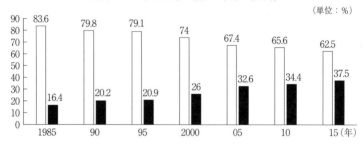

資料 7-1 雇用形態の割合の変化 (総計)

(単位:%)

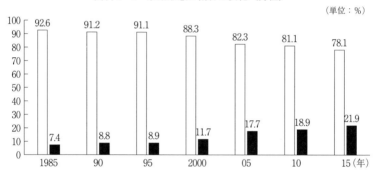

資料 7-2 雇用形態の割合の変化 (男性)

(単位:%)

半数以上が非正規雇用であることはよく知られているが,男性も正規雇用の減少と非正規雇用の増加という傾向となっている。2015年は21.9%で,1985年比で実に3倍の男性労働者が非正規となっている。

　また女性についてみると,半数以上が何らかの形の非正規であるが,このことは同じ企業で働いていても同一の雇用形態の従業員ではないわけだから,形式上は「均等法」にいう雇用差別に当たらないとの回避ルートとなる。「能力発揮競争レースへの平等な参加」を建前としていた「能力主義管理」に隠されていた「矛盾」(第5章参照) を解決することにもなる。女性を外に追い出すこと＝非正規化することで,内部化されていた差別構造が「解消」されることになったのである。

資料7-3　雇用形態の割合の変化（女性）

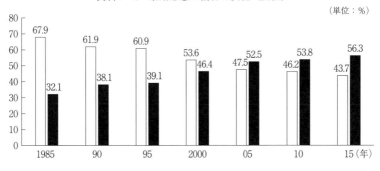

（出所）　資料7-1に同じ。

　このような数値をみると，正規雇用はもはや通常の雇用形態ではないといえる。かつての非正規雇用は，労働者側からみると「男性の正規雇用」の世帯収入を補うものとして，主婦パートタイマーと学生のアルバイトとしての雇われ方であった。他方，企業側からみると正社員（正規雇用）を補助する役割，臨時的・一時的な雇い方であった。しかし今やそうではない。企業は非正規雇用を正規雇用の代替として活用するのではなく，積極的に「通常」・日常的な「雇い方」としているのである。「雇用ポートフォリオ」戦略でいう「専門能力活用型」人材，「雇用柔軟型」人材である。この変化は大きい。

　この現実を真摯にみれば，改めて非正規雇用の処遇や「働かせ方」の検討が喫緊の課題となっていることは明らかである。その課題を解き明かすためにも，非正規雇用の具体的な中身をみてみよう。

　非正規雇用といってもその具体的な雇用の内容は多様である。非正規雇用のどのような形態で雇用されているかをみたのが資料7-4である。これをみると，今でもパート・アルバイトとして雇用されている割合が圧倒的に高いが，2000年代に入ってからはその割合が徐々に減少し，代わって，派遣，契約社員，嘱託社員が目立つようになり，非正規雇用の多様化が進行していることがわかる。

　このようにみると，名称はともあれ，実に多様な雇用条件で雇用していることがわかる。そうだとすれば，パート・アルバイト，契約や嘱託社員，派遣，

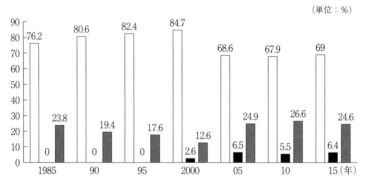

資料7-4　非正規雇用の内訳（総計）

（単位：%）

□ パート・アルバイト　■ 派遣　■ その他

（出所）　資料7-1に同じ。

　これらの非正規の雇用形態相互に仕事上の何か特別の関連性があるのだろうか。非正規雇用のそれぞれがどのような職種に多いのだろうか。この点を確認してみよう。

　厚生労働省は，1987年以降，不定期にではあるが，「就業形態の多様化に関する総合実態調査」を実施している。この興味深い資料を参考にして，非正規雇用の多様化の実態を考察してみよう。

　最新の調査（2014年）によると，パート・アルバイトとして働いている人々は，調理・接客・娯楽やビル等の管理などの「サービスの仕事」に就いている割合が29.8%（前回2010年調査，29.9%），「事務的な仕事」に就いている割合が23.1%（前回22.0%），「販売の仕事」が17.2%（前回19.1%）となっている。派遣で働いている人は，「事務的な仕事」36.9%（前回44.1%），「専門的・技術的な仕事」21.2%（前回15.9%），「生産工程の仕事」18.2%（前回21.4%）であった。さらに契約社員として働いている人は「専門的・技術的仕事」が41.0%（前回31.2%），嘱託社員で働いている人では「専門的・技術的仕事」20.1%（前回17.7%）と「管理的な仕事」12.1%（前回12.2%）が際立った結果であった。

　なお，正規雇用よりも非正規雇用の方が多い職種としては，「運搬・清掃・包装等の仕事」80.0%（前回72.8%），「サービスの仕事」73.1%（前回75.0%），

「保安の仕事」65.9%（前回52.4%），「販売の仕事」56.3%（前回53.7%）であった。

　ここから確認できることは，パートタイムはどの仕事にも就いているが，「一般事務」や「サービス」，「販売」に就いている割合が高いこと，派遣は「専門的な業務」や「生産工程の仕事」に就いている割合が高いこと，そして契約社員や嘱託社員は「専門的な業務」に就いている割合が高いということである。なお，嘱託社員に「管理的な仕事」に就いている割合が相対的に高いのは，高齢退職者の再雇用者が多いからだと考えられる。また全体的にみると，運搬や清掃，販売やサービス，保安等の仕事は，明らかに非正規雇用の労働者によって担われている仕事であるといえるだろう。

　次に，そもそも企業はなぜ非正規雇用を採用しているのだろうか，また，そもそも多様な非正規雇用の形態に企業はどのような「期待」をして採用しているのだろうか，この点を確認してみよう。

　同じ厚労省2014調査によれば，企業が非正規を採用する理由について，「賃金の節約のため」とする企業割合が38.8%（2010年の前回調査では43.8%）で，もっとも高く，次いで「仕事の繁閑に対応するため」33.4%（前回33.9%）であった。非正規雇用の採用理由としてよく知られている理由である。だが，よくみてみるとこの二つの回答率は高いものの，前回調査より低下しているのである。

　これにたいして，「即戦力・能力のある人材確保するため」が31.1%（前回24.4%），「専門業務に対応するため」27.6%（前回23.9%），「高齢者の再雇用対策のため」26.6%（前回22.9%）などいずれもが前回よりも上昇しており，これらが新しい傾向となっていることを確認できる。

　それぞれの雇用形態ごとにそれを採用する企業側の理由をみても，契約社員は「専門的業務に対応するため」49.9%（前回41.7%），「即戦力，能力ある人材確保」38.7%（前回37.3%）のためであり，また嘱託社員は「高年齢者の再雇用のため」78.7%（前回75.9%）と「即戦力・能力ある人材確保のため」39.0%（31.9%）であった。次いで派遣受入をみると，「即戦力，能力ある人材確保」34.5%（前回30.6%）のため，「正社員を確保できないため」33.0%（前回20.6%），「専門的業務に対応するため」28.2%（前回27.0%）が理由とさ

れていた。いずれもが，前回調査よりも増加していることに注目したい。

　これに対してパート・アルバイトの採用目的は，「賃金の節約のため」41.5%（前回47.2%），「仕事の繁閑に対応するため」39.5%（前回41.2%），「景気変動に伴う雇用量調整のため」19.7%（前回23.2%）となっており，これら従来からの目的は軒並み低下傾向にある事実は興味深い。代わって増加傾向にあるのが，「正社員を確保できないため」24.4%（前回16.0%），「正社員を重要業務に特化させるため」22.6%（前回17.5%）である。パート・アルバイトは相変わらず非正規の多数ではあるが，企業がパート・アルバイトを採用する理由はこれまで以上に多様化している。この事実を看過してはならない。

　このようにみてくると，企業は仕事もしくは業務の特徴に合わせて各種の非正規雇用の形態を使い分けていることがわかる。雇用といえば長期雇用の「正社員」を中心に考え，それ以外は「非正社員」として「正社員」を補完する臨時的なものと考えてきたが，近年はもっと多様な雇用区分を用意し，その時々の状況に応じて，費用的の面でも，専門能力の活用の面でも，積極的かつ有効に活用していこうというのである。まさしく「雇用ポートフォリオ」である。

　こうして「雇用の多様化」は自然に生まれたわけではない。ましてや「従業員側のニーズ」の多様性に合わせて生まれたわけではない。そしてまた非正規雇用を人件費コスト削減としてのみ捉えるのは間違いである。それは「もっとも有利な雇用のあり方の組み合わせを運用すること」で市場動向にフレキシブルかつ有効に活用するための人事戦略なのである。企業の現場では，こうした戦略に基づく雇用管理が進行しているといってよい。

　まとめよう。「新日本的経営」では，改革の方向は「欧米型の諸制度を最終目標とするのではなく，日本的雇用・処遇制度に欧米の合理性やマーケットメカニズムの要素も加味していくという考え方」であるというが，それを雇用管理の面から打ち出したのが雇用ポートフォリオ戦略であった。その雇用ポートフォリオ戦略は数字をみる限り確実に進行している。

　第1に，コア人材としての長期雇用を大幅に絞り込みながらも，全面排除することなく，「機能的フレキシビリティ」の担い手として「長期蓄積能力活用型」人材（中核労働者）を全面活用している。アトキンソン・モデルを待つまでもなく，企業内で状況に応じて個々の従業員の果たすべき役割を柔軟に変え

させることができたのは，いうまでもなく日本企業の「強み」であった。この機能的フレキシビリティの「強み」は捨てる必要はない。「日本的雇用制度に欧米の合理性の要素も加味していくという考え方」に徹して，「長期蓄積能力活用型」として再編したのである。

　第2に，正規雇用（長期雇用）労働者は機能的フレキシビリティに富んではいるが，反面，数量的フレキシビリティに欠ける。またグローバリゼーションとICT革新によって，新しい専門知識や技能の必要性が高まっているが，従来のOJT中心で育てられてきた正規雇用労働者はこの面では機能的フレキシビリティに問題がある。このような数量的フレキシビリティと一部の機能的フレキシビリティの役割を担うのが非正規雇用であり，派遣，アルバイト，パートタイマー，契約社員，嘱託社員という形で，その目的に応じて使い分けている。正規と非正規の処遇格差が著しい日本では，非正規雇用は数量的もしくは機能的フレキシビリティだけでなく，同時に「財務的フレキシビリティ」（人件費削減）の役割をも担っている。いやむしろ人件費削減を期待しながら，雇用量と専門能力の柔軟な対応を図ろうというのが実態だろう。

　第3に，こうして近年の雇用管理の基本はアトキンソン・モデルをベースとした日経連「雇用ポートフォリオ」戦略である。それはいわば雇用のジャスト・イン・タイム（JIT：必要なときに，必要な質と量を，必要な場所へ）である。特に，非正規雇用の積極的な活用は，たんに従業員数のフレキシビリティと費用的なフレキシビリティ確保のみの目的ではなく，特定の専門能力活用（＝機能的フレキシビリティ）をもねらった戦略でもある。法の規制緩和をという後押しを受けながら，雇用分野のフレキシビリティは確実に進んでいるといわねばならない。

第2節　人事・賃金管理の現状（1）：年功的処遇の一掃

1 人事・賃金制度のフレキシブル化

　雇用問題と並んで，人事制度や賃金制度は人事労務管理において中心課題である。この人事・賃金制度における人事労務管理のフレキシブル化への課題は年功的処遇の一掃である。それは同時に，人事と賃金に市場原理を導入するこ

とを意味する。その目的をもって導入が試みられたのが「成果主義」であった。

　一般的に年功制度（年功賃金）とは年齢と勤続年数を基準に処遇を決定することだと理解されがちであるが，それだけではない。直属の上司による「職務遂行能力」の人事評価・査定をおこなって処遇を決定することも含まれている。具体的には職能資格制度に基づく職能給がそれである。職能給は職務遂行能力を評価して決めるが，この評価の対象に「能力」や「業績」がある。その能力や業績の判断基準の一つとして，これまでは勤続年数や経験年数が含まれているケースが多かった。第5章でみたように，勤続年数や経験年数の考慮を圧縮する傾向にあるとはいえ，それが容認されてきたのは経験や勤続の長さが能力を高めていくという前提があったからである。熊沢誠はこれを「年と功」主義と呼んでいる。

　しかし，ここで注意すべきは，「年の功」であれ「年と功」であれ，いずれも人事処遇の基準が「ヒト」基準であったということである。処遇基準が「仕事」ではなく「ヒト」基準であるから，担当の仕事が変わっても処遇は変わらない。したがって，企業側としては，「処遇」を気にすることなく，異動や配置転換で仕事の質と量にフレキシブルに対応することができた。こうした面を考慮に入れると，日本とは違って処遇の基準が「仕事」であると理解されてきた欧米の場合は，処遇が「仕事」や「職務」によって一つひとつ異なるわけであるから，異動や配置転換ごとに処遇を変更しなければならないことになる。この点においては，日本は異動や配置などの「機能的フレキシビリティ」に富んでいることになる。

　だがしかし逆にそのこと故に，つまり処遇がリジッドに「ヒト」基準であるために，仕事の量や市場動向に「処遇」をあわせていくことは簡単ではない。したがって市場の動向に合わせて処遇すること，処遇と「ヒト」のリジッドな結合を柔軟化すること，処遇決定に市場原理を反映させることができる制度を構築することが課題となった。これが日本における人事と処遇のフレキシブル化の中身であった。1990年代半ば以降からの「成果主義賃金」ブームがそれであった。

② 「成果主義」賃金の登場と衰退

　日本で初めて成果主義人事制度を導入したのは1993年の富士通であるといわれている。それ以降，「成果主義とは何か」の定義は不問のまま，各社が競うように「成果主義人事制度」を導入し，「成果主義」は一つのブームになった。基本給を決定する要素として「業績・成果」をあげる企業が増加していったのである。

　そのブームを象徴するようなことがあった。1998年1月発行の『賃金実務』誌に掲載された滝澤算織と楠田丘の「新春対談」である。「戦後の能力主義が育った時代はブルーカラー主流であって，どんな人が何時間働いたかというインプット対価賃金（ペイ・フォア・インプット pay for input）が意味をもっていたし，人材育成という面からみてもキャリアアップへの機会均等を理念とする能力主義管理は十分に有効に機能した。だが技術水準の高度化に伴って，ホワイトカラー主流となるとどんなに努力しようともまたどんなに（潜在的な）能力があろうとも，それがそのまま成果に表れるわけではない。潜在能力（ポテンシャル potential）や努力過程（プロセス process）ではなくて，成果や結果（リザルツ results）を重視しなければならない。したがって成果に基づく処遇＝『成果主義』（ペイ・フォア・アウトプット pay for output）にならざるを得ない状況になった」。滝澤はおよそこのように主張したのである。迎え撃つ能力主義管理の元祖・楠田丘は「人材を育てていくという意味においては，能力主義はそれなりの効果を発揮した。……職能資格制度を年功的だというのは誤りです」，「長くいれば能力は上がっていき，賃金は上がっていくという社会はいい社会ではないですか」，「（成果主義になると）闇の中で泣いている人間が，これからは出てくるような気がするんです」と成果主義には批判的ではあるが，結局，「先生の力強い今日のお言葉は，本当に肝に銘じました」と脱帽的な発言をしている。これを庄司博一は，楠田丘が「敗北宣言」をし，「成果主義」に席を譲ったと表現した。

　こうして，個々の従業員の業績と成果に処遇を結合させることが，硬直的な「ヒト」基準（年功制）を脱して，市場の動向に対応させることになると判断され急速に広がっていったのである。

　それでは実際にどれほどの企業が成果主義を導入したのだろうか。

（単位：%）

		成果・業績	仕事内容	職務遂行能力	学歴・勤続・年齢
1998年	管理職	55.1 (72.9)	70.1 (48.1)	69.6 (85.5)	72.6 (64.4)
	非管理職	55.3 (65.6)	68.8 (46.6)	69.2 (86.5)	78.5 (88.9)
2001年	管理職	64.2 (78.1)	72.8 (58.5)	79.7 (84.0)	73.9 (52.8)
	非管理職	62.3 (70.1)	70.6 (53.0)	77.3 (86.2)	80.6 (82.4)
2009年	管理職	45.4 (70.0)	77.1 (70.9)	68.5 (77.3)	57.8 (35.2)
	非管理職	44.4 (65.3)	71.8 (66.2)	67.5 (80.0)	65.5 (60.3)
2012年	管理職	42.2 (60.4)	72.5 (67.7)	70.7 (74.0)	48.6 (33.1)
	非管理職	40.5 (59.0)	68.2 (62.0)	68.7 (77.4)	61.3 (56.9)
2017年	管理職	40.0 (53.9)	77.4 (71.0)	64.9 (65.9)	61.5 (41.6)
	非管理職	39.0 (51.7)	74.1 (65.3)	62.8 (68.7)	69.0 (62.4)

（注）　1：基本給の決定要素として「業績・成果」「仕事内容」「職務遂行能力」「学歴・勤続・年齢」と回答
　　　　した企業数の割合を示したもの。
　　　　2：下段の括弧内は従業員1000人以上の企業。
（出所）　厚生労働省「賃金労働時間制度総合調査」（1998年），「就労条件総合調査」（各年版）。

　成果主義の普及率はいろいろな機関がおこなっているが，**資料7-5**は，基本給を何に基準を置いて決めているのかの厚生労働省の調査結果をまとめたものである。比較的大規模なこの調査は，「成果・業績」「仕事内容」「職務遂行能力」「学歴・勤続・年齢」のどの要素を基本給決定基準として使っているか，これを複数回答で調査し，各要素の使用企業数の割合が示されている。

　これをみると，成果主義と判断できる「成果・業績」で基本給を決定するという企業は，当初は年々上昇し，管理職では，2001年の64.2％がピークであった。ところがその後は一転して下降し，2009年には45.4％になり，2012年は42.2％さらに2017年には40.0％にまで下落している。実に24.2％もの下落なの

である。この下落傾向は非管理職でも同様で，ピーク時62.3％（2001年）だったが39.0％（2017年）にまで，23.3％も下落したのである。1000人以上の大企業でみると多少様相は異なるものの，やはり同じように下落傾向を確認できる。要するに，成果主義賃金は2000年前後がピークであったのだが，その後は低下し続け，今や6割の企業が導入していないという結果になっているのである。

　このように成果主義のブームは長くは続かなかったことになる。先に「敗北宣言」をしたはずの楠田は，6年後の2004年に息を吹き返して，次のようにいう。「能力主義を捨てて成果主義に移っていくのは，もう日本を捨ててしまおうというやり方ですね。私はやはりそれではだめだと思います」。

　なぜブームは去ったのだろうか。かつて職務給をめぐっては激しい反対運動があったが，成果主義をめぐっては激しい労使対立があったという話は聞かない。

　労働政策研究・研修機構は，2004年と2005年に，成果主義に関する労働者の意識調査を実施している。この貴重な調査によれば，何と81.6％の労働者が成果主義賃金に賛成の回答を寄せている。ところが興味深いことに，同時に「経験や能力を評価して欲しい」（＝能力主義賃金）という者が85.2％もいたのである。つまり，成果主義も悪くはないが，能力主義への願望も根強いことになる。

　なぜこうも成果主義は人気がないのか。この調査ではそれを解く鍵も提示されている。「成果の測定が困難」80％，「評価者により評価のばらつきがある」74％，「部門間の業績の違いで評価に差が出る」52％など，評価の公平性に問題があると指摘する声が圧倒的なのである。さらに上記以外にも「プロセスが重視されない」や「成果の出ない仕事には取り組もうとしない」なども4割以上に達している。

　こうして労働者側は，一方では成果主義への期待を抱きつつも，「成果」測定の公平性や信憑性に大きな疑問をもっている。そればかりか，自身の経験や能力等も評価して欲しいと思っている。特に，「成果」は運不運がつきまとうという面を考え，仕事へのプロセスをも考慮した公平な制度を望んでいるといえるだろう。つまり日本の労働者は，市場競争の激化のなかで「成果主義」はやむをえないものの，単純な「仕事基準」への移行ではなく，経験や能力，あるいは「仕事ぶり」など「ヒト基準」の側面を強く望んでいることになる。

単純で短兵急な「成果主義」は人事賃金制度のフレキシブル化にはならなかった。従業員が受容しなければ機能するはずがない。「仕事基準」か「ヒト基準」か，この二つの領域で考えるとすれば，日本の労働者は明らかに「ヒト基準」の領域での処遇を望んでいるのだということになる。

　このことを裏づけるかのような実例がある。あのトヨタでの経験である。[6]

　トヨタでは1990年，事務・技術職の賃金に「洗い替え方式」部分（10％）を組み込んだ新制度を導入した。「洗い替え方式」とは人事評価の結果によっては賃下げもおこなうというものであるが，3年後の93年にはその部分を40％にまで拡大し強化した。ところが実際に降給した組合員からクレームが出たという。クレーム自体は一部から出たに過ぎなかったとはいえ，「洗い替え方式」は労働意欲や人材育成に「負の影響」があると判断し，1999年の制度改定で組合員の「洗い替え方式」項目を全廃することにしたというのである。2004年4月以降は，定額制の「職能基準給」，全社ベースの生産性の変動で決まる「生産性給」（20％，一律支給），毎年の人事評価で決定される「職能個人給」（30％，積み上げ方式），「習熟給／役割給」（20％）から構成されることになった。この最後の「習熟給」は非監督職層にたいして「能力向上の度合いを反映」させることを目的に，資格や等級に関わりなく勤続年数で全員一律に支給される。しかも人事評価はない。人材育成という面を重視したのである。

　このトヨタの賃金改定をめぐる紆余曲折は教訓的である。これからの人事労務管理を考える場合，何を失ってはならないのかを暗示しているといってよい。事実，トヨタも「成果主義を謳ってドラスティックな制度の導入」よりは「習熟給のような安心感」を組み込むことで，労働意欲の向上と，人材育成という面を重視したと言明している。成果主義の躓きは，「ヒト基準」から「仕事基準」への転換によって，処遇に市場原理を反映させることには成功しなかったことを意味している。「ヒト基準」の世界で「成果主義」という「仕事基準」を接ぎ木しても機能しない。「ヒト基準」の中で市場動向を組み込んだ賃金制度をいかに展望するか，これが問われることになったのである。日本の労働慣行をなお引きずりながら，働く側の納得と意欲を組み込みつつ，処遇のフレキシビリティをどう実現するのか。換言すれば，「ヒト基準」の世界の中で，フレキシブル化をどのように進めるべきか，それを通して労働意欲の向上と人材

育成をどのように実現していくのか，「成果主義」の失敗はこうした課題を明らかにしたといえる。

3 「役割給」の台頭

　成果主義が挫折と失敗したとはいえ，かつての年功賃金に戻るわけにもいかない。資料 7 - 5 で「学歴・勤続・年齢」を基準としている企業は，1998年当時，管理職で72.6%，非管理職でも78.5%であり，賃金決定要素のトップ項目であったが，2012年にはそれぞれ，48.6%，61.3%に下がり，下位項目となっている。特に大企業ではその傾向が強い。[7]

　注目すべきは，年功的運用に流される危険性があるとして批判されていた「職務遂行能力」の健在ぶりである。管理職，非管理職，規模計，大企業，どのレベルでみても 7 割から 8 割近くの企業が使っているのである。しかも成果主義ブームの最中であってもトップなのである。

　「職務遂行能力」の中身をみる必要はあるが，賃金決定要素の一つとして今なお 7 割前後の企業が実際に使っているのである。かつて一部でもてはやされた「コンピテンシー」に類似したものかもしれない。このコンピテンシーとは，一部で「高業績をもたらす行動特性」などと訳されているが，これだけでは何のことかわからない。ミルコビッチらの説明によれば，「職務をうまく遂行していくために従業員が習得し，あるいは示さねばならない必要な知識や能力」のことである。[8] 一見してこれまでの「職務遂行能力」に類似しているようにみえるが，「習得し，示す」ことが強調されているのであるから，潜在能力を排除したもの，いわば「実力」とでも言い換えることができるものである。[9] 年功処遇に流れる「潜在能力」評価ではなく，「実力」としての「職務遂行能力」の評価である。言い換えると，この資料 7 - 5 における「職務遂行能力」とは，「潜在能力」ではなく，「顕在能力」としての＝「実力」であると考えられる。そうであるとすれば，「ヒト基準」の新しい型としての「実力」（コンピテンシー）評価が処遇基準として浮上してきたとみなすことができる。ましてや人材育成を考慮すればヒト基準の「能力評価」は欠かせない。

　次にもう一つの要素「仕事内容」をみてみよう。直近では72.5%が「仕事内容」で賃金を決めているという。注目したいのは，この項目は一貫して 7 割近

くを示しているという事実である。非管理職も同じような傾向を確認することができる。さらに「仕事内容」の採用率上昇は大企業での方が著しい。90年代後半には5割弱であったが，2000年代に入ってから普及しはじめ，直近では6〜7割にまでになっている。2017年では8割に届きそうな勢いである。先にみた「成果・業績」が5割を切っていたことを考慮すれば，数字的にも「成果給」から「仕事内容」への乗り換えを推論できようか。

だがここでいう「仕事内容」とは何か。欧米のような，職務分析・職務評価を経た「職務・職種」別賃金ではないことは明らかである。職務分析・職務評価を厳密にはおこなっていないからである。また職務給のままでは市場動向にフレキシブルに対応できない可能性が大きいからでもある。フレキシブル化への日本の賃金「改革」の枢要は，市場が求める仕事の質と量に合わせることが可能な賃金制度構築であった。したがってここでいわれる「仕事内容」とは，与えられた仕事の質と量，その責任の水準，期待されている「役割」のことを指していると思われる。

おそらく上記でみた「職務遂行能力」と「仕事内容」を統合したものこそ「役割給」と呼ばれるものである。したがって「役割給」とは，各人に与えられた「仕事」をどれだけ達成したのか，その責任をどれだけ果たしたのか，どれだけ期待に応えたのか，これらを評価して決められる賃金のことである。

こうして「役割給」について次のように整理できるだろう。

「役割給」は成果主義の混乱と失敗の中で，近年，徐々に浸透し始めている。名称も「役割給」以外に，「仕事給」，なかには「職務給」と呼ぶ企業すらある。それは，単純な「成果・業績」を賃金決定の基準とするのではなく，「仕事内容」と「職務遂行能力」を整理し，それに基づいて賃金を決めるやり方であろう。ここでいう「仕事内容」とは，各人が担当している「職務役割」や「役職」のことである。その仕事の「役割」に課せられている（期待されている）仕事の質と量への貢献度で賃金を決めるのが「役割給」なのである。**資料7-6**をみると，「報酬」は「成果」や「能力」と間接的に（役割を介して）結合している。また「年齢」とは間接的にも結びつけないとされている。それはかつての「職能給」とは違って，抽象的な潜在能力ではなく，各従業員が担当している「仕事」の「取り組みの程度」と「発揮能力」＝実力で決める賃金である

資料 7 - 6　役割給のイメージ

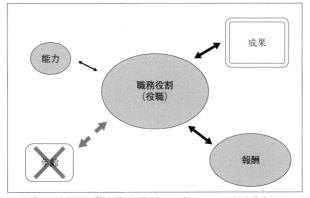

（出所）　日本経団連『役割貢献度賃金』2010年，143ページより作成。

から，市場動向に十分にフレキシブルに対応可能な賃金制度であるとみなされている。それ故に，大方の見方でも，これからの日本の賃金制度として広く普及していくとされている。

　この「役割給」の具体的な典型は**資料 7 - 7** に示されているように，与えられた「仕事」（図では JG＝ジョブグレード）毎に「役割」＝「企業への貢献内容」「仕事の質と量」が規定され，その程度（水準）を等

資料 7 - 7　役割給体系イメージ

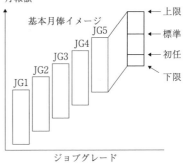

ジョブグレード
（出所）　資料 7 - 6 に同じ。

級化（序列化）して「役割等級制度」を設定し，その期待役割にたいしてどの程度貢献したか，どの程度の能力発揮をしたか，どの程度の実績を上げたか，これらの人事評価で賃金が決定されるという仕組みである。

　ここで肝要なのは，与えられた仕事それ自体の評価ではなく，それにたいする貢献度の評価，能力発揮の評価に応じた賃金ということであるから，賃金決定基準が「仕事」そのものではなく「ヒト」であるという点にある。

　「役割給」は，一見すると，近年のアメリカでよくみられるようになった「範囲職務給」に酷似している。しかし，アメリカのそれは「職務」がベースであるのにたいして，「役割給」は役割貢献がベースとなっている。酷似はし

ているし，賃金のフレキシブル化をめざしている点でも共通するものがあるが，「ヒト」か「職務」かという点で，両国の労使関係に起因する違いが色濃く反映されており，賃金の決定基準の基本が「職務」の側にあるのか，「ヒト」の側にあるのか，この問題に注意が必要である。

　このようにみると，以下に述べるいくつかの特徴から，人事と賃金制度のフレキシブル化の切り札として役割給は徐々に浸透していくのではないかと推察できる。

　第1に強調すべきは，「成果」にたいする報酬ではなく，「役割」への貢献度で決める賃金だとみなせば，把握すべき対象は「ヒト」の行動であり，それ故に，明らかに「ヒト基準」賃金なのである。「成果」という仕事の側に賃金決定基準を移行させるのではなく，与えられた仕事（役割）への「発揮能力」・「貢献度」という「ヒト基準」要素に留まっているのである。次節で詳しく検討するが，石田光男が指摘するように，賃金のフレキシビリティ（市場原理化）を「仕事基準」ではなく「ヒト基準」から確保するのが「役割給」なのである。[10]

　第2に，しかしながら従来とは違って，「能力」や「期待」水準に対しての賃金ではなく，「期待」への行動と貢献度で決める賃金あるという点で明らかに職能給とは違う。「ヒト基準」の中身が「年齢」や「能力」から「役割」へ，すなわち抽象的な潜在能力を含んだ「能力」から，行動と貢献度という具体的な「実力」を重視した「ヒト基準」への移行なのである。なかにはアメリカでいわれる「コンピテンシー給」と名づけている企業もある。ここに将来の可能性を含む「能力」で決まるのではなく，具体的に発揮した「実力」で賃金が決まるわけだから，まさにいくらもらえるかが自己責任化されることになるというわけである。

　しかも第3に，各人に与えられる仕事＝「役割」は組織の目標達成に向けての役割を意味しているのだから，市場の動向に影響を受けることになる。つまり市場動向で求められる「仕事の質と量」は変化し，それに合わせて「役割」も変化する。したがって「役割」貢献を処遇決定基準とする「役割給」は市場動向にフレシキブルに対応することが可能となるのである。「ヒト」基準に留まりながら，つまり日本の労働者の労働意欲を喚起しながら，仕事の量や市場動向に「処遇」をフレキシブルに対応させていくことが可能な賃金であると目

されているのである。

　最後に，「役割給」は「能力資格」と結びついた賃金ではなく，与えられた仕事「役割」への貢献度に結びついた賃金であるから，理念的には，もう一つ上位の仕事「役割」に就かなければ賃金上昇はないことになる。かつての「職能給」とはこの点が決定的に違う。こうしてみるとそれは「職務給」に近似したものとみなすこともできなくはない。というのも，近年の「職務給」もまた「範囲職務給」（範囲レート職務給）が主流となってきているからである。しかしそれでもなお，「役割給」を「仕事基準」賃金とみなすわけにはいかない。与えられた「仕事」役割への各人の「貢献度」＝「実力」評価水準への報酬だからである。この点は，現在の日本の人事労務管理をどうみるかに関わる重要な論点であるから，次節で改めて検討する。

　さてこうして「職能給」から「役割給」への変化が新しい方向だとしたら，肝心なことは，その役割貢献度をどのように測定するか，その測定する道具をどのように作り上げていくのか，この人事評価制度が重要な課題となる。そのあり方次第では「成果主義賃金」の轍を踏むことになりかねないし，労働意欲の減退と能力開発への阻害となりかねないからである。この点については終章で述べる。

第3節　人事・賃金管理の現状（2）：
「成果主義」と「役割給」をどうみるか

　前節でみてきたように，フレキシブルな人事・賃金管理の制度として普及しつつあるものは「役割給」である。当然ながら，それは「年功」による管理ではなく，市場動向を反映させたフレキシブルな処遇制度である。

　ところがこの「役割給」とは何かをめぐって議論が交わされている。また正規雇用労働者と非正規雇用労働者の間の余りにも大きな賃金格差に関して，それをどのように縮小させていくのかをめぐる議論も活発である。政府もまた「同一労働・同一賃金」を政策課題として掲げている。

　このことを考慮に入れると，これまでの「職能給」を経て「役割給」への変化をどうみればよいのか。また不当な賃金格差の是正はどのように是正される

べきなのか。これらは，現在の日本の人事労務管理の趨勢をどう考え，これからどうなっていくのかを考えていく上で，重要な論点である。まさに現在直面している課題である。これらを考えるための素材として，前節で「人事・賃金管理の現状」で論じたことを補う意味で，石田光男の「役割給論」，また遠藤公嗣の「職務給推奨論」を検討する。それは戦後日本の人事労務管理の特徴を考察するためにも意義あることと思われる。

① 石田光男の「役割給論」

　石田光男は近著の中で「今時の成果主義という戦後最大の人事改革をくぐって，……『役割』という人と職務の両面にまたがる概念をかろうじて手にした」と主張する。すなわち「賃金制度改革の着地点」は「役割給」であるというのだ。

　石田がいう「役割給」とは何か。役割給は「市場で評価された働き方とそれに応じた賃金」であり，「組織目標に貢献する働きに応じた賃金」制度であるという。以下，彼の主張をみよう。

　グローバリゼーションと情報技術革新の波は企業経営，とりわけ雇用体制に深甚な影響をもたらしたもたらすことになった。石田は「変化の方向は同じ方向を向いているけれど，着地点の様相が異なる」とといい，欧米では分権化（decentralization＝企業での自主的な労働条件決定）と個別化（individualization＝企業内での処遇の個別化）という改革が試みられているという。

　だが，日本はこの両者とも1970年代より達成されていた。「日本は不思議な国である。分権化でも個別化でも日本はもうその先がないほどにまで達成してしまった国である」。それでは何が問題なのか。石田はいう。日本企業が「分権化」と「個別化」を実現できていたのは，実は，長期雇用や年功処遇，能力開発など準「共同体」維持のコストを負担していたからであった。ところがグローバリゼーションの波は，日本企業にその維持コストの削減を迫った。「共同体」がもたらすメリットを損なわずに維持コストをいかに低減させていくか，このような課題をつきつけた。これが日本の改革の内容であったと石田はいう。

　石田が考える賃金制度改革の課題は二つ，高い賃金水準と年功賃金制度の打破である。その実現は，今野浩一郎の主張に賛同して，年功や能力という「供

給重視の賃金制度」から「需要重視の賃金制度」に変えることであるという。つまり「なるべく賃金を市場的決定に委ねることの追求であった」。企業経営に起きている事態を「虚心に探り、整理し腑に落ちるまで理解する」べきだと強く論じる石田は、改革の「その後の苦悩は、一言でいえば、組織の論理を市場の論理の側から解体すること、どこまで解体できるかの苦い試行であった。人はそれを成果主義と呼称した」と表現している。[14]

　そこで彼は9社ほどの人事改革の事例を取り上げながら、概略、以下のように成果主義改革を論じている。

　日本の正規従業員の賃金は労働市場で賃率が十分に形成されているとはいえないから、賃金決定を市場に委ねることは困難である。それではどうするのか。石田の答えは「製品市場（売上、収益）、資本市場（株価）から発せられるサインを人事・賃金のルールに落とし込むこと」である。つまり「売上、収益、株価への貢献度」≒「組織目標に貢献する働き方に応じた処遇」ということになる。つまり改革の中心は「組織目標への貢献度に基づく処遇制度」の構築ということなのである。

　石田は、人事制度の改革のもっとも基本的で重要なものは従業員の序列化・格づけをすることであり、その格づけ基準＝「社員等級制度」としては、従来型の「職能」、担当している「職務」、そして「役割」の3種類があるという。この場合、「職能」と「職務」については説明を要しないと思われるが、「役割」とは何か。石田はわかりやすく「組織目標達成への期待される貢献度」と表現している。すなわち「役割」とは従業員各人に与えられた「組織目標への貢献内容」をいい、その程度（水準）を等級化したものが「役割等級制度」ということになる。上述の「賃金を市場決定に委ねる」との関係で言えば、市場が決定する付加価値（売上、収益、株価）への各人の「貢献度」で処遇を決めるというということになろう。

　石田はいう。「人それぞれの『役割』の序列は、経営者＝部門の長であれば部門の役割から規定できるし、一般職であれば、個々人の能力の伸張＝専門性の発揮の程度から規定できる。いずれも、『人』に着目しているために、正社員全員にわたって『役割』の序列を設計できるということがこの仕組みのメリットである」。

資料7-8　三つの社員等級制度の強みと弱み

	対象	人と仕事のミスマッチ是正機能	人材育成機能	成果評価
職務等級	職務 or ポスト	強	弱	普通
役割等級	人	強	普通	強
職能等級	人	弱	強	弱

（出所）　石田・樋口，2009年，27ページ。

　結局，「旧来の『職務遂行能力』という概念に代わって『役割』という概念が大企業を中心に人事賃金制度の中核的概念となる気配が強い」と断言する。その根拠を4点あげている。

　第1に，「役割」は組織目標達成への貢献度であるから，把握すべき対象が人であり，人基準の日本の雇用慣行に適合的である。第2に，人と仕事のミスマッチという年功的処遇の問題を是正することが可能である。第3に，人基準であるために，「等級」定義に，各等級に必要とされる「能力」の規定をおきやすいので，人材育成の機能をもたせることができる。第4に，「役割」は組織の目標達成に向けての役割を意味しているのだから，「賃金を市場的決定に委ねる」ことに適合的である。これを資料7-8のようにまとめている。

　以上が石田の主張の概要である。ICTとグローバリゼーションが日本に要請した人事改革，すなわち年功処遇の打破と人件費コストの低減という課題は，「役割等級制度」とそれに基づく「役割給」で，「ヒト基準」がもつ強み＝メリットを損なわずに見事に達成されたと主張するのである。

　この石田「役割給」の論旨についていくつか指摘しておきたい。

　まず第1に，賃金のフレキシビリティ（市場原理化）を「仕事基準」ではなく「ヒト基準」から確保するのが「役割給」だという主張はきわめて興味深い。「成果主義賃金」が「仕事基準賃金」への転換であると多くの研究者が素朴に考えていたのに対して，石田は新しい視点を提起した。この提起を筆者の関心に引きつけていえば次のようになる。人事処遇制度の「改革」はその国の雇用慣行を無視してはありえない。「成果主義」改革はそのことに無頓着であった。長期雇用の正規従業員は「ヒト基準」の人事雇用管理であるのだから，さらには「ヒト基準」がもつ強みを損ないたくないとすれば，「改革」も「ヒト基準」

から「仕事基準」(市場) に攻め込むしかないだろう。「ヒト基準」にとどまりながら「市場」からの要請に応えるキー概念こそ「役割」であった。この石田の「発見」は，経営者と経営コンサルタントがあれほどまでに熱心に推奨していたにもかかわらず，「成果主義賃金」が何故に頓挫してしまったのかを解く鍵を提供しているように思う。

　第2に，今般の「成果主義」改革を人件費コスト削減であるということを全面に押し出して議論している点は評価されてよい。賃金制度の改革は人件費の圧縮にこそあった。この点は改めて強調されるべきであろう。石田の言葉でいえば「共同体を維持するコストをいかに減らすか」であり，「年功賃金がコスト要因として問題にされた」のである。したがって今般の人事改革の目的は「(年功賃金等の——黒田) 日本的『調整』ルールを市場のメッセージに習って書き換えること，これが日本の改革の内容であった」。日本の人事労務のフレキシビリゼーションは，企業組織の中に市場原理を取り込むことである。こうして石田は，並の経営コンサルタントを超えて，徹底的に企業経営と経営者が置かれている立場にたって，研究者らしいアプローチで事態の本質に迫っているといえるのではないだろうか。

　第3に，だからといってこれで完結するわけではない。最大の問題点は，「日本的『調整ルール』を市場のルールに習って書き換えること」，まさにこの点にある。調整ルールとは労使間の利害調整ルールのことであるが，この点に石田は深追いしていない。石田は「成果主義の時代は，究極的には個々人の働きぶりの評価＝人事考課の比重が増大した時代と認識されている」というが，だとすれば新しい調整ルールもそのことの関連で提起されるべきである。だが沈黙のままである。

　どの国も人事賃金制度の改革は順調に進んでいるとはいえないが，それは新しい制度に向かう中でこの「調整ルール」が構築できていないことの反映でもある。いま少し付言すれば，現実の人事労務管理が安定的に機能するための必須の条件は，おそらく市場原理の圧力を現場で働く労働者たちの前でいかに緩和するか，どのような防波堤を築くのか，「調整ルール」とはこのことである。この重要な課題を石田は黙して語らない。新しい調整ルールの展望なしに「役割給」推奨はいかがなものであろう。

　かねてより人事評価や賃金問題について精力的に研究を重ねてきた遠藤公嗣
が，たいへん刺激的な論文を発表した。小越洋之助にいわせれば「非難あるい
は挑発に近い」論調で近年の賃金改革について論じている。この論文は，その
サブタイトルにもあるように，直接的には均等処遇の実現のための賃金形態に
ついて論じたものである。しかし「成果主義賃金」や「役割給」にも触れてお
り，それはそれで看過できない重要な論点に言及しているので，ここで改めて
検討しておきたい。

　ここでのテーマに関する遠藤の結論を先に示せば次の通りである。

　「最近10年間の日本の民間企業では，賃金改革の模索がつづけられている。
／一言でいえば，その動向は，職務価値給に近づく方向にあり，とりわけても
範囲レート職務給に近づく方向にある。／非正規労働者と正規労働者の両方で，
職務給に近づく方向がすでに存在する」(16)（傍点は筆者）。

　遠藤がここでいう「職務価値給」とは，特定の職務そのものの価値を決め，
それに対して支払う賃金形態のことをいう。通常いわれている言葉で示せば
「職務給」である。職務の価値を誰がどのように決めるかによって，これは更
に種類を細分化できるというが，ここで確認すべきことは，日本のこの10年間
の賃金改革の模索の中で，正規雇用労働者の賃金がヒト基準（遠藤の用語では
「属性基準」）から仕事基準（「職務基準」の一形態である「職務価値給」「職務給」）
に近づく方向にある，との主張である。

　遠藤のこの論文の主テーマが，正規雇用と非正規雇用の均等処遇へ道を探る
ことであったから，上の主張は次の結論を導き出すための布石である。

　「正規労働者は属性基準賃金であり，非正規労働者は時間単位給であると分
離している。それを同一化することが，労働運動の現代の課題である。同一化
は，職務給としての同一化しか，ありえないであろう。それが現代における正
規労働者と非正規労働者の均等待遇への道である」。

　「正規労働者は属性基準賃金に固執すべきではなく放棄すべきであり，職務
基準賃金を志向すべきである」(17)。

　しかし，成果主義賃金から始まった「賃金改革」が，紆余曲折を経て登場す
るようになった「役割給」，これがほんとうに職務の価値に対して支払う賃金

資料7-9　賃金形態の分類表

現代の欧米社会の労働者・現代日本の非正規労働者・戦前日本の生産労働者の賃金に存在する

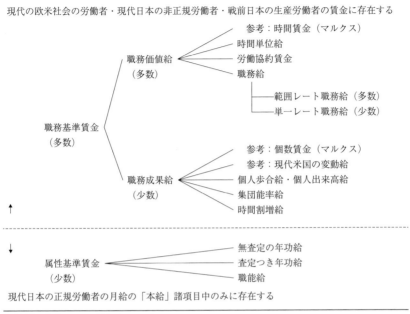

（出所）　遠藤，2008，（上），61ページ。

＝「職務価値給」ないし「範囲レート職務給」に近似したものなのだろうか。[18]「職務給に近似した賃金」と主張することの意図はともあれ，そのことでかえって均等待遇にとって必要なことが見失われてしまう危惧を感じる。

　この10年の賃金改革の過程で喧伝されてきた賃金形態の中で，遠藤が取り上げているのは「成果主義賃金」，「コンピタンス基準賃金」そして「役割給」である。以下ではこれらについて検討する。なお，検討に当たって，賃金形態の用語は遠藤独特なものであるため容易には理解できない部分もあるので，便宜上，彼の分類表を資料7-9として示しておこう。

　まずはじめは成果主義賃金についてである。

　遠藤は，成果主義賃金は「定義することが不可能なほど曖昧な用語であった」といい，「しかし，用語の起源から考えて，職務成果給に分類できる様々な賃金形態をホワイトカラーに支払うことを意味する」と主張している。彼がいう起源とは80年代後半以降のアメリカで議論されるようになった「performance（-related）pay ないし pay for performance である。つまり成果主義賃金はアメリカの業績給の日本語訳であり，それは「職務基準賃金」（仕事基準賃金）に分類できるものであると。しかしそれが機能し浸透するには，「成果が容易に数値測定できる」などの厳しい条件が必要であるが，日本のホワイトカラーの労働にはそれらの条件がないため成果主義賃金はうまく機能せず，「衰退する方向に向かったのは，当然であったといってよい」という。

　この「成果主義賃金は衰退した」との指摘，それ自体は正しい。確かに各種の統計をみても，「成果の測定が困難」「評価者によって評価にバラツキがある」「部門間の業績の違いで評価に差が出る」など，成果の測定をめぐる問題が指摘されていたからである。しかしそれだけではないことに留意すべきである。「経験や能力を重視して欲しい」，「仕事のプロセスが重視されない」などの意見が多かった点である。つまり短期的な結果（成果）だけでなく，経験や仕事のプロセスなど「働きぶりを正しく評価して欲しい」ということである。既述した政府統計からもわかるように，日本の雇用慣行を軽視して「ヒト基準」から「仕事基準」への転換は容易ではない。日本のホワイトカラーの雇用と日常的な仕事への関わり方から離れて処遇の「改革」は困難である。遠藤はこの論文の冒頭で，賃金形態の違いは雇用慣行の違いであり，「両者は，同一物を二通りに表現したものとすらいってよい。しかし本論文では，雇用慣行については議論を省略する」（傍点は筆者）と述べている。なぜ省略したのか不明である。その点を省略して，「成果」の測定ができなかったから衰退したと断ずるのは不十分である。

　なお「職務成果給」はアメリカでも少数派であるというが，その一つ形態としてホワイトカラーを対象とした「変動給（variable pay）」に言及している。それが少数派であるのかどうか，衰退しているのかどうか，明言がない。少々古い調査ではあるが，ローラーとモーマン等の時系列調査では，ゆっくりではあるが増加しており，少なくとも衰退傾向にはない。ここでもまたその社会的な文脈をアメリカの雇用慣行との関係で考察すべきであった。

　次に遠藤がいうコンピタンス基準賃金である。アメリカではコンピテンシー基準賃金（competency-based pay）ともいわれる賃金形態について，楠田丘も主張するように，「もともと日本の職能概念をアメリカのコンサルタントが米

国流に修正したもの」という遠藤の理解に間違いはない。そしてまた「この賃金形態は，私のいう属性基準賃金である」という理解にも賛同する。そしてそれ故に，別論文で論じたように「仕事基準」のアメリカではほとんど普及していないという認識も同じである。問題は「コンピタンス基準賃金が日本で衰退することは，成果主義賃金より早かった。そもそも日本の職能給を米国流に修正したのがコンピタンス基準賃金であったから，それを新しい賃金形態とみなしても奇妙であり，衰退も当然であった」という主張である。コンピテンシー基準賃金が衰退したと断定しているが，コンピテンシーが使われなくなったのかどうかの言及はない。用語としてコンピテンシーを使用しなくても，人事評価の際に，年功的要素（＝潜在能力）を排除する目的で「行動」や「実力」を重視する企業は増えている。事実，成果主義賃金導入の挫折から，「能力」や「貢献度」を評価する道具として「コンピテンシー」（T社）や「プラクティス・レベル（コンピテンシー）」（N社）と名づけて利用しているケースは多いし，日本生産性本部（旧社会経済生産性本部）の年次調査でも，1999年の調査開始以来，一貫として増加し続け，2005年調査では3割近くの普及率であり，1000人以上規模の企業では34.0％となっている。「仕事基準」の世界と「ヒト基準」の世界の違いからか，アメリカでの衰退傾向がそのまま日本に反映されるとは限らないのである。

　最後は「役割給」である。遠藤は「役割給は，範囲レート職務給ではないものの，範囲レート職務給に近づいた賃金形態である」という。両者は近似したものではあるが，同じではない。重要な違いがあるとして，「役割給には『ミッション』概念がある。これの有無が役割給と範囲レート職務給の間の最大の違い」だと主張している。このミッションとは何か。遠藤の説明は必ずしも明解ではないが，キヤノンの事例をあげて「職務に職責を加えたもの」，つまり職務に課せられた「企業への忠誠心＝情意」と説明している。与えられた仕事（職務）上の責任をどれだけ果たしたのか，どれだけ企業に貢献したのか，これが「役割」であるとの理解に異論はない。

　問題はこの役割給を「範囲レート職務給への近似化」と捉え，「範囲レート職務給ではないものの，範囲レート職務給に近づいた賃金形態である」としていることである。

もちろん彼は「役割給」を「職務給」の一種といっているわけではない。「職務給に近づいた賃金形態」と主張しているだけである。もとより（職務遂行）「能力」から（職務）「役割」に移行させるということは，より職務要素を重視するようになったわけで，その意味では「近づいた」といえなくもない。しかし賃金が何で決まるのかということを軽視すべきではない。「役割給」は与えられた仕事（職務）上の責任をどれだけ果たしたのか，どれだけ企業に貢献したのかいう，ヒト評価に基づいて賃金が決まる。その意味で「ヒト基準」賃金なのである。「職務給に近づいた」のではなく，ヒト評価基準を「能力」から「役割」（≒職責達成度・貢献度）へ変更したのである。

　もっとも「ヒト基準」と「仕事基準」の違いも相対的である。かつてほど明解ではない。「仕事基準」の世界でも，遠藤が指摘するように，「単一レート職務給」ではなく「範囲レート職務給」に変わってきたし，もっと広く「職務」を大括りして賃金レートを拡大したブロード・バンディングといわれる賃金形態もあらわれている。したがって仕事が決まれば賃金も決まるというわけではなくなっているのである。仕事基準の世界の中でヒト要素を取り込んできているといってよい。しかし笹島芳雄が指摘するように，この変化をヒト基準の職能給になったとみることは早計であり，表面的である。厳格な職務分析と職務評価をして職務のグレードを策定しているからである。

　同じように「ヒト基準」の世界もまた，年齢や勤続という属性から職務遂行「能力」，そして「職責・貢献度」（＝役割）という形で，「ヒト」評価の基準に「職務」関連の要素を組み込んできている。ここでもまた，かつてのように年齢や勤続年数が決まれば賃金も決まるというわけではない。「役割給」は，素朴な職務成果給（＝成果主義賃金）の挫折を経て，「職務基準賃金」ではなく，「ヒトの働きぶりに対して支払う賃金」（＝職責・貢献度）として考案されたのである。それはあたかも1960年代後半に「職務給」を志向しながらも，その苦悩のなかで「職能給」が生み出されたのに似ている。このことの意味をけして軽視すべきではない。

　筆者がこの点にこだわるのは，正規と非正規の均等待遇を考える際に，遠藤が「正規労働者は属性基準賃金に固執すべきではなく放棄すべきであり，職務基準賃金を志向すべきである」と主張しているからである。またこうもいう。

均等待遇の道は賃金形態を同一化させる必要があるが,「同一化は, 職務給としての同一化しかありえない」。

ここには職務給への過信を感じる。遠藤は明言しているわけではないが,「ヒト基準」賃金は個人間の差別を生みやすいとの認識がある。したがって, 是正させるには職務給と「同一価値労働同一賃金」原則の活用が有効であるから, 職務給を志向すべきであるということであろう。しかし, いうまでもないが, 職務給に移行すれば自動的に公平な賃金が得られるというわけではない。そのためには職務分析と職務評価について働く側からの異議申立と介入が不可欠である。笹島がいう賃金決定の「内的公正の原則」である。さらに近年のように「仕事基準」の世界にも「個人の働きぶり」によって差をつける職務給(範囲レート職務給)が登場するようになると, 人事評価への規制と介入が不可欠である。笹島がいう「個人間公正の原則」である。職務給それ自体が公正な賃金なのではなく, 賃金の公正さを求める運動とそれを担保するためのルールを確立させてきたことを見落としてはならない。均等待遇のためには「賃金の決め方」を同一にすべきではあるが, 職務給に転換すれば公正な賃金になるわけではないのである。それへの注意を喚起しないまま,「役割給」によって「職務給」に近づいたのだから, さらに徹底させ, 属性基準賃金の放棄を迫ることは, ある種の幻想を生み出しはしまいか。範囲レート職務給が普及しているアメリカでも, 人事評価への規制と介入の重要性が増していることは遠藤自身が承知のはずであった。

③ 「役割給」をどうみるべきか

富士通が最初に目標管理制度を導入し, 成果主義が注目されるようになって, ほぼ四半世紀近くになる。当初は「素朴な」(あるいは粗野な)成果主義一辺倒であった「改革」は「挫折」し, ほぼ2000年を境に見直す企業がみられるようになった。論壇で成果主義批判が一斉に吹き出したのは2004年前後からであるが, この頃を境に減少に転じた。しかしその後, 混乱と混迷を重ねながらも, 賃金決定に際して「仕事内容」を重視する企業が増えており, また多くの批判を受けながらも「職務遂行能力」で賃金を決めている企業も「健在」である。前節でみたように政府統計をみる限り, このことは確認できる。「仕事内容」

の中身が問われなければならないし，また「職務遂行能力」の中身も問わなければならない。しかし，成果主義賃金の衰退傾向のなかでこの二つが際立っていることにまず注目すべきであろう。

　このことは何を意味するのだろうか。事例研究を重ねて検証する必要があるが，近年の「役割給」の広がりとそれへの注目と無関係ではあるまい。ここでは2人の論者の主張の検討を通して，このことの意味を探ってきた。

　ICTとグローバリゼーションという波の中で，どの国でもそれまでの人事労務で対応できなくなってきたことは明らかであり，各国の人事労務の「改革」はそれへの対応である。国の違いはあれ，向かう方向はフレキシビリティである。市場が求める仕事の質と量にフレキシブルに対応し，それに応じた処遇ができる人事労務が求められたのである。日本の企業経営者にとって最大の問題は，市場の動向にあわせて「処遇」および人件費を柔軟に調整できないことであった。人件費コストの柔軟化，人と仕事のミスマッチの解消，労働意欲と企業忠誠心の更なる向上，新たな能力開発，日本の経営者たちはこのすべてにわたって市場動向に柔軟に応えることができるような人事制度を求めたのであった。以下，明らかになったこと，検討すべき課題などをまとめておこう。

　ここで取り上げた2人の論者とも，成果主義賃金の混迷と衰退の後に登場し，普及しつつあるのは「役割給」であると主張する。この2人に限らず，「役割給」に注目が集まっている。石田は，「役割等級制度」とそれに基づく「役割給」で，「共同体」（ヒト基準）がもつ強み＝メリットを損なわずに，年功処遇の打破と人件費コストの低減という課題を達成したという。遠藤は，ICTとグローバリゼーションによって年功処遇と長期勤続が桎梏と化し，職務価値給への近似化という形，すなわち職務に「ミッション」を付加した「役割給」で対応しようとしていると主張した。アプローチは違うものの，期せずして，両者とも「役割給」が定着しはじめているという点で一致している。これが確認すべき第1点である。

　第2に指摘しておくべきは，その根拠である。石田によれば，「役割給」が有力な賃金制度としてせり上がってきたのは，「共同体がもつ強み＝メリット」，つまりヒト基準の雇用慣行に適合的であり，かつ人材育成機能をももっているからだという。この点についての遠藤の主張は明解ではない。ただ役割給は

「範囲レート」であるから配置転換や異動をしやすいし，人材育成機能をもっており，日本の雇用慣行を維持できるという。「範囲レート」に力点をおいてのことではあるが，それ故，彼は決して自覚的ではないが，事実上，「ヒト基準」という雇用慣行を考察の中に組み込み，それに適合した「改革」内容でなければ定着しないことを示唆しているようにみえる。言い過ぎだろうか。この点は軽視されるべきではない。ここから確認できることは，役割給はヒト基準の賃金であるということである。

　したがって第3に確認すべきことは，人事労務と賃金制度改革の現状を分析する際には，改革の内容を雇用慣行と労使関係の中において考察すべきことである。[31]「ヒト基準」の世界に「職務基準」を接ぎ木しても機能はしない。この点が確認できるとすれば，遠藤が「正規労働者は属性基準賃金（＝ヒト基準賃金）に固執すべきでなく放棄すべきであり，職務基準賃金を志向すべきである」と主張するとき，それで均等待遇が実現できるのだろうかという疑念が湧く。[32]遠藤のこの言説は，正規雇用労働者と非正規雇用労働者の均等待遇実現に向けた戦略として提出されたものではあるが，「ヒト基準」の世界に「職務基準」を接ぎ木することに伴う無理は，働く側の犠牲に転化する。このことは成果主義賃金の強行が従業員に負の影響を与えたと数多く指摘されていることからも明らかである。

　最後に，人事評価問題が，洋の東西を問わず，重要性を帯びてくるといわねばならない。既述したように，「仕事基準」の世界でも，範囲レート職務給，業績給，知識給，技能給などの名称で，職務給をベースとしながらも何らかの形でヒト要素を組み込んだ賃金制度が現れている。賃金がいくらかになるかは評価次第となるのであるから，公正な賃金のために人事評価への働く側からの規制や介入がおこなわれている。[33]人事評価によらない場合は，何らかの別のルールで公正を担保する努力がなされている。いずれにしても人事評価問題が重要になってきていることは間違いない。評価に対する規制と介入なしに範囲レート型職務給それ自体が均等待遇をもたらすわけでないのである。

　「ヒト基準」の世界では言わずもがなである。「役割給」は「役割」（＝企業貢献度）を通して処遇決定に「市場原理」を介入させようとしているのだとすれば，そしてそれは具体的には人事評価を通してなされるのであるから，働く

側としてはこの人事評価（コンピテンシー評価）への規制と介入をこそ志向されるべきであろう。人事労務のフレキシビリティは，対象とされる従業員（労働者）のセキュリティ抜きでは，短期的はともあれ，長期的には機能しない。自らの処遇を「市場原理」に委ねるのではなく，経験や仕事プロセスなど労働者側から納得のいく評価をさせるように，人事評価に規制を加えることが求められているとはいえまいか。公正，公平な待遇の実現の道も，この人事評価への介入のなかから拓かれてくるのである。

第4節　時間管理の現状：長時間労働と規制緩和

　人事労務のフレキシビリゼーションの今一つの課題は労働時間の管理である。
　いうまでもないことであるが，何時間働かせるかは労働サービスの投入量を決定する重要な要素である。これまた当然のことではあるが，企業はこの必要な労働サービスを可能な限り安価で多く得ようとする。ここに企業経営側の立場からは，長時間労働への潜在的な欲望が生まれるし，また外部からの規制や抵抗がない限りはいくらでも長時間働かせることが可能ですらあった。それが可能である限り「労働時間を意識的・計画的に統制する」＝時間管理の必要性はない。この点では，かつて白井泰四郎が指摘したように，「労務管理の一領域として労働時間管理が意識的に行われるようになったのは，労働者保護法の規定および労働組合運動の圧力によって労働時間の制限を労務管理の前提条件として受け止めざるを得なくなって以来のことである(34)」。
　日本では労働時間の制度は，労働組合の運動や圧力＝各職場での労使の自主的な交渉というより，労働時間の規制法，休暇付与の法制化，時間外労働の制限と代替措置の法制化など，法律で規制してきた面が強い。
　労働時間にたいする法的な規制を無視できなくなると，企業は限られた労働時間内で効率よく働かせるための方策を意識的計画的におこなうようになる。作業の効率化，労働密度の強化，出退勤管理の厳格化，交替制勤務，そして時間外労働の強制等である。加えてサービス残業などにみられるように，表に出ない「ただ働き」という脱法行為すらみられた。
　このようなことから，日本の労働時間は先進諸外国に比べて労働時間が長い

資料 7 - 10　主要国の年間労働時間

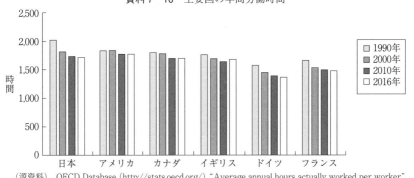

（源資料）　OECD Database（http://stats.oecd.org/）"Average annual hours actually worked per worker"
2018年 1 月現在。
（出所）　『データブック国際労働比較2018』労働政策研究・研修機構，205ページより作成。

ことで「有名」である（**資料 7 - 10**参照）。注意を要するのは，この数字はパートやアルバイト等の短時間の労働者も入れた平均であること，また当然ながらサービス残業分は入っていないことである。こうしたことを考慮に入れて直近のデータ（2016年）でみても，日本はドイツよりも年間350時間長い。1 日 8 時間労働で換算すれば，年間で約44日も多く働いている計算になる。その異常性は明白である[35]。

さて，話を労働時間のフレキシビリゼーションに戻そう。

これまでの労働時間法制は，基本的には，工場労働を想定したものであり，同じ時に同じ場所で一斉に働くことを前提にしていた。しかし近年の情報通信技術の高度化（ICT 革新）とグローバリゼーション，市場競争の激化にともなって，仕事のスタイルも働く時間のあり方も大きく変化してきた。事実，時間外労働とサービス残業の実相は，製造現場のブルーカラー層ではなく，男女とも，高学歴の営業・販売，専門職などホワイトカラー層であることが明らかにされている[36]。近年の労働時間法制の規制緩和は，このホワイトカラー層にターゲットを絞り，より働かせやすくするためのものである。

仕事のスタイルと働く時間の変化をもたらせたのは，いうまでもなく ICT とグローバリゼーションである。ICT は職務遂行について「時間」と「場所」からの自由を「可能」にする。情報のやりとりがインターネットを介して時空間を越えておこなうことができるようになる。しかしその「可能」を現実のも

のとするためには，それに応じて人間労働が伴わねばならない。瞬時に場所と空間を越えて（いつでも，どこでも）仕事が遂行されねばならない。日本が夜であっても昼間の地域で経済活動が営まれているわけだから，1日24時間勤務態勢が要求される。ここに時間管理をめぐる新しい課題が登場する。すなわち，従来までの労働給付量の増大に加えて，いつ労働給付するのか，労働給付のタイミングを管理する必要性が出てくる。企業経営の立場からは，労働給付を「必要なときに」「必要な場所に」そして「必要な量」を提供できるように管理する制度（労働給付のジャスト・イン・タイム化）が求められることになる。[37]

　「場所」や「時」にとらわれないことはもちろん，（労働時間の）長さにも縛られることなく働かせるためには，現行法が足枷となる。前章の資料6-2にみた1980年代の半ばから始まる労働法の規制緩和は，とりわけ労基法の労働時間関連条項の改正は，この足枷を取り払うためであった。もはや一律に時間規制するのではなく，必要な時に必要な所で必要な量の仕事ができるよう，労働時間のフレキシビリティが強められたのである。つまり一律に労働時間を規制することはやめて，仕事に合わせながら柔軟に働かせることができるように法改正がおこなわれるようになったのである。

　まずは就業時間を仕事の繁閑に合わせて調整できるようにする変形労働時間制，労働時間の実際の長さに無関係に特定時間働いたと「みなす」制度＝裁量労働制，そしてついには労働時間規制そのものを撤廃するホワイトカラー・エグゼンプション制度まで導入された。このうち「みなし労働時間制」とは，実働時間に代えて，つまり実働時間を計測せずに特定の時間働いたと「みなす」という，きわめて特異な制度である。本来はセールスなど事業場外で業務に従事させる場合に適用していたものであったが，1987年の法改正で「専門業務型」の裁量労働制を，1998年の法改正でホワイトカラー全般まで対象としうる「企画業務型」にまで拡大し，労働時間法制を大幅に緩和したのである。しかもそれぞれについて後年にはさらに必要要件を緩和させている。[38]

　資料7-11はこれらのフレキシブルな労働時間制を採用している企業数の割合である。変形労働時間制については半数強の企業が採用しており，1000人以上の大企業だけをみると2015年で63.9％の企業が採用している。これにたいして裁量労働制の採用率はきわめて低い。大企業ですら1割に満たない。[39]この裁

資料 7 - 11　各種柔軟な労働時間制採用企業数の割合

(単位：%)

年	変形労働 時間制	事業場外みなし 労働時間制	専門業務型 裁量労働制	企画業務型 裁量労働制
2008	52.9	8.8	2.2	0.9
2009	54.2	7.5	2.1	1.0
2010	55.5	9.1	2.5	0.8
2015	52.8	11.3	2.3	0.6

(出所)　厚生労働省，就労条件総合調査（各年版）。

量労働制の採用率の低さの主因は，導入に際しての手続きの煩雑さと必要要件の高さであるといわれている。経営側からは「裁量労働制も労働時間規定の適用を受けており，深夜業の割増賃金の支払いが適用除外となっていない」などとして，更なる規制緩和を求めることとなった。

　それに応えるものが，ホワイトカラー・エグゼンプション制度である。これはすでにアメリカでは存在しているが，職場から労働時間の規制そのものを追放すること，あるいは労働から時間の概念をなくすことによって，時間に捕らわれずに働かせる制度であり，いわば究極のフレキシビリティと呼ぶべきものであろう。労働組合等からの根強い反対もあってなかなか法制化できていなかったが，2018年にその名称を「高度プロフェッショナル制度」に変更して法制化され，いよいよ導入されることになった。

　このようにホワイトカラー・エグゼンプション＝高度プロフェッショナル制度の導入が法制化されることになったが，しかし日本の労働時間は既に十分過ぎるほどにフレキシブルである。労働時間の上限規制はあるものの，時間外労働は日常化しているし，何時間働こうと一定時間とみなしてしまう裁量労働制まで用意されている。そしてとうとう労働時間管理の撤廃まで法制化されたのである。しかも違法な無給の残業すらおこなわれている。さらに労働基準法第41条には管理・監督者層にたいしては時間規制を適用しないことを認めているが，それを拡大解釈し，濫用されている現実がある。いわゆる「名ばかり管理職」である[40]。これが長時間労働を助長している面を看過すべきではない。マクドナルドの店長が時間外手当の支給を求め，勝訴したことは記憶に新しい。その層は，少し古いが2002年の賃金構造基本統計調査によれば，雇用者のうち部

長がおよそ3.8%，課長は8.3%，合計12%であるが，ある調査によれば，全国の管理職の57%が自分は「名ばかり管理職」だと思うと答えたという。

　このような脱法行為を含んで，日本の時間管理はきわめてフレキシブルなのであり，職場の実態としてはむしろ規制がないといっても過言ではないだろう。80年代半ばからの矢継ぎ早の時間法制の規制緩和は，こうした違法ないしは脱法行為を合法化する過程であったとすらいいうる。

　さらに敷衍すれば，近年の労働時間管理の現状は，前述の白井が指摘した「労働者保護法と労働組合運動の圧力」という足枷がなくなったのであるから，何時間働くかは従業員本人の自己責任となってしまったことになる。労働時間管理が人事労務管理の一領域ではなくなってしまった様相を呈しているといっても過言ではない。後を絶たない過労死・過労自殺は，こうした労働時間のフレキシブル化と自己責任化の負の現象である。[41]

第5節　教育訓練の現状

［1］エンプロイヤビリティ

　「新日本的経営」では，自助努力によるエンプロイヤビリティ（「雇用されうる能力」などと訳されている）の推奨など，教育訓練の領域でも画一的・硬直的（リジッドな）制度を一掃し，多様化・個別化していくことが提言されている。

　企業内教育・能力開発は日本の人事労務管理の特徴といわれてきた一つである。長期雇用を背景に，OJTを重視した技能と能力の育成は日本企業の高い企業競争力を支えるものとして評価されてきた。小池和男の「知的熟練論」は，様々な視点から批判も多かったが，日本の雇用慣行との関係から，多能工の養成システムとしてのOJTに注目した点で一定の説得性を擁していた。

　ところが1990年代の後半から，経営者団体を中心に見直しの議論が出されるようになった。いわゆるエンプロイヤビリティ論である。ここでもまた市場の変化に素早くフレキシブルに対応できるような企業内教育がめざされるようになったのであった。旧日経連が1999年に教育特別委員会の報告書として出した『エンプロイヤビリティの確立をめざして』がそれである。[42]

　エンプロイヤビリティ（Employability）という用語自体はアメリカで生まれ

234

たものである。上記の日経連文書によれば，エンプロイヤビリティとは「いわば雇用保障に代わる新しい『社会契約』として提案されたといえる。端的にいえば，『経営者は自社における永続的な雇用を保障しない代償として，従業員に対して他社でも通用する高い技術や能力を身につけられるだけの教育・訓練の機会を提供する』というものである」。

この解説は少し説明が必要である。

アメリカの労働市場は移動が激しいといわれているし，日本とは違って「雇用保障」慣行があるわけではない。よりよい仕事と報酬を求めて転職とヘッドハンティングが繰り返されると理解されてきた。ところがこのようなイメージとは違って，およそ1970年代の終わり頃までは，アメリカのホワイトカラーもかなり企業定着度が高かった。事実上の「雇用保障」と「内部昇進」がみられたといってもあながち間違いではない様相ではあった。ホワイトカラーの場合，景気変動に合わせてレイオフするブルーカラー層とは違って，長期勤続者の方が仕事の熟練度が高いこと，また企業側としても解雇する必要がなかったこと，この二つの理由から長期雇用者が多かったといわれる。ところが，1980年代に突入し，市場競争が激化するなかで，アメリカ企業は，ダウンサイジング，リストラクチャリングという形で，主としてホワイトカラー層をターゲットに経営合理化＝人員削減を断行した。それまで労使の暗黙の了解事項であった「長期雇用」という「社会契約」を破棄し，大量の人員整理がおこなわれたのである。ホワイトカラー層のリストラは，人件費コストの削減で競争力を回復させたが，その反面で，残ったホワイトカラー層の労働意欲の低下を招いてしまった。そこで，その代償として「エンプロイヤビリティ」を提起し，特定職種・職務の保障はしないが，失業することがないように，社内の配置転換も含めて別の職種・職務を遂行できるように能力向上の機会を提供するとしたのである。

このように，アメリカでのエンプロイヤビリティは，労働移動が頻繁な社会的環境のなかで，解雇することの代償として提起され，それをもって労働意欲の向上を狙ったものであると解することができる。

この社会的文脈を考慮しないでエンプロイヤビリティを推奨するとまったく別の意味に転化する。上記の日経連が提起する日本型エンプロイヤビリティ＝NED（Nikkeiren Employability Development）がそれである。詳細は省くが，相

対的に解雇と移動が少ない環境の下でエンプロイヤビリティを打ち出すことは，解雇と移動，つまり雇用の流動化の促進剤となる。そこでは自覚的に能力開発することを促し，転職可能な力をつけさせようというのであるから，雇用を流動化させる環境を整えることになる。したがって長期雇用慣行を弱め，雇用のフレキシブル化に資することになる。これからの従業員は一企業を当てにするのではなく，自覚的に自己研鑽を積んで，エンプロイヤビリティを高め，転職しやすい条件を自己責任で作っていく必要があるというわけである。およそこのようなメッセージが込められている。

　このことは，長期雇用を前提に OJT と Off-JT を通したこれまでの企業内教育訓練方式の前提を変更することであると考えられる。つまり，小池が主張していた日本の企業内教育の優位性を放棄することになるのではないかとの懸念が湧くが，日経連は次のようにいう。エンプロイヤビリティを打ち出すことは「従業員のキャリア形成に対する責任を放棄することではなく」，必要とされるスキルを「従業員自らが選択し，獲得することについて，企業が支援を行う」ことに変わるだけだと。さらに次のようにもいう。職業生活の管理と発展の責任が，「経営者から従業員自身へと移行する」ことを意味するのだと。[44] 一方では企業責任の放棄ではないといい，他方では責任主体が従業員へ移行するのだともいう。しかし何といおうと，教育訓練と能力開発を自己責任の下でおこなわせること，企業はそれへの支援をおこなうことにしたい，このような主張であることは確かである。人事労務管理から教育訓練・能力開発を放逐することだといえば言い過ぎであろうか。

　ともあれ，日本型エンプロイヤビリティは，こうして雇用の流動化（フレキシビリティ）と能力開発の自己責任化を教育訓練の側面から促進するものであった。経営者団体として，これが新しい企業内教育と能力開発のあり方だというのである。これらは果たして機能しているのであろうか。

［2］ 企業内教育・能力開発の実態

　資料7-12は企業が従業員の教育訓練にどの程度の費用をかけているのかを示している。データは少し古いが，これをみると，企業が従業員にかける教育投資は，80年代後半にピークに達して以降，90年代に入ってからは急激に減少

資料7-12　労働費用に占める教育訓練費の割合

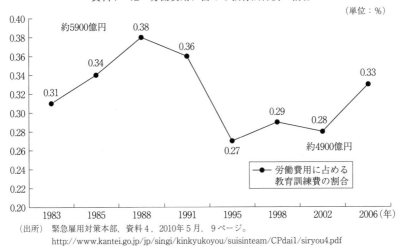

（単位：%）

（出所）　緊急雇用対策本部，資料4，2010年5月，9ページ。
http://www.kantei.go.jp/jp/singi/kinkyukoyou/suisinteam/CPdai1/siryou4.pdf

している。1000億円も下落していることになる。2002年以降はまた徐々に持ち直してきている。

　これらの背景には，成果主義人事の浸透があり，その失敗から再び何らかの人事方針の変更によって，この企業内教育や能力開発にたいする方針が変更されてきたのではないかと考えられる。あるいは，以下にみる実態調査の結果を考慮に入れてみると，雇用の流動化重視のための企業内教育はうまく機能せず，企業の競争力維持の視点から考えると，エンプロイヤビリティ一辺倒では，かえって企業の競争力が削がれてしまうのではないか，このような経営実践からの反省があったのではないかと推察できる。

　このことを確かめる意味で，厚生労働省「能力開発基本調査」調査結果を利用して，企業内教育の現状を考察してみよう。

　資料7-13をみると，企業が従業員に実施する教育はOJTよりOff-JTの割合が高い。また全体としてみると，Off-JT実施企業が増加する傾向にあることがわかる。

　ところが，この同じ調査でOJTとOff-JTのどちらを重視しているのかをみてみると，2000年以降，一貫としてOJT重視企業が7割以上にのぼっているのである。そしてこの傾向はいまも継続しているのである。

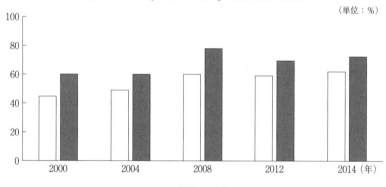

資料 7-13　OJT および Off-JT 実施企業の割合

（単位：%）

□ OJT　■ Off-JT

（出所）　厚生労働省「能力開発基本調査」（各年版）より筆者作成。

資料 7-14　全体の底上げか　選抜教育か

（単位：%）

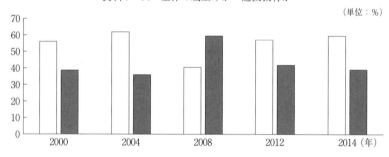

□ 底上げ教育　■ 選抜教育

（出所）　資料 7-13 に同じ。

　このことは資料 7-13 で OJT 実施企業が増加傾向にあることからも了解できる。エンプロイヤビリティを強調しながらも，実際には OJT を通した企業内の実践教育に力を入れざるをえない実態がみえてくる。

　それでは教育の方針やねらいをどこにおいているのだろうか。

　資料 7-14 は，「従業員全体の能力の底上げを重視している」か，それとも「選抜した従業員の能力を高めることを重視している」のかをみたものである。自己責任と成果主義が強調されてきた背景があるので，「選抜」が主流であるはずだと予想できるのだが，リーマンショックの影響からか，2008年が例外的に選抜教育重視の割合が高いことを除けば，それ以外は従業員全体の能力向上

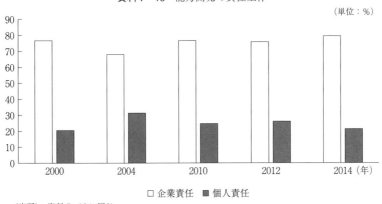

資料 7 - 15　能力開発の責任主体

（単位：%）

（出所）　資料 7 - 13 に同じ。

を重視しているのである。底上げ教育と選抜教育はほぼ 6 対 4 で安定的に推移している。近年強調されている高度専門人材育成という視点を意識すれば，当然ながら，選抜教育が重視されていて良いはずであるが，実態はそうなっていない。企業の実践現場では，「底上げ教育」無しには高度専門人材は生まれないという当たり前のことが共有されているのかもしれないし，またおそらく即戦力がある高度人材は，非正規雇用として外からの人材に求めているのかもしれない。

　もう一つ，**資料 7 - 15** は，能力開発や教育訓練の責任は「企業責任」なのか，それとも「従業員個人の責任」なのかを尋ねたものである。日本型エンプロイヤビリティでは自己責任を求めていたが，現実はどうかを解き明かす興味深い調査である。この調査結果に依拠する限り，成果主義人事がブームであった時期までは「個人責任」が増加傾向にあった。しかし，2004年の30.7％をピークとして，再び減少に転じ，直近では20.1％となっている。相変わらず「企業責任」で人材教育をおこなっているのが 8 割近くとなっていることは看過すべきではない。

　このようにみてくると，アメリカから強く影響を受けた「エンプロイヤビリティ」は，その華々しさとは裏腹に，思いの外，浸透しているわけではないといえるのではないだろうか。振り返ってみれば，日本の雇用慣行（雇用環境）や学校教育の現実を虚心坦懐に考慮すれば，人材育成を個人の責任に突き放す

ことが企業の競争力強化に繋がるわけではないはずだ。企業が人材育成に力を入れてきたこと，このことは市場競争が激しくなればなるほど重視されるべきであって，決して軽視されるべきではないはずである。高度専門人材の育成は「底上げ」があって初めて実現できるはずであり，良くも悪くも，日本企業の特長はそこあったはずである。

　このようにみてくると，教育訓練制度のフレキシブル化改革の一貫として出されたエンプロイヤビリティは機能しているわけではない。現実の人材教育は従前のやり方を大きく変えることなく，人事労務管理のフレキシブル化改革を側面から支える役割を果たしてきたといえるのではないだろうか。これまでの日本の企業内教育はそれほどまでにフレキシブルであったと評価できるのかも知れない。

　もちろん問題がないわけではない。人材育成に問題を感じている企業は多い。先の調査では，7割前後の企業が「問題あり」と答えている（2014年75.9％，2011年67.8％，2009年69.0％，2007年77.3％）。その内容は，「指導する人材が不足している」が常に半数の企業があげており，「指導する時間がない」がそれに続き約45％前後，「育成してもすぐ辞めてしまう」が4割前後あげられている。これらはすべて人材育成方法や内容上の問題ではなく，中高年層のリストラや人員削減，人員不足からくる労働時間の長さなど，雇用管理上の問題点がこういうところに吹き溜まりのように表出していると考えられる。

　教育訓練や人材育成でもっとも深刻なのは，非正規雇用の教育訓練である。**資料7-16**はOJTとOff-JTのそれぞれの雇用形態別の実施率を表したものである。

　非正規雇用従業員に対する教育訓練の実施率は，OJTもOff-JTも軒並み低い。データとしてもっとも古い2005年では，OJTについて正規雇用が48.9％の実施率に対して，非正規雇用は18.3％，Off-JTでは正規60.1％，非正規17.4％にすぎなかった。これが直近の2014年になると，OJTが正規62.2％，非正規31.1％，Off-JTは正規72.4％，非正規34.0％になっている。傾向としては非正規への教育訓練実施率は増加してはいるものの，まだ正規の半数弱に過ぎない。本章の第1節でみたように，もはや非正規雇用労働者は4割を超えようとしている。その非正規雇用への教育訓練の実施企業はわずか3割なので

資料 7 - 16　正規と非正規の教育訓練実施率

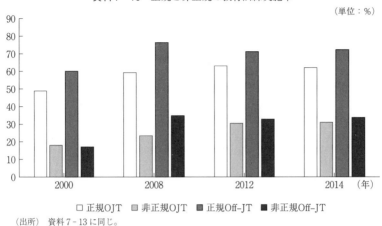

（単位：%）

□ 正規OJT　　■ 非正規OJT　　■ 正規Off-JT　　■ 非正規Off-JT

（出所）　資料 7 - 13 に同じ。

ある。

　雇用管理の領域では，非正規は正規の補助業務という位置づけでは既にない。非正規雇用の従業員の働きぶりは企業の競争力に直結する。この非正規雇用従業員への教育訓練のあり方の抜本的な検討は，人事制度と賃金処遇管理と合わせて喫緊の課題となっているのである。

　教育訓練管理の最近の動向をみてきたが，自己責任化とフレキシブル化という人事労務全体の傾向からみると，理念としてはエンプロイヤビリティという形で自己責任が打ち出されてはいるものの，実態としてはそのような変化にはなっていない。むしろ雇用と人事・処遇のフレキシブル化と自己責任化を側面から支えるために，一定の範囲でOJT，Off-JT を企業側の責任で実施している実態にあること，加えて企業競争力の維持のためにもきわめて不十分ではあるが，非正規雇用にも教育訓練を実施する企業が増加傾向にあることが明らかとなった。

　これらの実態からみえてくるものは何か。まず，ICT 革新とグローバル化の進展の中で，アメリカ仕込みのエンプロイヤビリティがうまく機能しなかった事実を指摘しておきたい。それはあたかも「成果主義」がそうであったのと似ている。一部の職種を除けば，職業教育と訓練や能力開発の機関が企業の外側に広く行き渡っていない現実があり，そういう労働市場の事情を考慮に入れ

ると，自己責任とフレキシブルな人事労務を首尾よく実行していくためには，たとえ最低限であっても企業の実際に見合った教育訓練を必要としているのである。しかも人的資源管理の隆盛を考慮すれば，人材育成と能力開発，キャリア開発は重視される傾向にあるのであって，競争力強化の視点に立てば，重視されねばならないはずである。このことから考えると，非正規雇用の急増の中で，彼らへの教育訓練の現状はきわめて不十分であり，そのまま放置すれば，そのツケはやがて企業自らに襲いかかってくることになる。

注

⑴　日経連『新時代の日本的経営』7ページ。
⑵　滝澤算織・楠田丘「新春対談　21世紀における人事・賃金を展望する」『賃金実務』No. 806，1998年1月，産労総合研究所，22〜44ページ。
⑶　庄司博一「職能資格制度の元祖・楠田丘氏の敗北宣言」『賃金と社会保障』No. 1223（1998年4月上旬号），旬報社。
⑷　楠田丘『賃金とは何か』中央経済社，2004年，255ページ
⑸　立道信吾・守島基博「働く人からみた成果主義」『日本労働研究雑誌』No. 554，2006年9月，69〜83ページ。
⑹　樋口純平「成果主義の導入プロセスにおける問題と対応」『日本労働研究雑誌』No. 556，2006年11月，53〜62ページを参照。また黒田兼一・山口陽一郎「成果主義の二つの姿——自動車メーカー2社の改訂事例」『経営論集』（明治大学）第54巻第3，4合併号，2007年3月も参照されたい。
⑺　ところが，2017年をみると，再び上昇に転じている。これをどう解釈すべきか。判断は留保するが，労働市場との関わりで検討する必要がある。
⑻　G. T. Milkovich & J. M. Newman, *Compensation, 7th ed.*, McGraw-Hill, 2002, p. 655.
⑼　このコンピテンシーに関して楠田は次のようにいう。
　　「能力はコンピテンス，実力はコンピテンシーです。あのコンピテンシーだって日本から持っていったものなんですよ。我々が輸出したものを向こうでコンピテンス（能力）をコンピテンシーに切り替えて戻ってきただけで，アメリカも実は日本モデルをどんどん取り入れているわけですね」。楠田丘『賃金とは何か』中央経済社，2004年，257ページ。
⑽　石田光男・樋口純平『人事制度の日米比較』ミネルヴァ書房，2009年，213〜214ページ。
⑾　石田・樋口，同上書，213〜214ページ。
⑿　以下は断りのない限り，石田・樋口，同上書による。
⒀　今野浩一郎『勝ち抜く賃金改革——日本型仕事給のすすめ』日本経済新聞社，1998年。
⒁　石田・樋口，前掲書，2，43ページ。
⒂　遠藤公嗣「職務給と『同一価値労働同一賃金』原則——均等処遇のために（上）（下）」『労働

法律旬報』No. 1684, 1686, 2008年11月12月, 旬報社。

⒃　遠藤, 2008,（上）, 62ページ。

⒄　遠藤, 2008,（下）, 35, 36ページ。

⒅　もっとも遠藤は慎重に「範囲レート職務給に近づいた賃金形態」「範囲レート職務給への近似化」と表現している。

⒆　遠藤はこのアメリカの「職務成果給」を職務基準賃金の一種として分類しているが, ミルコヴィッチ等は, 遠藤とは違って, 職務基準賃金には分類していない。Milkovich & Newman, op.cit., p. 155, pp. 307-339.

⒇　これらの詳細は, 『日本労働研究雑誌』No. 554, 2006年9月号を参照。

(21)　詳細は以下を参照されたい。E. Lawler III, S. Mohrman, G. Benson, *Organizing for High Performance, the CEO Report*, Jossey-Bass, 2001. E. Lawler III, "Pay Practices in Fortune 1000 Corporations," *World at Work Journal*, 4th quarter 2003. また黒田兼一「近年の人事労務管理の動向——アメリカと日本」『明治大学社会科学研究所紀要』第47巻第1号, 2008年も参照されたい。

(22)　楠田丘『賃金とは何か』中央経済社, 2005年, 257ページ。

(23)　黒田兼一「アメリカの人事労務管理の現況——賃金制度からのアプローチ」『経営論集』（明治大学）第52巻第3・4合併号, 2005年, 145〜147ページ。

(24)　日本経団連事業サービス人事賃金センター編『役割・貢献度賃金』日本経団連出版, 2010年。

(25)　社会経済生産性本部『日本的人事制度の現状と課題』（2006年度版）。

(26)　笹島芳雄『最新アメリカの賃金評価制度』日本経団連出版, 2009年, 24ページ。

(27)　それぞれの国のこの変化の先がどうなるのか。興味はあるが, ここではそれにこだわる余裕はない。確認しておくべきは, 人事賃金制度の「改革」は雇用・労働慣行および労使関係から自由なわけではないということである。

(28)　笹島, 前掲書, 9〜13ページ。

(29)　中村圭介『成果主義の真実』東洋経済新報社, 2006年。

(30)　ここでとりあげた2人とはまったく違う問題意識からではあるが, 竹内裕も役割給を日本の今後の賃金形態として広まっていくだろうとみている。もっとも彼は「職能給」にも強みがあるので, 修正された「職能給」も使われ続けるだろうという。竹内裕『日本の賃金』ちくま新書, 2008年, 88〜117ページ。

(31)　グローバリゼーションの中で日本とアメリカの人事労務の改革と変化を論じたジャコビーの好著の原題は Embedded Corporation であることを想起されたい。その含意は, 企業は社会関係（労使関係, 雇用慣行, 文化, 法律など）に埋め込まれており, 容易には切り離せないということである。

(32)　この点は, 視点を異にしているが, 小越洋之助が詳しく論じている。小越洋之助「賃金における男女均等待遇をめぐる論点」『賃金の均等待遇をめぐる論点整理・事例分析・運動の課題』（労働総研賃金・最低賃金問題検討部会ディスカッションペーパー No. 1）労働運動総合研究所, 2010年8月。

(33) この点，黒田，前掲2005年論文，139〜143ページを参照されたい。また，より詳しくは以下を参照されたい。黒田兼一「ミシガン便り」①，②，③，『経済』No.106，107，109，新日本出版社，2004年7月，8月，10月。

(34) 白井泰四郎『現代日本の労務管理』東洋経済新報社，1992年，139ページ。

(35) 2016年，ある広告代理店での過労自殺事件をきっかけに，日本の異常な長時間労働が世の耳目を引くことになり，それへの批判が内外から強まった。

(36) 小倉一哉・藤本隆史『日本の長時間労働・不払い労働時間の実態と実証分析』（労働政策研究報告書 No.22）2005年。

(37) 佐藤俊樹・藤村博之・八代充史『新しい人事労務管理』有斐閣，1999年，124〜125ページ。

(38) この裁量労働制は他の先進諸国にはない。日本独特な制度である。2018年の国会で対象業務を拡大する法案が準備されたが，政府・与党の政治判断で提出が見合わされた。

(39) ただし情報通信産業は23％と群を抜いて採用率が高い。

(40) 島田陽一『ホワイトカラー・エグゼンプションについて考える』労働政策研究研修機構，2005年，7〜10ページ。

(41) この労働時間管理については詳しくは次の文献を参照されたい。渡部あさみ『時間を取り戻す——長時間労働を変える人事労務管理』旬報社，2016年。

(42) 日経連教育特別委員会『エンプロイヤビリティの確立をめざして』1999年，1ページ。

(43) この点，例えば，守島基博「米国ホワイトカラーの賃金処遇制度をめぐる最近の動向」『労働法律旬報』第1391号，旬報社，1996年を参照。

(44) 日経連，前掲書，1999年，2ページ。

終　章　｜ ディーセント・ワーク実現への課題

　序章で提起したように，本書の中心課題は，戦後復興期から現在までの「労働者の動員システム」あるいは「統合のメカニズム」の変遷を明らかにすることであった。

　本書では人事労務管理を「賃労働者を企業に引きつけて，労働を強制するための，計画・組織・指揮・統制の体系」であるととらえ，その「労働者統合のメカニズム」，「働かせ方」の原理の解明を課題としてきた。そもそもここでの管理の対象は人間であるから，「命令」や「指示」だけでは困難であることは論を待たない。まずは労働者を「企業に引きつけ」なければならない。そして企業が求める「働かせ方」を「受容」させなければならない。「命令」や「指示」なしでも自ら進んで従業するように，労働者の側に内在する行動・意志・感情を制御し，それを企業の中に統合していく「合意形成」が不可欠である。換言すれば，その「合意形成システム」の原理の変遷を追うことが本書の課題であった。

　さらに本書の問題意識としては，その「統合のメカニズム」の原理の変化の中で，それらに共通して流れるある特別の性格や特徴を見出せるとすれば，それを浮き彫りにすることもできるのではないか，というものであった。「はしがき」ではこの課題を次のように表現した。労働者支配の原理は時代背景の変化とともに変化するが，しかしその変化の基底で容易には（企業経営者が企図する通りには）変化しない側面もまたあるのではないだろうか。「ある種の変化しにくい側面が，戦後復興期から自己責任とフレキシビリティの現代に至るまで，日本の人事労務管理に影響を与え続けてきたように思われる」。それは何か。その解明はけして容易ではない。この難題に取り組むことが本書のもう一つの課題であった。

第1節　戦後70年の人事労務管理の変遷

この70年余りの変遷を辿ってきたいま，上記に掲げた本書の課題の一つ，人事労務管理の変遷の中からみえる「日本的」なるものは何か，この課題にたいしてなお確たる回答が得られたという自信はまったくない。これが素直なところであるのだが，しかしとりあえず戦後70年の日本の人事労務管理の変遷をまとめておこう。

第1に，敗戦と連合国の支配下という特殊な事情ではあったが，戦後の経済と企業の復興の初発は労働者の手でおこなわれたことが確認できる。労働組合主導の生産管理闘争から生産復興運動に発展し，使用者側を巻き込んで進行したのである。これらを現場で支えたのは組合主導の「経営協議会」であった。その運動を支えたのは一般労働者たちの「“オレたちだって仕事の上では能力があるのに差別されるのはおかしい”という」感情であった。現場のごく普通の労働者たちは，ストライキではなく，高い生産と労働意欲をもって経営民主化と生産復興を推進する道を選んだ事実は重要である。第1章で引用したダワーがいうように「あらゆる階層の人々が敗北の苦難と再出発の好機」として敗戦を捉え，平和産業復興の先頭に「オレたちが立つのだ」と再スタートを切ったことは重要である。こうした感情と行動から離れた経営再建はあり得なかった。結果としては，組合が掲げた生産復興は，企業復興に変化し，労使双方が一体となって企業復興に邁進することになった。そうなったのも，労働者たちの「オレたち」の手で企業を再建することが生活を守り発展させることになるのだという信念，これを経営者が，無視することなく，取り込まざるを得なかったからである。

第2に，その後，朝鮮特需を経て企業と経営者は復活するが，その過程で「経営権」をめぐって激しく労使の対立が勃発する。しかし多様な側面はあるが，労働組合との関係を無視しては前に進めなかった。1950年代を通して「労・労対立」を含んだ激しい労使対立を経て組合主導の労使関係から「経営権」に基づいた経営主導の労使関係に変化した。そこでは企業主義的で協調的な労働組合を育成しそれが職場を支配するようになった。他方，企業の殻を破

ろうとする組合は一掃された。この協調的な労使関係の下で，企業への忠誠心と企業成長に向かって労働者を動員することが志向されることになったが，そこにはその後の人事労務管理を構想するとき二つの重要な意味があった。

　一つは，協調的な労使関係構築に成功したとはいえ，その過程では整理解雇をめぐって長期のストライキを含む激しい労使対立を随伴したことである。それは日本の労働者の解雇への強い忌避の感情である。この感情を取り込むことなしに人事労務管理は構想できなかったのである。いま一つは，この特定企業への雇用のこだわりが，同時に，処遇もまた特定企業への勤続にこだわることである。こうした二つの感情を人事労務管理体系のなかに組み込んでいかざるを得なかった。事実，50年代の半ば以降の「高度成長」が解雇を必要とさせなかったし，「経営合理化」を伴ったきわめて高い企業成長によって，生産協力への見返りを従業員に分配することができたのである。そのことがまた更なる生産意欲を駆り立てる「好循環」を生んだのである。こうしてこの時期の人事労務管理は，従業員を動員するために，「春闘」という労使対立を内包していたとはいえ，賃上げと定期昇給という形で見返りを用意し，そのことが従業員上げての生産協力で企業成長を生み，また企業規模の拡大による役職ポストの増加によって昇進も用意した。上記の二つの感情を人事労務管理のなかに組み込むことによって，従業員の動員体制が定着することになったのである。

　第3に，50年代後半以降，先進諸外国から資本と貿易の自由化を強制されていたから，以前にも増して生産性向上に向けた労働者の動員が必要であった。この時期に登場したのが「能力主義管理」である。それは第2次高度成長期とその後の低成長とバブル期まで広く深く浸透し，日本の人事労務管理の屋台骨となった。その原理は，企業の目標を自己の目標として受け止めさせ，その目標に向かって従業員相互に能力発揮を競わせ，その能力発揮に見合った処遇をもたらすものであった。能力発揮に向けて従業員を相互に競争させるこの「能力主義管理」は，その「能力発揮」競争レースへの参加は，女性と一部の人々は除かれてはいたが，特定の企業の一員である限り「平等」にすべての人々に開かれていたから，まさに「民主的」であった。「オレたちがもつ能力」を差別することなく発揮する機会を管理の中に組み込んだのである。本書では「競争的職場秩序」，「企業主義的競争民主主義」あるいは「民主的労働者支配」と

呼んだが，「年功制」と「終身雇用」を全面的に一掃することをねらっていた
わけではなかったから，ある意味では，戦後復興期から延々と続いた日本の人
事労務管理の完成形であったといってよい。個々の従業員の企業への献身と懸
命な仕事ぶりが自らの雇用を守り，処遇を向上させることに繋がる，まさに
「企業主義的競争民主主義」，「民主的労働者支配」である。ただしそれは一様
に保障したのではない。既述のように，女性たちはそのレースへの参加を許さ
れてはいなかった。その意味では女性にとっては「民主主義」はなかった。
1985年の均等法成立はそのことを誰の目にもわかるように示す契機となった。
その対策のために，企業は競争レースに参加しないコースを設定した。しかし
均等法と「能力主義管理」の矛盾はそれでもなお解消することはなかった。そ
れは，人事評価における「性差別」として「矛盾」が隠蔽された形で存在して
いた。この「矛盾」は，90年代に入って，女性を非正規雇用化し，いわば被差
別者を外に追い出して歪な形で「解決」することになった。

　第4に指摘しておかねばならないのは，ITとグローバル化に伴う企業経営
環境の大変化を迎えた1990年代以降の人事労務管理である。本書では「自己責
任とフレキシブル化の労働者支配」と呼んだが，この画期をいつととらえるの
かは多様な指摘が可能である。新自由主義的な国家政策と労働法の規制緩和は
既に1980年代に開始されている。しかし一部の企業はともあれ，すべての産業
とすべての企業が新しい経営戦略と人事労務施策の舵切りを迫られた時期とし
ては92年のバブル経済の崩壊であることに間違いはない。80年代半ば以降の各
種の労働法の規制緩和（＝労働ビッグバン）がそれを後押しした。第6章と第
7章で詳述したが，それは，終身雇用と年功制の片鱗をすべて一掃し，雇用形
態の多様化（終身雇用の廃棄），成果・業績主義（年功制の一掃），労働時間管理
のフレキシブル化，人事労務管理のすべての局面で自己責任とフレキシビリ
ティを迫る人事労務管理である。自己責任とフレキシビリティを組み込んだ現代
の人事労務管理は，市場動向に素早くフレキシブルに対応できる能力を従業員
の自己責任で発揮させる仕組みである。そこでは能力発揮するもしないも自己
責任なのであり，またその結果としての成果・業績・役割達成も自己責任とさ
れる支配システムである。

　だが，目下のところ，それがうまく機能しているとはいいがたい。本書では

その具体的な検討はできなかったが，雇用に関していえば非正規雇用の未曾有な拡大がそれに伴う新たな格差構造を放置できない段階になっている。今時，政府による「働き方改革」の一部はそのような状況を反映したものと考えられる。また，成果主義は労働者側から激しい抵抗があったわけではないが，浸透しておらず，替わって「役割給」が定着し始めているものの，かつての「職能給」のような安定感がない。労働時間管理に対しては自己責任で長時間労働を「強制」させているが，過労死・過労自殺問題がいま社会的批判を浴び，それを無視できない状態になっている。その社会的批判を免れるため，ついに時間管理それ自体を「自己責任」化させる「高度プロフェッショナル制度」を法制化させてしまった。しかしそれで果たして企業競争力強化の安定した人事労務管理になるのだろうか。概して言えば，「自己責任とフレキシブル化の労働者支配」は，その構想通りには機能していない。

第 2 節　日本の労働者の感情特性と人事労務管理

　これら1945年から現在に至るまでに共通している矛盾の根源は，企業と労働者との関わりのあり方である。日本の労働者は一つの企業内で処遇のあり方にこだわりをもってきた。日本資本主義の発展過程に規定されて企業内教育訓練と企業内昇進を柱としてきたのだから当然かもしれないが，戦後の原点は，敗戦直後，すべての国民が飢餓と同時に新たなスタートラインに「平等」に立ったとき，「"オレたちだって仕事の上では能力があるのに差別されるのはおかしい"という」感情と思考である。この感情こそが生産管理闘争と生産復興運動を下から支えたのであり，第 1 次高度成長期に定着した企業への生産協力に見合った処遇を求めて「年功的」人事労務管理を定着させた。また1960年代に日経連が「職務給」を打ち出してきたときに「新たな差別」を生むのではないかと拒否し，「職能給」を生んだのである。さらに1990年代末期の「成果主義賃金」にたいして成果の公平な評価が危ういとして，「きちんと仕事プロセスを評価すべきだ」という形で否定的な感情を生み，いま「役割給」を定着させつつあると考えられる。つまり日本の経営者が「労働者の動員システム」・「統合のメカニズム」を構想するとき，「"オレたちだって仕事の上では能力があるの

に差別されるのはおかしい"という」この思考回路から自由ではなかったとみなせるのではないだろうか。

　もちろん，この感情は1945年時点と今とでは同じではない。かつての"オレたち"には女性は入っていなかったし，現在のような非正規雇用労働者は想定されていなかった。むしろ当時は，非正規雇用労働者は「能力」が劣るわけではないから，「オレたちの仲間」として正規化を求める運動となっていた。また労働組合の力と影響力は雲泥の差がある。しかし「"オレたちだって仕事の上では能力があるのに差別されるのはおかしい"という」感情は，企業が「労働者の動員システム」・「統合のメカニズム」，つまりは人事労務管理の原理を構想するとき，無視できない強固なものではないだろうか。

　こうして戦後の日本の人事労務管理は，程度の違いはあるが，この感情を包み込む形でシステム化してきたとみなせるのではないだろうか。この感情を包み込むことなしに労働意欲の喚起は困難であったといってもよい。このように考えるとき，筆者には再び栗田健の次の主張が脳裏に浮かぶ。「労働者は従業員という属性から遠ざかることによって次第に階級的存在に近づくという想定は，わが国の労使関係の系譜をみるかぎりリアリティを欠いている。日本の労働者は，むしろ従業員という属性を徹底することによって，現代の階級関係の直面している問題に対応するという行動をもって」いる。[(1)]この点に関しては，イギリスの労使関係を詳細に検討し，一連の著作を著してきた熊沢誠の初期の研究に比べると，[(2)]栗田の主張は日本の労働者と企業とあり方に関して説得力がある。ただ残念なことに栗田はこの着眼点以上のものを発表していない。

　この難題の全面的な解明は，もはや本書の分析領域を越えており，これ以上の言及は避けざるを得ない。しかし，企業の従業員の外側に「職業社会」をもたなかった日本の労働者は，特定企業の従業員として正当に公平に扱われること，このことにこだわり続けてきたように思われる。

　このような理解に立って，ここで再度，現在進行中の「自己責任とフレキシブル化」の人事労務管理に立ち返ってみると，そこには重大な欠陥，ないしは欠落していることがある。それは「従業員を引きつける」要因，積極的に「受容」させる要因がないことである。

　序章で述べておいたように，そもそも人事労務管理とは「賃労働者を企業に

引きつけて，労働を強制するための，計画・組織・指揮・統制の体系」である。それが首尾よく安定的に機能するためには，「命令」や「指示」だけでなく，それを「受容」するように，いや「命令」や「指示」なしでも自ら進んで従業するように，労働者の側に内在する動力要因（行動・意志・感情）を制御する行為が必要である。この後者の「労働者の側に内在する動力要因（行動・意志・感情）」に働きかけて，「合意形成」をはかり，企業に「統合」し，動員していくシステムが不可欠である。このような視点に立つとき，現在の人事労務管理の原理＝自己責任とフレキシビリティの人事労務管理は，「“オレたちだって仕事の上では能力があるのに差別されるのはおかしい”という」意志や感情に働きかけて，労働者を統合し動員していくことに成功しているとはいえないだろう。なぜなら，現在のそれは，フレキシビリティを自己責任でおこなうような「働かせ方」を強制しているからである。さらにいえば，「自己責任」の強制と同時に，格差（分断）と排除を組み込んでしまっているからである。労働者は「正規雇用」と「非正規雇用」に分断され，また前章でもみたように，その非正規も多様化されている。こうして「合意形成」の契機がないばかりか，その一つひとつの雇用形態の違いがあたかも「身分」であるかのように構造化され，支配システムになってしまっている。森岡孝二は，この側面を重視し，雇用形態が階層化し身分化することによって作り出された現代日本社会を「雇用身分社会」と名づけている。[(3)]

　いま，「自己責任とフレキシブル化」の人事労務管理が混乱と混迷のなかにあるのはこうした事情によると思われる。「合意形成」の契機が欠落したシステムは安定的に機能するはずはない。職場のパワハラ，長時間労働，ブラック企業，メンタルヘルス障害，過労死（自殺），何とも痛ましい。このような職場と企業では「自己責任」が全面にでて，正規と非正規にかかわらず「従業員として正当に公平に扱う」ことが極度に後退している。もはや「労働者を引きつけて支配」することなど望むべくもない。本書「はしがき」で言及したように，必要な人材を「外注」し，自社の従業員の処遇を自己責任化すれば，もはや人事労務管理は無用の長物と化すといわんばかりである。しかも昨今の「働き方改革」では「自由で柔軟な働き方」と称して，いっそうの自己責任の強制を企てている。「自発」の契機のない「自己責任」の強制は安定的に機能する

はずはない。人事労務管理の機能低下，「放棄」といわざるを得ない所以である。

　しかしこれでは職場の従業員の「労働意欲を喚起し効率よく働かせる」ことはできないのは明らかである。「雇用身分」概念を再び提起した森岡の説得的な主張にたてば，敗戦直後の「社工身分撤廃」＝「経営民主化」に再び立ち返るべきなのか。おそらくその再来にはならないだろうが，ともあれITとグローバリゼーションの時代に相応しい人事労務管理の原理を考える際には，再び「従業員として正当に公平に扱う」こと，「受容の契機」を強く重く受け止めておくことが前提である。

　この「従業員として正当に公平に扱う」ということは，言葉を換えていえば，ディーセント・ワークの実現ということでもある。これからの人事労務管理のあり方と展望を考えていくうえで，まずこのディーセント・ワークについて述べておこう。

第3節　ディーセント・ワーク

　2008年度版の『労働経済白書』は注目すべき内容であった。ある意味では画期的ですらあったといってよいかも知れない。「日本におけるディーセント・ワークに向けての課題として，正規雇用化と長時間労働の是正が重要である。こうした問題を解決するためにも，仕事と生活の調和にむけた取組を進めるとともに，ディーセント・ワークの意義を政労使が改めて考え，深めていく中で，さらなる取組を進めていくことが求められる」と。だが，それから10年のいま，前章で考察したように，ディーセント・ワークどころか，むしろ逆行している。このまま推移すれば，厚労省の『白書』はお題目を掲げたにすぎないことになってしまう。

　ところでこのディーセント・ワーク（decent work）とは何か。「働きがいのある人間らしい仕事」と訳されることが多いが，ここで改めて概説しておこう。

　1999年，フアン・ソマビア（チリ出身）がILOの新しい事務局長に就任した。その就任の際，彼はこの「ディーセント・ワーク」をILOの活動の目標の一つとするとした。ILO東京支局が発行する報告書の冒頭にソマビアの次のよ

うな言葉が掲載されている。

　「この報告書は，現在の世界的な過渡期における ILO の主要な目標である，あらゆるところの女性および男性にディーセント・ワークを確保することを提案しています⁽⁵⁾」。

　そのディーセント（decent）とは「見苦しくない」「かなり立派な」という意味であるが，ILO では「権利が保障され，十分な収入を得，適切な社会的保護のある生産的な仕事」と注釈をつけている。また厚生労働省と ILO 駐日事務所は「働きがいのある人間らしい仕事」と訳している。確かにこちらの方がわかりやすいし，近年の ILO 駐日事務所が発行する文書には必ず「ディーセント・ワーク（働きがいのある人間らしい仕事）」と添え書きが付けられている。要するに「人間らしく働くこと」である。

　しかし，「働きがいのある人間らしい仕事」とはいかにも抽象的である。この言葉の響きはどこか美しすぎて，遠い将来の理想的な状態を想像させてしまう。しかし ILO はそのようなものとして提起しているわけではない。もっと普通の「まともな仕事」という意味に近いはずである。例えば，辞書を見ると，この decent という言葉の用例として，I've got a decent job now. の和訳として，「今はまともな仕事に就いている」が添えられている⁽⁶⁾。また，5 年も前になるが，調査でイギリスのある労働組合を訪問したときのことである。その組合事務所の壁に "Decent Work　Decent Life" というスローガンが書かれたポスターを発見した。その意味を問うと，組合役員の答えは次のようなことだった。「より高いレベルの仕事や暮らしという意味ではありません。よりマシな仕事と暮らしを手にしたい。組合員のそんな願いが込められた言葉なのです」。

　このように考えると，まともな雇用，まともな賃金，まともな労働時間，これらを内容とするものこそディーセント（まともな）・ワークということになるはずである。

　ソマビアは就任直後の1999年11月に初来日し，日本 ILO 協会50周年の記念講演で，わかりやすく次のように説明している。「世界の人々が，今，最も望んでいるものは，基本的人権に次いで，ディーセントな仕事ではないかという結論に到達しました。これは，子どもに教育を受けさせ，家族を扶養することができ，30～35年ぐらい働いたら，老後の生活を営めるだけの年金などがもら

えるような労働のことです」と[7]。さらに上西充子によれば，何がディーセントであるのかという絶対的な基準はない。「ディーセントであると見なされるものは，経済と社会が発展するにつれてボトムラインが高くなるともソマビア氏は語っている」という[8]。

　しかしILOはなぜディーセント・ワークを重視するのだろうか。ILOがこれを全面に掲げるようになったのは2000年代に入ってからである。結論を先回りしていえば，実は1990年代以降のグローバリゼーションがもたらした社会的な負の影響（まともでない仕事・雇用，まともでない生活）を排除するためである。

　2002年，ILOは「グローバル化の社会的側面に関する世界委員会」を設置し，グローバル化とその社会的な影響について調査・分析することにした。2004年にその報告書「公正なグローバリゼーション：すべての人々に機会の創造を」を発表した。そこでは概略以下のように述べられている[9]。

　グローバリゼーションは各国の結合力と生産力の可能性を爆発的に高めたが，しかし世界の大多数の人々にそのような可能性を実現させたわけではない。多くの場合，より悪化させてしまったのである。世界の大多数の人びとの目からみれば，グローバリゼーションは，人間らしい仕事，より良い生活，そして子どもたちのより良い未来への希望をもたらすものではない。2003年の公式統計では世界の失業者は1億8500万人を突破したといわれ，これにワーキング・プア層を加えるとさらに悪いともいわれている。このような傾向は，グローバル経済下で起きた「倫理的に許し難い，政治的にも耐えられない」労働状況の根深い不均衡の結果なのである。それは国内的にも国際的にも，現在の政治機関に果たして正当性があるのかどうか，これを問わねばならないほどに危機に瀕していることへの警告なのである。私たちは緊急にグローバル経済のあり方を再考しなければならない。何故なら，現在のグローバル経済の統治システムは強国とその指導者たちによって作られたものであって，そのシステムの心臓部に民主主義が欠落しているからであり，それ故，労働者や貧困層の声が届かないからである。

　こうしてグローバリゼーションの「負の側面」を告発し，その克服のためにはディーセント・ワークの実現が重要であると主張されるのである。そしてこ

のディーセント・ワークへの改革を国内から手を付けよと提唱する。なぜなら人々はその国内で働き生きているという単純でかつ明快な事実だからであるという。

　「すべての人々にとってのディーセント・ワーク，これがグローバルな目標になるべきであり，すべての制度の中に首尾一貫した政策として追求されなければならない。これはすべての国々の重要な政策課題とすべきであるし，また深刻な問題を創造的に解決するための可能性を示すものである」。

　これ以降，ILO のこの姿勢は更に強化されることになる。この世界委員会の報告書に立脚して，2008年6月，ジュネーブで開催された第97回総会で「公正なグローバル化のための社会正義に関する ILO 宣言」を採択した。ILO 自身，この「宣言」は，「1919年の ILO 憲章以来，ILO が採択した3つ目の重要な原則・政策文書である」という。

　「ディーセント・ワークに基づく公正なグローバル化を促進するための羅針盤である」と位置づけられたこの「宣言」は，「労働は商品ではないこと及び一部の貧困は全体の繁栄にとって危険である」と主張し，次の四つをディーセント・ワークの実現に向けた基本戦略目標であるとしている。

　①持続可能な制度・環境を創り出して雇用を促進すること
　②持続可能で各国の状況に適合した社会的保護—社会保障及び労働者保護—の方策を展開し，強化すること
　③社会的対話（労使交渉など）と三者構成主義（政府，労働団体，使用者団体）を促進すること
　④労働基本権の尊重と遵守

　ソマビアは「宣言」の序文に次のような主張を寄せている。

　（この宣言によって）「我々は，公正なグローバル化をもたらし，世界のあらゆる場所ですべての男女がディーセント・ワークに就くことができるよう，国内政策と国際政策を効果的に集約することができるだろう」。

　このようにみれば，ILO によるディーセント・ワークの提唱は，実は新自由主義に基づくグローバリゼーションがもたらした「働くこと」の疲弊状況，世界の人々にもたらした失業と貧困，苦難に対峙するためのものであった。一方での肥満化した金融中心の「繁栄」，他方での「人間らしくない仕事」の蔓

延，先に引用したソマビアの言葉，「子どもに教育を受けさせ，家族を扶養することができ，30〜35年ぐらい働いたら，老後の生活を営めるだけの年金などがもらえる」こととは真逆の「まともでない」事態が進行しているといわざるを得ない。ディーセント・ワークはこの社会病理現象にたいする処方箋なのであり，「公正なグローバリゼーション（a fair globalization）」に向かう重要な戦略として強く打ち出されたものに他ならない。ディーセント・ワークとはILO による反グローバリゼーション戦略だったのである。

　こうしてグローバリゼーションの社会的文脈を前提に考えてみれば，そのねらいの具体像がみえてくる。2011年のアメリカの「ウォール街を選挙せよ」運動，2008年末の日本の「年越し派遣村」，そこにみられる働く人々の悲痛な叫び，それに応えるための国際労働機関としての活動目標であり，戦略である。その意味で，きわめて現代的かつ実践的なものであるといってよい。

　ディーセント・ワークとは将来に向かって求めるべき理想的なあり方をいっているのではない。グローバリゼーションの進展とともに，企業競争力強化に向けた「低コスト」と「効率性」が偏重されるなか，正規雇用，非正規雇用，男性，女性，若年層，高齢者，どの層にとっても「まともな仕事」を取り戻すことが緊急かつ切実な課題となっている。その解決をいっているのである。企業競争力強化のための人事労務のフレキシビリゼーションは，このまま放置すれば，「企業」は残っても，社会は持続困難になるに違いない。いや本来，企業成長は働く人びとの労働意欲に支えられる。この命題が間違いでない限り，このままでは「企業」の存続さえ怪しい。それは労働者の労働意欲の減退を招き，甚大な損害を企業と社会に与えることになるに違いない。「受容の契機」を欠いた人事労務管理は安定的に機能しないといわねばならないだろう。

　2015年に国連サミットは SDGs（Sustainable Development Goals　持続可能開発目標）を採択したが，グローバル化の進展に伴う負の現象が世界的に拡散する中で，国連加盟193か国が今後15年間（2030年までに）達成すべき目標として17の目標を掲げた。その目標のなかには，貧困の解消，ジェンダー平等と共に，ディーセント・ワークの実現が掲げられている。そのディーセント・ワークの実現には，国の社会政策の改善が必要であるが，同時に企業レベル・現場レベルでの人事労務管理の改善が不可欠である。以下，雇用，処遇，労働時間に絞

って，それぞれの課題を明らかにしておこう。

第4節　ディーセント・ワーク実現に向けた人事労務管理の課題

〔1〕 雇用安定への道

　西谷敏は，ディーセント・ワークについて論じた著書の中で，「ある労働が
ディーセント・ワークであるための第一の条件は，それが安定していることで
ある。安定した雇用の確保こそ，国と社会が総力をあげて取り組むべき最も重
要な課題である」と主張する。この指摘は重要である。「働くこと」は単なる
生活手段ではなく，それに止まらず，仕事の面白さやその社会的有用性を感じ
させ，仕事を通じた人間的な繋がりを確保するものである。それ故に，ディー
セント・ワークはまず雇用が安定していることが不可欠な前提であるというこ
とになる。

　この視点からみれば，雇用安定こそがまず考えるべき出発点でなければなら
ない。この雇用安定を考える際に，西谷は1999年のＥＵ指令を紹介している。
すなわち有期雇用の締結に際しては，

　　①有期雇用でなければならない合理的な理由が存在すること

　　②有期雇用の合計期間を制限すること

　　③契約の更新回数を制限すること

　これら3つの選択肢のいずれか（もしくは複数）を採用するよう加盟各国に
求めた。これはつまり「恒常的に必要とされる業務については労働者を期間の
定めなしに雇用すべきであり，そのような業務に必要な労働力を有期契約によ
って調達することは認めないとの考え方にもとづいている」と説明する。この
指摘は重要である。雇用の原則は「期間を定めない」とするなら，雇用期間の
長短で区別されていた「雇用ポートフォリオ」の発想自体を根本的に見直さね
ばならない。

　この「雇用ポートフォリオ」は第6章と第7章でみたように，見事に成功し
たかのようではある。しかしそうだろうか。特に，労働力の有効活用と労働意
欲の向上という人事労務管理の二つの重要な役割から考えると極めて危うい面
があることを指摘しておきたい。例えば，前章で参照した厚労省2014調査にお

257

いて，非正規雇用の活用上の問題点として，「良質な人材の確保」をあげる企業が53.8%もあり，また「定着性」49.1%，「仕事に対する責任感」48.6%となっている。特に専門的な技能や即戦力重視のために採用したと思われる「派遣」や「契約社員」に限ってみれば，それぞれ60.1%，59.3%もの企業が「良質な人材確保」が一番問題であるとしているのである。

　そもそも「契約社員」や「派遣」労働者自身は，同調査によれば，46.0%および23.7%の労働者が「専門的な資格・技能が活かせる」と期待して就業しているのだが，就業した結果の満足度について，「賃金」「教育訓練・能力開発のあり方」「雇用の安定性」については軒並み満足度が低く，不満足者の割合の方が満足者割合よりも高くなっているのである。このような状態では，雇用の多様化戦略はうまく機能するはずがない。たまたま「良質な人材確保」に成功しても，「責任感」や「意欲」「定着性」にたちまち問題が露呈するであろうと予測できる。雇用戦略として長続きするはずはない。ここに雇用の多様化に潜む深刻な課題がある。

　人材の有効活用と労働意欲の向上という重大な役割を無視した人事労務管理は，早晩，失敗に終わる。非正規雇用の人事と処遇のあり方を含めた全面的で抜本的な検討が求められている。現状の雇用形態の多様化は，結果として，コスト削減戦略でしかなく，その負担を働く側のみに強いるものになっている。人事労務管理として解決していかねばならない大きな課題である。

　ところで，近年の雇用管理の実際を総体としてみるときわめて複雑なものとなっている。正規雇用内では「総合職」と「一般職」，それだけではなく企業によっては，複線型人事，キャリア人事，専門職など，それぞれ仕事内容や期待度の違いを設定し，必要なキャリアや能力を区分し，またそれに応じて処遇を変えていこうとする社員制度を採用しているところもある。また新総合職や勤務地や職種を限定した「限定社員制度」なども出現している。

　このように仕事内容と必要キャリアに視点を据えて考えてみれば，雇用の現実は，正規と非正規の区別とは別に，きわめて錯綜した構図がみえてくる。このことについて佐藤博樹は自らの実態調査に基づいて次のようにいう。[13]近年の多くの企業では正社員，非正社員という雇用区分だけでなく，「正社員と非正社員のそれぞれの内部に，異なるキャリアの下で異なる処遇が適用される複数

の雇用区分が設けられている」と。これについて彼は明快に次のように批判している。正社員と非正社員という雇用区分を前提として，それぞれの内部にさらに細かく雇用区分を設定しているために，正社員の雇用区分と非正社員の雇用区分の間に重複がみられると。彼がいう「重複」とは，簡単にいえば，「一般職」（＝正社員）とある種の「パート」（＝非正社員），「総合職」や「新総合職」（＝正社員）とある種の「契約社員」や「嘱託社員」「限定社員」（＝非正社員）などの間で仕事内容において重複しているというのである。

　この混乱は放置できないとして，その解決に向けて佐藤は次のような三つの提言をする。[14]

　①正社員・非正社員の区分を廃止し，実態に基づいた雇用区分の再編成をすること

　②所定労働時間の長短を雇用区分の設定基準に含めないこと

　③一時的な仕事以外はすべて雇用期間の定めなしの無期雇用とし，同一の雇用区分内は同一の雇用保障水準とするために，雇用区分の多元化に応じた雇用保障の多元化が求められる

　この佐藤の提言に関してどう考えるべきか。

　佐藤は雇用形態の多様化が，もはや「正規雇用」「非正規雇用」の区分が意味をなさなくなっているほどに進んでいる，これが企業の雇用管理の実態であると指摘した。この「発見」は重要である。しかも，近年のワーク・ライフ・バランス論議のなかで「短時間正社員制度」の導入もみられる。そうなると勤務時間の長短で正規と非正規を区別することもまた意味をなさなくなるし，そもそも正規雇用とほとんど違いのない「フルタイム・パート」などという奇妙な言葉すらある。業務への関わり方でいえば正規と非正規の垣根はすでに崩れているといわねばならない。「雇用期間の定め」の有無の客観的な根拠はすでに崩壊しているのである。あるのはきわめて恣意的な賃金格差のみである。それ故に，一時的・臨時的な仕事以外はすべて「雇用期間の定めがない」無期雇用にすべき土台が既に出来上がっているとみるべきであろう。既に法制化された労働契約法の18条による「無期転換権」はその実現の第一歩とみることができる。先のＥＵ指令をこの日本でも適用できる客観的な土台が形成されているのである。

この視点から考えてみると佐藤の三つ目の提言＝「雇用区分の多元化に応じた雇用保障の多元化」の提言は理解しがたい。一時的・臨時的雇用の「雇用保障」については別途検討すべきであろうが，その他の「無期雇用」層の「雇用保障」を多元化すべきではない。いずれも雇用期間の定めを設けないことを原則とし，したがってすべての階層の従業員の雇用保障を原則とし，その上で雇用調整に関する新たなルールをどう作るか，新しい労使の課題と考えるべきであろう。

［2］　正規雇用と非正規雇用の均等処遇への道

　臨時的・一時的な仕事以外はすべて「無期雇用」とした場合，これまでの正規雇用と非正規雇用の賃金・処遇格差を解消させることは当然である。

　近年，政府も「働き方改革」を提唱し，その中で正規雇用と非正規雇用の待遇の改善が唱われている。安倍内閣による「一億総活躍プラン」（2016年6月閣議決定）では「欧州に遜色ない水準をめざす」としている。つまり現状で正規雇用の6割弱の非正規雇用の賃金を8～9割まで是正するというのである。そのためにガイドラインを策定し（2016年12月），不合理な格差を是正するとした。これに加えて，既に労働契約法20条には同種の内容が法制化されている（2013年4月1日施行）。

　ところが，格差は一向に縮まる傾向にない。事実，2017年の厚労省の統計でみても，平均でみて非正規の賃金は正規の65.5％なのである。

　この均等処遇にむけてどうすべきか，政府の方針も「不合理」なものを是正するというだけで，そもそも雇用形態の違いでなぜ待遇に格差が出るのか，何が「合理」で何が「不合理」なのかが不明のままである。この根本的な解決のためには賃金の決め方（賃金制度）に手をつけなければならないはずである。というのも，多くの非正規雇用の賃金は時間給であるし，またいわば非正規雇用という相場賃金（森岡孝二の主張に沿えば，雇用身分としての非正規の賃金）ともいえる基準で決められおり，正規雇用とは違った決め方である。この点を考えずに是正は困難である。重要な論点である。雇用区分として正規と非正規をなくすことをめざすとすれば，賃金の決め方についても統合することは当然である。

　この正規・非正規間の均等待遇，そして性差別賃金の解消に向けて，「同一価値労働同一賃金」原則の重要性が強調されている。「同一労働」ではなく「同一価値労働」としているのは，同じ労働ではなくとも，その「価値」の評価に基づいて，同じ「価値」の労働には同じ賃金が支給されるべきであるという考えからである。日本は，この原則を掲げた ILO100号条約（equal remuneration for work of equal value）を批准している。にもかかわらず，男女の賃金格差も，雇用形態間の格差も大きい。それ故，今こそこの原則を日本に適用させ，実体のある「同一価値労働同一賃金」を実現すべきだとの声が大きい。

　そしてこの視点から，賃金の決定基準を「仕事」基準に変更させる必要があるとも言われている。つまり「ヒト基準」ではなく「仕事基準」賃金に変更することによってのみ均等待遇の道が開かれるのだとの主張がなされ，かなり有力ではある。遠藤公嗣は最近の論稿で次のように力説している。

　正規労働者と非正規労働者の間の均等待遇は「同一価値労働同一賃金」原則が有効である。そしてこの原則は職務給でしか成立しない。なぜなら職務給であることは「同一価値労働同一賃金」原則に必須だからである。均等処遇は，職務を基準としてのみ賃金が支払われるとき，関係する労働者の間で達成される。職務基準賃金（仕事基準賃金のこと――黒田）であるときのみ，均等待遇は達成される。したがって正規労働者は属性基準賃金（ヒト基準賃金のこと――黒田）に固執すべきではなく放棄すべきであり，職務基準賃金を志向すべきである。

　そして次のようにもいう。

　念のために注記しておくと，職務分析・職務評価を行うこと，すなわち，職務分析・職務評価を行わないでも，いいかえると職務給でなくても，あげくのはては属性基準賃金であっても，「同一価値労働同一賃金」原則は可能だとの見解がかつて存在したが，それは意味不明の言説というほかない。賃金形態の意味をまったく理解していないための誤りである，と。

　じつに明快な主張ではある。均等待遇のためには「同一価値労働同一賃金」原則の適用が必要であり，その原則は職務基準賃金の下でのみ可能であるから，均等処遇の実現のためには正規労働者は現行の賃金制度を放棄して，非正規労働者と同じ職務基準賃金を志向すべきなのだという。しかしここにはいくつか

の問題がある。

第1に，「同一価値労働」は職務給（職務基準賃金）でのみ可能であるとされ
ているが，果たしてそうだろうか。遠藤は，職務評価以外の方法で「同一価値
労働」を測定できるというのは「意味不明の言説である」，あるいは「賃金形
態の意味をまったく理解していないための誤りである」と断言するが，その根
拠は示されていない。確かに「職務分析」をしてその「職務の価値」を評価す
ることは「同一価値労働」測定の一つの手法であることに違いないが，この方
法以外をシャットアウトするのはあまりにも狭すぎる。

この点について西谷敏は次のようにいう。「同一価値原則が職務給の賃金体
系と親和的だといっても，そうした賃金体系を前提にしないと成立しないとい
うものではない」。また法学者らしく「前記の諸条約が各国に義務づけたのは，
同一価値原則を基本としつつ，各国の合理的な賃金慣行によるそれの修正も容
認するという，多少緩やかな原則であったと考えられる」ともいう。先に示し
たILO100号条約の「同一価値労働」に相当する英語は，"work of equal val-
ue"であって，"job of equal value"ではないことに注意したい。担当してい
る「労働」の価値をどう測定するのか，何を基準に価値づけするのか，職務給
でない世界でのそのあり方をどのように構想するのか，これこそが重要ではな
いのか。

第2に，職務分析をすれば自動的に公正な「職務価値」が測定されるわけで
はない。職務分析と職務評価の過程に働く側からの介入，ないしは異議申立が
あってこそ，公正な価値づけがなされるはずである。「同一価値労働同一賃金
原則」に基づく公正・公平な賃金は，職場での労使の労使交渉と緊張関係の存
在が不可欠なのである。

第3に，そもそも「仕事基準」の世界でも変化が起こっている。産業の高度
化とともに，あるいはICTなどの技術発展の中で，職務の統合化・大括り化
が進み，職務分析のみで「同一価値労働」を測定できなくなりつつある。「範
囲職務給」や「コンピテンシー給」「技能・知識給」などの名で知られている
ものがそれであり，各労働者の「仕事ぶり」・「働きぶり」で格差をつけていこ
うというものである。こうなると「同一価値労働」は職務分析・職務評価だけ
ではなく，公平・公正な人事評価が不可欠となる。しかも人的資源管理の名で

このような傾向が強まっている。こうして評価される側，つまり労働組合による人事評価への介入と規制が決定的に重要となってくる。

　このように考えてみれば，正規雇用と非正規雇用の均等待遇のためには，まずは両者の賃金の決め方の統合をはかるべきであり，その統合は非正規雇用労働者にも「ヒト基準賃金」としてどのように組み込んでいくのかという課題として取り組むべきである。「同一価値労働」は，正規雇用の従業員と同様な基準で非正規雇用従業員への人事評価を構想していく，そこから手をつけ始める必要がある。その際，均等待遇にむけて「同一価値労働同一賃金」原則の適用のために，従来にも増して人事評価制度が重要性を帯びてくることになる。それ故，従業員側からの監視，労働組合による監視が不可欠である。少なくとも現代の日本における「同一価値労働同一賃金」原則は人事評価制度の抜本的な改革を必要としているといわねばならない。

③　公平・公正な処遇は人事評価制度の規制から

　「役割給」の浸透によって，ますます，いやこれまで以上に，各従業員の「仕事ぶり」や「貢献度」の評価，人事評価が重要性を増してくることになる。さらに雇用形態間の均等処遇のためにも人事評価制度の抜本的な改革が必要である。人事評価制度のあり方が「改革」と「破壊」の別れ道となる。

　厚生労働省は数年毎に人事評価制度の実態調査（就労条件総合調査）をしているが，これを参考にして現状をみてみよう。

　第4章でみたように，人事評価は能力主義管理の時代から本格的に広く使われてきた。この時代の評価制度の特徴として，評価項目が広範囲であること（能力，情意，業績），相対評価であること，そして評価結果を評価される側に公開していないこと等を指摘した。

　「成果主義時代」の今はどうであろうか。調査によれば，能力主義の時代と比べてみて，この10年間，その普及率においては大きな変化はない。敢えてあげれば，大企業（従業員1000人以上）での普及率が減少している（1996年96.5%→2012年70.1%）。成果主義の導入ということから，能力査定をやめた企業が一部にあるということだろうか。確かなことは不明である。

　しかし問題はその人事評価の状況である。調査によれば，「うまくいってい

(単位：%)

年	評価システムに納得が得られない	評価結果に本人の納得が得られない	評価によって勤労意欲の低下を招く	職場の雰囲気が悪化する	個人業績を重視するためチーム作業に支障
2001	—	32.9	26.5	13.4	—
	—	52.0	25.8	4.0	—
	—	27.5	25.9	17.4	—
2004	16.8	31.4	23.8	5.9	14.5
	20.5	41.5	14.4	2.6	12.8
	16.3	28.0	24.0	7.6	14.5
2007	17.0	28.5	22.9	8.4	13.1
	22.8	41.1	21.1	2.8	11.8
	14.3	23.0	20.7	10.0	14.7
2010	14.4	19.1	20.9	5.4	11.6
	20.6	33.2	19.7	1.6	9.2
	12.5	16.3	19.3	6.2	12.2

（注）　1：問題点を三つまでの複数回答。
　　　　2：それぞれ，上段は全企業平均，中段は従業員1000人以上，下段が従業員30〜99人の企業。
　　　　3：2010年以降，この調査は継続されていない。
（出所）　厚生労働省「就労条件総合調査」（各年版）。

る」と答えた企業は，成果主義ブームの真只中の2001年ではわずか10％，大企業だけをみると9％という惨憺たる状況であった。「一部手直しが必要」と回答している大企業は，成果主義への批判が高まった2004年から半数を超え，07年には6割に達している。2010年の調査で52.3％，最新の2012年でもなお半数以上の企業が「手直し」の必要性をあげている。

　なぜうまくいかないのか。同じ厚労省調査によると（資料終-1），2001年段階で「評価結果に本人の納得が得られない」が全平均で32.9％，大企業ではなんと半数以上の52％に昇っている。続いて「評価によって勤労意欲の低下を招く」26.5％が目立っている。その後は，徐々に改善傾向にはあるが，しかし現在に至るまでこの二つは人事評価制度の上位にあげられているのである。また「評価システムに納得が得られない」についても大企業ではずっと2割を超える企業が指摘している。労働意欲を喚起するという人事労務管理の課題からすれば，明らかに致命的な欠陥が今なお存在していることになる。

　肝心の従業員自身はどのようにみているのか。労働政策研究・研修機構の調

資料終 - 2　人事評価制度に対する対処法

(単位：%)

年	評価結果の本人への通知	評価マニュアルの作成	能力や勤務態度等の評価ウェイト拡大	評価者への研修・教育の実施訓練	相対評価の導入
2004	35.9 53.6 27.8	46.6 70.4 39.9	33.7 17.4 39.6	27.1 58.7 18.6	26.3 37.4 22.9
2007	47.8 68.7 42.8	44.6 65.5 39.6	30.3 18.2 35.9	34.4 63.1 29.2	27.1 38.6 22.7
2010	46.1 58.3 42.0	39.8 64.8 33.8	35.1 20.5 41.9	28.1 58.5 20.6	25.9 38.2 24.8

年	目標達成へのプロセスを重視	グループやチームの業績を反映させる	組合や労使協議制等の話し合い	異議申立制度の導入	部下の上司に対する評価の導入
2004	22.8 27.3 21.0	16.9 18.9 15.7	14.7 39.1 10.0	8.0 13.5 8.1	3.3 9.2 2.5
2007	26.5 31.0 24.7	20.1 23.4 18.4	13.5 38.3 7.6	6.1 17.8 4.3	6.6 7.8 8.2
2010	25.1 30.0 24.9	20.9 25.8 23.0	9.2 31.2 5.0	5.6 13.1 6.1	5.0 6.9 5.7

(注)　1：複数回答。
　　　2：それぞれ，上段は全企業平均，中段は従業員1000人以上，下段が従業員30〜99人の企業。
(出所)　資料終 - 1 に同じ。

査によれば，「成果の測定が困難」80％，「評価者により評価のばらつきがある」74％，「部門間の業績の違いで評価に差が出る」52％など，評価の公平性を問題視する声が圧倒的であった。[19]

　「成果主義」や「役割主義」の根幹に関わる事態だけに，企業も放置しておくわけにはいかない。**資料終 - 2**は企業がどのような対策を講じているのかを示したものである。企業規模で違いもみられるが，「評価マニュアルの作成」（平均40％，大企業65％），「評価結果の本人への通知」（平均46％，大企業58％），

「評価者の研修・教育」,「能力や勤務態度の評価ウェイト拡大」などが目立つ。それぞれの具体的な内容が不明であるから, これらの事実をどうみるか簡単ではない。ただ, 人事評価制度が各従業員の処遇に直結するものであることからすれば, こうした「改善」は今なお不十分であるといわざるをえない。それは「組合や労使協議制等の話し合い」(平均 9 %, 大企業31%),「異議申立制度の導入」(平均 6 %, 大企業13%) などがきわめて少ないことに表れている。「部下の上司に対する評価の導入」に至っては僅か 5 %でしかない。人事評価が納得性と公平性を担保し, 労働意欲向上に向けた制度になっているとは到底いえない。「評価結果の本人への通知」はするが,「組合等との話し合い」や「異議申立制度の導入」が極めて少数である。「合意形成」の手立ての欠落は明らかであり, 取り組むべき課題は多い。

　人事処遇制度が個別化し, その根幹に人事評価があるのであるから, 従業員が納得し, 公平な処遇を受け, 仕事そのものの面白さや達成感, 仕事を通じた人間的な繋がりを感じるためには, そのあり方に全面的なメスを入れるべきである。日本の労働者の誰しもが求めているものに違いない。

　それではどうすべきか。

　そもそも人が人を正しく評価できるわけがない。そのための出来合いの方法など存在しない。かつて日経連自身も主張していたように, 手法をいかに工夫しようとも科学的・客観的な査定はおよそ不可能である。その不可能なもので従業員の「働き」を評価し, 処遇しようというわけだから, 無茶というほかない。にもかかわらず評価なしには処遇も報酬もできないとすれば, 必要なことは評価への納得性である。従来までこの人事評価については個別的・個人的なものとされてきたが, そうではない。納得性という面を重視すれば, 個人の問題ではなく, 上司と部下, そして従業員相互の関係, つまりは人間関係の問題,より正確には労使関係の問題として捉え直すことが不可欠なのである。

　そうだとすれば, 基本は人事評価を企業側に委ねるのではなく, 働く側の意志や事情を組み込み,「誰の目にもごまかしようのない」ものにすることにある。そのために必要なことは, 人事評価のあり方, その評価結果について, 働く側からの規制・介入の道を探ることである。つまり人事評価を労使間の交渉事項にしていくことである。具体的には, 評価が透明であること, 評価が公正

であること，そして評価結果に納得性を確保すること，最低限この三つが満た
されねばならない。そのためにこそ人事評価を労使交渉の重要項目に位置づけ，
労働組合（もしくはそれに変わる組織）はそれに積極的に関与し，交渉し，合意
されたルールでそれが運営されるように監視すべきである。

　労働組合が取り組むべき課題の主要なものは，最低限，次の３点である。

　第1に，何をどのように評価するのかという項目と方法について，労使で厳
格に交渉し，明瞭なルールとして規定化すべきである。とりわけ主観性の入り
やすい項目（意欲，個人の資質，態度，能力や期待度など）については，基準を
明確にし，そのルールに則った評価をおこなうよう監視することが必要である。
評価方法についても，現在一般的な「評定尺度法」は主観的評価になりやすい
ことを考慮して，それを回避するための手法を検討すべきである[20]。

　第2に，何よりも評価の客観性と納得性を高める方法や制度を確立すべきで
ある。いまだに低い普及率でしかない部下による上司への評価，相互評価，評
価結果をめぐる面接制度と異議申立制度を一刻も早く導入すべきである。なお
この場合，評価に関連する資料と情報が開示されるべきであることはいうまで
もない。

　第3に，納得できない評価結果の苦情を申し立てるだけでなく，それを是正
させるための救済制度を設置すべきである。その苦情申立機関や救済機関に労
働組合役員や同僚を同席させる権利を保障し，またそこでも不同意の場合は，
最終的な処理のための独立した機関を設置することも考慮されるべきであろう。

　なおアメリカの人事評価制度には，評価結果を本人に公表し，本人の署名が
必須となっている。またその署名欄には「私はこの報告書について上司と話し
合いましたが，私の署名はこの評価に同意していることを必ずしも意味してい
ません」との文言（これは不同意許容原則と呼ばれている）が添えられているこ
とが多い[21]。日本でも導入が検討される必要がある。

　これらについて予想される反論は，評価は個人にたいするものであるから集
団的労使関係には馴染まないのではないか，ある種のプライバシーの侵害にな
るのではないかというものであろう。しかし往々にしてこれらの反論は評価制
度の現状を墨守するための議論である。いうまでもなく，人は各自の「仕事」
を通した正当な評価を通してこそやり甲斐を感じる。各自の仕事への正当な評

価に基づく正当な処遇こそが労働意欲の源泉である。評価をめぐる従業員との話し合いなしに納得は得られないし，労働意欲の向上は望むべくもない。個別化された処遇システムを集団的に規制する道こそが求められているのである。しかも欧米諸国では人事評価への組合の規制は常識である。このような経験が少ない日本の経営者，労働組合であるから，その道は簡単ではない。しかし人事評価が個々の従業員の労働生活の基本に据えられている以上は，こうした事項についての労使間のルールを築かない限り，労働者の側に新たな苦難を強いることは明らかである。「合意形成」を組み込んだ人事労務管理の形成に向けていま可能なところから着手すべきではないだろうか。

④ 長時間労働の短縮とワーク・ライフ・バランス

　前章でみたように，日本の労働時間は先進国でもっとも長い国の一つであった。近年の傾向として指摘できることは，第1に全体としては短縮傾向を指摘できるが，それは非正規雇用の短時間労働者の増加によるものであること，第2に正規雇用の所定内労働時間は短縮傾向であるが，所定外が増加していること，第3に規制緩和によるフレキシブルな労働時間制によって労働時間の実態はむしろ長くなる傾向にあること，などであった。

　こうして「働き過ぎの国・日本」の現状はその改善の方向には向かっていない。しかも非正規雇用の拡大に伴って，一見すれば平均労働時間が減少し，働き過ぎが解消されたかのようにみえるが，「働き過ぎ」層と「働けない」層とに二極化しただけのことである。また既述したように，労働法制の規制緩和とそれに基づく裁量労働制などのフレキシブルな働き方は労働時間が隠されみえなくされており，実態としては時間管理制度のフレキシブル化は長時間労働を誘発していることは明らかである。ディーセント・ワークを実現するためには，この働き過ぎの時間管理と職場構造にメスを入れなければならない。

　それにしてもなぜこれほどまでに働くのだろうか。ディーセント・ワークへの途を探る前に，日本の労働者はなぜ長時間働くのか，その原因を確かめておかねばならない。

　「なぜ残業や深夜・休日出勤をするのか」，この問いについてのいくつかの調査を参考にしてみると，長時間労働の主因は「仕事量」の多さなど仕事要因に

あることがわかる。しばしば語られる「収入を増やすため」(「残業手当」目的)
や「定時に帰るのが憚れる職場の雰囲気」はわずか数パーセントに過ぎない。[23]
長時間労働は，このような個々の従業員の側の事情ではなく，仕事の責任と範
囲の大きさ，異常なまでの業務量の多さ，また人手不足など，企業経営の現実
にこそある。いわゆる一定時間しか残業手当を支給しない「固定残業制」の下
でのサービス残業などの存在がそれを雄弁に物語っている。

　佐藤厚はこの業務量と労働時間の関係を次のような算定式で表現した。[24]

　業務量＝要員マンパワー（人数×スキルレベル）×労働時間

　この算定式で要員マンパワーとは何か。彼は，単位時間当たりの業務量は
個々人のスキルレベルと従業員数で決まるというだけで，それ以上の説明はし
ていない。このスキルレベルは単位時間当たりの投入労働量（労働密度）と技
能水準の合力と考えるとすれば，それは特定の局面においては一定と仮定でき
るだろうから，結局，時間短縮のためには，業務量の削減もしくは要員の増員
以外に道はない。労働時間規制の更なる緩和ではまったく解決しないことは明
白である。

　長時間労働の削減が叫ばれながら，1980年代以降の「規制緩和」，それを前
提にして職場でおこなわれる「自己責任」，この二つが幾多の社会的な事件を
惹起してきた。過労死，過労自殺である。以前にも過労自殺を招いたある広告
代理店で再び若い女性社員を自殺に追いやってしまった事件が大きく報道され
た。過大な仕事量（「役割」），それによって必然化する長時間労働と自己責任，
上司のハラスメント，これらの複合による悲しい事件である。人事労務管理の
フレキシブル「改革」がもたらした凄惨な事例である。まさに「規制改革」と
「自己責任」の二つは，企業が果たさなければならない「働くことをめぐる」
社会的責任を免罪してきたといわねばならない。

　2007年，政府，使用者団体，労働団体が合意して「仕事と生活の調和（ワー
ク・ライフ・バランス）憲章」を制定した。その実現に向けて広く議論される
ことは意義あるというべきであろう。だが掲げられている具体的目標は，

　①就労による経済的自立が可能な社会

　②健康で豊かな生活のための時間が確保できる社会

　③多様な働き方・生き方が選択できる社会

の三つで，どれもこれもがいかにも抽象的である。実現に向けた具体的な行動計画が示されていないから，合意したそれぞれの団体の責任が不問に付され，「単なる精神論や責任のなすり合いに終わってしまうことが危惧される」。①と③は何よりも非正規雇用の拡大とワーキング・プア問題を想起すれば，実は，現実的な課題は明らかなはずだが，何一つとして手つかず状態である。また②はまさしく，その実現に向けて労働時間の短縮こそが中心的で喫緊の課題であるはずだが，そのことの具体策は何も示されていない。こうなると「ワーク・ライフ・バランス」はいかにも耳当たりのよいスローガンに堕ちてしまい，かえって国と企業の責任を免罪してしまう危険性すらある。

　少子高齢化に伴う生産年齢人口は危機的な状況にある。働き手を増やしながら，かつ少子化を脱出することは不可欠で喫緊の課題である。ワーク・ライフ・バランスは「より働きやすい環境を整える」ための将来の目標ではない。ワーク・ライフ・バランスは，いままさに日本社会に課せられた喫緊の課題なのであり，労働時間の短縮こそがその基底に据えられるべきである。そのためには以下の諸点を重視し，その実現に向けた努力を重ねるべきである。

　第1に，そもそも労働基準法には法定労働時間という上限規制があり，1日8時間週40時間以上の労働を禁じているのである。にもかかわらず，現状の36協定は「歯止め」ではなく残業促進規定に転化してしまっている。また厚労省通達という形での時間外労働の上限規制（1か月45時間）はあるものの，有効に機能していない。レッセフェール（自由放任）は労働問題においては通用しない。労使間の社会的な力に圧倒的な違いがあるからである。労働基準は本質的に市場原理になじまないといわねばならない。規制緩和という流れでは解決しない。市場原理から働く側を積極的に守り，労働力の「有効活用」と「労働意欲の喚起」が人事労務管理の本来の役割だとすれば，いかにこの本義に立ち返るか，これが問われる必要がある。

　第2に，事業のグローバル化が進行した現在，「所定外でないとできない仕事」「事業活動の繁閑の差が大きい」など仕事そのものの性格から通常勤務では困難なものが増加しつつあることは否めない。しかし，このような仕事が時間外労働になっていることが問題なのである。このような場合にこそ，変形労働時間制やみなし労働制が有効な制度なのだが，それらが有効に機能せず，か

えって長時間労働への手段となっている。これが問われるべきである。忘れて
はならないことは「柔軟な労働時間制」にあっても，８時間労働の枠組みを崩
すべきではないということである。むしろ仕事が複雑・多様化している時代だ
から，８時間労働制を守らせるための時間管理の一つの手段としてこれらの制
度が利用されるべきなのである。

　第３に，経団連は，ホワイトカラーの労働は「仕事の成果と労働時間の長さ
が必ずしも合致しない」ので，労働時間の規制から外して，役割・成果で処遇
するのが合理的であると主張する。つまりホワイトカラーは時間で管理するの
ではなく，成果で管理すべきなのだというのである。ここでは成果主義を徹底
すれば時間規制が不要になることが率直に述べられているが，しかしこれは労
働時間管理を意識的に賃金管理問題にすり替えている。労働時間制度は社会的
な規制があるが，賃金制度に規制はない。規制のない賃金制度に合わせて時間
規制はなくすべきだというのは明らかに論理の飛躍，むしろ詭弁である。労働
時間と非労働時間の境界が不明なホワイトカラー労働だからこそ，一定時間以
上の労働は社会的に禁止すべきなのである。人事労務管理として労働時間問題
を賃金問題範疇で論じてはならない。「時間」を「カネ」で返却するのではな
く，「時間」は「時間」で返却するというルールの下で働かせるべきなのであ
る。それにもかかわらず，前章で述べたように高度プロフェッショナルという
名称で時間規制を撤廃する制度を法制化してしまった。ICT とグローバリゼ
ーションの時代だからこそ，賃金は賃金，時間は時間，これを複眼的にみるこ
とが求められているのであり，そういう視点に立ってこそ労働生産性向上につ
ながっていくはずである。

　最後に，日本の長時間労働の現実は，36協定の無機能化，サービス残業，
「名ばかり管理職」など企業の法令違反によってもたらされている。だとすれ
ば労働 CSR（Corporate Social Responsibility）という視点を重視したい。この労
働 CSR とは雇用や労働条件，労使関係に関わる企業の社会的責任のことであ
るが，長時間労働はすぐれて労働現場で起きる問題である。それ故，職場・現
場での点検と規制が重要である。労働時間管理という側面から考えてみると，
労働時間，サービス残業，あるいは裁量労働制における労使協定や労使委員会，
健康福祉確保や苦情処理の実態，これらの点検を人事労務管理の重要な任務と

すべきであろう。社会保険労務士が中心となっておこなわれている「経営労務監査」もその一つである。吾郷眞一は，これらを内輪で処理することなく，その社会的なチェック機関として「労働ＣＳＲ機構」の設置を提唱している。労働組合との関わり合いなど検討の余地はあるものの，意義ある提案であることは間違いない。

第5節　ディーセント・ワークの実現

　最後に，ディーセント・ワークの実現に向けて，経営者と労働組合の役割と責任について触れておきたい。

　ライシュは「日本も超資本主義とへと向かっているが，その負の社会的結果と直面するには民主主義があまりに弱体である」と指摘している。肯定したくはないが，間違いではないだろう。このライシュの言説を覆すのは，おそらく法律や政治ではない。現場で働く労働者たちであり，それを代表する労働組合と，それに向かい合う人事労務管理の担当者たちである。それ故，ディーセント・ワークの実現者たちも現場の労使をおいて他にいない。さらにそれらがきちんとなされているのかについて市民の側，社会の側からのチェックも必要である。その意味で吾郷眞一が提起する「労働CSR機構」の設置にむけて具体化も必要だろう。

　しかし現実の労働組合をみると，もちろん個々には自覚的で奮闘している組合役員と活動家を知ってはいるが，しかしそれでもやはり労働組合の力量と姿勢に多くの疑問を抱かざるを得ない。パートや契約社員などの非正規雇用の増大，さらに派遣労働や請負等の間接雇用の採用はそこの労働組合が容認せずには進まなかったに違いない。この点では，日本の時短が進まないのも，またサービス残業の横行も，組合による容認が無縁ではない。残念ながら，日本の労働現場の疲弊状況について労働組合の責任は大きいといわねばならないだろう。「労働組合とは自己利益だけを追求する守旧的なエゴイスト集団というイメージさえ定着しつつある」という批判は，こうした事情の反映でもある。

　もちろん雇用と労働の劣化現象の直接的な主犯は「自己責任とフレキシブル化」を進めてきた経営戦略なのであり，経営側の責任は免れない。しかしこの

「自己責任とフレキシブル化」からの脱却は，やはり職場で日常的に働く労働者の声を代表する，労働組合をおいて他ない。ディーセント・ワークの実現は，月並みではあるが，職場の労働組合と人事労務管理担当者との，真摯な労使交渉によるしか道はない。

　労働組合がない多くの中小零細企業の場合はどうか。個別労働紛争は年を追う毎に増加し，いまや年間20万件を大きく超え，2010年は25万件近くまでになっている。内容的にも解雇や労働条件切り下げが多い。これらの実態は具体的に訴えがあった数値であって，潜在的にはかなりの「紛争」があると思われる。そのほとんどが中小企業で発生していることを考慮すれば，ディーセント・ワークの実現に向けて，中小企業での人事労務管理の改善が不可欠である。組合がない企業が多いだろうから，改善主体は企業経営者自身とならざるをえないが，この点で，主として中小零細企業の人事労務のコンサルタント（専門家）として社会保険労務士の役割が大きい。急増している労働現場の諸問題の解決，それに留まらず，ディーセント・ワークの実現は，圧倒的多数の労働者が働く中小零細企業の人事労務の改善なくしてはありえない。社会保険労務士はそのフロントラインに立っており，活躍が大いに期待されている。

　こうして，グローバリゼーションの強風が吹く中，もっぱら企業競争力強化に偏向した人事労務の「自己責任とフレキシブル化」から脱して，日本の現実に根ざしたディーセント・ワークを実現することが，労働者にとってはいうに及ばず，企業経営にとっても喫緊の課題となっている。その実現は，労働組合，経営者と人事労務担当者，そして社会保険労務士の社会的責任なのである。

注

(1)　栗田健「戦後労働組合運動の系譜と課題」『ジュリスト総合特集　企業と労働』有斐閣，1979年，212〜213ページ。

(2)　熊沢誠の次の文献を想定している。『労働のなかの復権』三一書房，1972年。『国家のなかの国家』日本評論社，1976年。

(3)　森岡孝二『雇用身分社会』岩波書店，2015年。

(4)　厚生労働省編『平成20年度版　労働経済白書』2008年，108〜109ページ。

(5)　第87回 ILO 総会（1999年）事務局長報告『DECENT　WORK』ILO 東京支局，2000年，ii ページ。

(6) 池上嘉彦，ジェフリー・リーチ監修『ロングマン英和辞典』桐原書店。

(7) 『ILO ジャーナル』ILO 日本支局，1999年11・12月号 http://www.oit.org/public//japanese/region/arso/tokyo/newsletr/99-11.htm#lmen（2018年8月20日アクセス）

(8) 上西充子「若年雇用問題とディーセント・ワーク」http://www.rengou-soken.or.jp/dio/no199/kikou.htm（2009年3月4日アクセス）

(9) World Commission on the Social Dimension of Globalization, *A Fair Globalization: Creating Opportunities for All*, 2004, ILO. http://www.ilo.org/fairglobalization/report/lang--en/index.htm（2012年3月22日アクセス）

(10) 「公正なグローバル化のための社会正義に関する宣言」ILO 駐日事務所，2008年。

(11) 西谷敏『人権としてのディーセント・ワーク』旬報社，2011年，72ページ。

(12) 同上書，104ページ。

(13) 佐藤博樹編著『人事マネジメント』ミネルヴァ書房，2009年，16～26ページ。なおここでの論点は以下も参照。『雇用管理の現状と新たな働き方の可能性に関する調査研究報告書』連合総研，2003年。

(14) 佐藤は雇用区分と賃金問題などについても提言しているが，ここでは省略する。

(15) 以下を参照。木下武男『日本人の賃金』平凡社新書，1999年。森ます美『日本の性差別賃金——同一価値労働同一賃金原則の可能性』有斐閣，2005年。遠藤公嗣『賃金の決め方』ミネルヴァ書房，2005年。森ます美・浅倉むつ子編著『同一価値労働同一賃金原則の実施システム』有斐閣，2010年。

(16) 遠藤公嗣「職務給と『同一価値労働同一賃金』原則——均等処遇のために（下）」『労働法律旬報』No.1686，2008年，旬報社，28～36ページ。

(17) 西谷敏，前掲書，194～195ページ。

(18) 遠藤自身も「職務評価を，誰が実施するのか」として，いくつかを提言している。森ます美・浅倉むつ子編著，前掲書，192～194ページ。

(19) 立道信吾・守島基博「働く人からみた成果主義」『日本労働研究雑誌』No.554，2006年9月，75ページ。

(20) 例えば「チェックリスト法」や「記述法」などを併用することが考えられる。評価手法については，遠藤公嗣『日本の人事査定』ミネルヴァ書房，1999年，を参照。

(21) 稲別正晴編著『ホンダの米国現地経営——HAM の総合的研究』文眞堂，1998年，21ページ。遠藤公嗣『日本の人事査定』ミネルヴァ書房，1999年，99～101ページ。

(22) 厚生労働省『労働経済白書』（平成19年版）122ページ。

(23) 電機連合調査（2006年6月実施），JILPT 調査（2007年1月実施）。佐藤厚「仕事管理と労働時間」『日本労働研究機構雑誌』No.575，労働政策研究・研修機構，2008年，30ページ。JILPT『経営環境の変化の下での人事戦略と勤労者生活に関する実態調査』（調査シリーズ No.38），2007年，61ページ。

(24) 佐藤，同上論文，27～38ページ。

(25) 西谷，前掲書，256～260ページ。

⒇　稲上毅＋連合総研『労働 CSR』NTT 出版，2007年，105〜126ページ。吾郷眞一『労働 CSR 入門』講談社，2007年。

⒇　彼がいう「超資本主義」とはグローバリゼーションと新自由主義の資本主義のことである。ロバート・ライシュ『暴走する資本主義』（雨宮寛・今井章子訳）東洋経済新報社，2008年，178ページ。

⒇　関西大学の森岡孝二が主宰する「株主オンブズマン」が参考になる。それは企業の違法行為を是正し，健全な企業活動を推奨する目的で結成された非営利市民団体である。

⒇　これらについては，西谷，前掲書，とりわけ第5章が読まれるべきである。

⒇　西谷，前掲書，343ページ。

初出一覧

　本書の執筆にあたっては，以下の既発表の論文をもとにして，修正，加筆，再構成した。大幅に削除したものや，分割して別の部分に挿入したものもある。

はしがき　「人事労務管理とその戦後日本の展開過程について」（『明治大学社会科学研究所紀要』第55巻第 2 号2017年 3 月）

序　章　「人事労務管理とその戦後日本の展開過程について」（『明治大学社会科学研究所紀要』第55巻第 2 号2017年 3 月）

第 1 章　「企業経営と生産管理闘争」（上林貞治郎／笹川儀三郎編著『企業・経営の史的展開』ミネルヴァ書房，1989年，第 2 章）

第 2 章　「戦闘的労働運動の衰退と協調的労使関係の成立自動車産業の場合」（堤矩之・浪江巌編『日本の労務管理と労使関係』法律文化社，1991年，第 2 章）

　　　　「企業内労資関係と労務管理（Ⅰ）（Ⅱ）（Ⅲ）」（『桃山学院大学経済経営論集』第26巻 1 ，2 号，第27巻 4 号，1984年 6 月，10月，86年 3 月）

第 3 章　「プリンス自工における労使関係・労務管理」（『桃山学院大学経済経営論集』第30巻第 3 号，1988年12月）

　　　　「自動車産業再編成と労使関係──1966年，日産・プリンス合併に即して」（『桃山学院大学経済経営論集』，第32巻第 3 号，1990年 9 月）

第 4 章　「競争的職場秩序と労務管理──『能力主義管理』を中心に」（戦後日本経済研究会編著『日本経済の分水嶺』文眞堂，1988年，第Ⅶ章）

　　　　「戦後日本の労務管理と競争的職場秩序」（戦後日本経営研究会編著『戦後日本の企業経営』文眞堂，1991年，第 8 章）

　　　　「職能資格制度と競争的職場秩序」（木元進一郎博士還暦記念論文集編集委員会編『激動期の日本労務管理』高速印刷出版事業部，1991年，第 2 章）

第 5 章　「職能資格制度と競争的職場秩序」（木元進一郎博士還暦記念論文集編集

委員会編『激動期の日本労務管理』高速印刷出版事業部，1991年，第2章）

「男女賃金格差と人事考課——コンパラブル・ワース論争によせて」（基礎経済科学研究所編『日本型企業社会と女性』（働く女性と家族のいま①）青木書店，1995年，第4章）

第6章　「人事労務管理の新展開——ヒューマン・リソース・マネジメントをどうみるか」（『立命館経営学』第44巻第5号，2006年1月）

「近年の人事労務管理の動向——アメリカと日本」（『明治大学社会科学研究所紀要』第47巻第1号2008年10月）

「日本はアメリカを追っているのか——人事労務『改革』の末路」（黒田兼一・山崎憲『フレキシブル人事の失敗——日本とアメリカの経験』旬報社，2012年，第1章）

第7章　「『多様化する雇用』を読み解く」（『かけはし』産業雇用センター，2016年6月〔第30巻第6号（通巻348号）〕）

「日本の賃金制度改革をめぐる最近の論議——成果主義賃金，役割給をめぐって」（『明治大学社会科学研究所紀要』第50巻第1号，2011年10月）

終　章　「人事労務『改革』とディーセント・ワーク」（『國學院経済学』第60巻第3・4合併号，2012年3月）

「企業競争力を超えたディーセント・ワークに向かって」（黒田兼一・山崎憲『フレキシブル人事の失敗——日本とアメリカの経験』旬報社，2012年，第3章）

あとがき

　戦後70年間の人事労務管理の変遷過程を跡づけてきた。著者自身も生まれて
いなかった1945年8月の広島と長崎の原爆，そしてポツダム宣言受諾，「戦後」
はそこから始まった。そしていま，日本で2回目の開催となるオリンピックま
であと2年。この激動の70年間の軌跡を人事労務管理という視点から論じた書
物を出版しようと思い至ったのは，現代日本の惨憺たる状況に強い危機感を抱
いたからである。それは，本書の「はしがき」に記したような「粗野な人事労
務管理」，「人事労務管理の放棄」とでもいえるような現象が社会を覆っている
からにほかならない。

　しかし，生まれたときから既に派遣労働や長時間労働が当たり前になってい
る現在の若い学生たちに，それが異常であることを理解してもらうのは簡単で
はない。若い学生たちにとって毎週日曜日夕刻に放映される『サザエさん』一
家が，丸い食卓を囲んで揃って夕ご飯を食べるシーンこそが別世界のように思
えるに違いない。

　私の手元に原爆投下から10年間前後までの広島の人々と街を追った写真集が
ある。その表紙に「なぜか，皆，明るかった！」ということばが添えられてい
る。あの凄まじい惨状から，ヤミ市とバラックの騒然とした中に，復興への逞
しい活力と息遣い，そして希望に満ちた顔を発見できる。

　これは広島だけのことではない。第1章でふれたジョン・ダワーが「悲しみ
と苦しみのただ中にありながら，なんと多くの日本人が『平和』と『民主主
義』の理想を真剣に考えたことか」と書いていたように，戦後の出発時点では
働く人々は「輝いていた」。その後，いまでは信じられないほどの激しい労使
対立を伴いながらも，高度成長の主役はいつも労働者だった。

　時を経て70数年後のいま，雇用不安に苛まれている非正規雇用労働者の増加，
それが公務員の世界まで広がっている。正規雇用労働者もまた過労死・過労自
殺に不安を抱きながら長時間働いており，労働時間規制の撤廃にまで進んでし

まっている。「自己責任」で「フレキシビリティ」を確保するための「働かせ方」に変貌してしまったのである。

　本書はそのプロセスをできるだけ丁寧に追い続け，どのようにしてこのような変貌が進行したのか，なぜ変貌したのか，この点に焦点を当ててきた。特に「働かせ方」の体系として人事労務管理は対象が労働者（ヒト）であるのだから，ヒトが抱く何らかの感情や行動規範を管理体系の内に取り込むことなしには，人事労務管理は首尾よく機能しないはずである。本書では，その視点に立って，戦後復興期から自己責任とフレキシビリティの現代に至るまでの日本の人事労務管理の変化を分析し，「自己責任とフレキシブル化」の人事労務管理からの脱却の道を探ってきたつもりである。

　脱却の道は簡単ではない。昨今叫ばれるようになった言葉を使えばディーセント・ワークの実現ということになるのだが，それは遠い将来の課題ではなく，差し迫った緊急の「まともな働き方」の実現である。脱却の道は，雇用と処遇，人事，福利厚生など人事労務の全領域で，正規と非正規にかかわらず「従業員として正当に公平に扱う」ことから始まるはずである。

　先人たちが汗水流し，激しい労使対立から作り上げてきた「働き方・働かせ方」を崩してはならない。それをグローバル時代の今に再生する道を探らねばならない。

　最後に，出版事情が厳しい折，本書のような歴史的かつ理論的な書物の出版を引き受けていただいたミネルヴァ書房と，筆者の思いを受け止めて編集の労をとっていただいた梶谷修氏に心からのお礼を申し上げたい。

　2018年9月

黒田兼一

人名索引

事項索引

〈著者紹介〉

黒田兼一（くろだ・けんいち）

1948年　9月14日　北海道札幌市生まれ。

1972年　東京理科大学工学部経営工学科卒業。

1981年　明治大学大学院経営学研究科博士後期課程単位取得。
　　　　桃山学院大学経営学部助教授，教授。

1996年　明治大学経営学部助教授を経て，

現　在　明治大学経営学部教授。

専門分野　経営学，人事労務管理論，労使関係論。

主　著　『公務員改革と自治体職員』（共編著）自治体研究社，2014年。
　　　　『フレキシブル人事の失敗』（共著）旬報社，2012年。
　　　　『人間らしい「働き方」・「働かせ方」』（共編著）ミネルヴァ書房，2009年。

戦後日本の人事労務管理
——終身雇用・年功制から自己責任とフレキシブル化へ——

2018年11月30日　初版第1刷発行　　　　　　　〈検印省略〉

定価はカバーに
表示しています

著　　者　　黒　田　兼　一

発　行　者　　杉　田　啓　三

印　刷　者　　田　中　雅　博

発行所　株式会社　ミネルヴァ書房

607-8494 京都市山科区日ノ岡堤谷町1
電話代表 (075) 581 - 5191
振替口座 01020 - 0 - 8076

©黒田兼一, 2018　　　　　　　創栄図書印刷・藤沢製本

ISBN978-4-623-08464-7

Printed in Japan

明日を生きる　人的資源管理入門
──────── 澤田幹／平澤克彦／守屋貴司 編著　Ａ５判　280頁　本体2800円

今ある自分の状況を確認し，どのように自分の人生やキャリアを切りひらいていくのか。本書は，現代日本企業での「働く環境」「働き方」を決定づけている人的資源管理について，具体的な事例を交えながらわかりやすく解説。

ヒト・仕事・職場のマネジメント
── 澤田幹／谷本啓／橋場俊展／山本大造 著　Ａ５判　240頁　本体3000円

●人的資源管理の理論と展開　人間性を重視した働き方と職場づくりとは。非正規雇用や長時間労働等の問題を踏まえ，日本の労務管理の変容を捉える。

「優良企業」でなぜ過労死・過労自殺が？
──────── 野村正實 著　Ａ５判　四六判　220頁　本体2500円

●「ブラック・アンド・ホワイト企業」としての日本企業　日本の大会社の大半はブラックな部分とホワイトな部分を併せ持っているのである。日本に遍く存在する「ブラック・アンド・ホワイト企業」を分析し，日本企業の本質を読み解く書。

賃金・人事制度改革の軌跡
──────── 岩崎馨／田口和雄 編著　Ａ５判　277頁　本体5500円

●再編過程とその影響の実態分析　本書は，主要産業における詳細な事例検証を行うことにより，賃金・人事制度がその再編の過程で，従来の構造のどの部分が，どのように変化しているのかを明らかにする。

活躍する女性会社役員の国際比較
──────── 渡辺峻／守屋貴司 編著　Ａ５判　264頁　本体3000円

●役員登用と活性化する経営　各国の企業で活躍する女性たち。特に管理職として働く女性たちは，どのような環境，制度の下でそのキャリアを積み，現在の地位にあるのか。女性管理職の現状を把握し未来を展望する。

──────── ミネルヴァ書房 ────────

http://www.minervashobo.co.jp/